子どもの登校を支援する学校教育システム

不登校をのりこえる子どもと教師の関係づくり

岸田幸弘
KISHIDA Yukihiro

福村出版

|JCOPY| 〈(社)出版者著作権管理機構 委託出版物〉
本書の無断複写は著作権法上での例外を除き禁じられています。複写される場合は、そのつど事前に、(社)出版者著作権管理機構(電話 03-3513-6969、FAX 03-3513-6979、e-mail: info@jcopy.or.jp)の許諾を得てください。

はじめに

　不登校問題を論じる場合，毎年約12万人という数字に注目が集まり，その子どもたちの学校復帰のみがよく議論されがちである。しかし，前年度から継続した不登校児童生徒は約半数であり，後の半数，約6万人は毎年新たに欠席する子どもたちである。したがって，新たな不登校児童生徒を増やさないための予防的，成長促進的な支援が必要であり，それは教育臨床の視点から考えると児童生徒の登校を促すための魅力ある学級づくり等の教育実践に他ならない。しかし，不登校問題と学級づくりを関連させて論じた研究は少ない。教師の専門性に立脚した登校支援の実態を明らかにすることは，これからの不登校問題を論じるうえで意義のあることである。そこで本書では，教師による不登校児童生徒への支援のあり方を検討するとともに，児童生徒の登校を促すための登校支援のあり方を，教師の実践とそれを支える学校教育のシステムの両面から論考することを目的とする。

　第1章では研究全体のバックグラウンドとして，子どもたちが学校を休む事象について，学校恐怖症といわれていた時代から，登校拒否そして不登校といわれる現在に至る経緯について検討するとともに，文部科学省がとってきた不登校施策の変化を分析した。また，全5章からなる本書の構成を明示した。

　第2章は教師による登校援助の事例研究である。まず研究Ｉとして，不登校の同一事例における教師と母親および不登校経験者本人（高校生）と面接し，それぞれが何を経験しどう認知していたかについての異同を明らかにした。そこから不登校支援では不登校の当事者の環境とともに支援する教師や保護者の環境を整えることが必要であり，そのうえで援助資源を探し，環境と折り合いをつける方法を探す必要性を指摘した。また援助者と被援助者の間に興味や関心を共通にする世界が存在し，信頼関係が築

かれていることが重要であることが示唆された。次に教師18人に面接を行い，教師が支援策を選択・決定する理由を検討した。その結果，「教師の認知・信念」「教師の個性」「学校環境」「事例の固有性」の4視点を抽出した。さらに18人の内の小学校教師5人に対して再面接を行い，支援策の決定の背景や考え方などについて検討したところ，4視点の内容の豊富さ，資源としての有効性によって関連の度合いや様相が異なることが明らかになった。また「教師の認知・信念」が基底概念となっていることが示唆された。

第3章では研究Ⅱとして，小中高特別支援学校の教師227名を対象に質問紙調査を行い，不登校児童生徒に対する支援も含めた広い概念としての登校支援について検討した。まず教師が行っている登校支援の項目を因子分析し，「学級・授業づくり」「気になる子への配慮」「専門家への相談」「情報の共有」「注意深い配慮」の5つの因子からなる登校支援尺度を作成し調査を行った。その結果，教師は，①不登校状態にある児童生徒への問題対処的な支援のみならず，成長促進的な支援や予防的な支援も重視していること，②学校段階が上がるにしたがって「学級・授業づくり」「気になる子への配慮」「情報の共有」の実施率が低くなることが明らかになった。また，予防的な支援と問題対処的な支援には明確な違いはなく，各学校段階のシステムの違いによって有効な不登校支援策が異なることが示唆された。

次に支援の成功事例と失敗事例について，その実施率ときっかけについて報告した。その結果，成功事例でも失敗事例でも各支援の実施率に大きな違いはなかった。また教師が認識している不登校のきっかけは「学校に係る状況」「家庭に係る状況」「本人に係る状況」の順に多かったが，全体的には「複合的状況」の割合が高かった。一方，不登校を経験した児童生徒を対象にした過去の調査結果と比べると，教師は学校の外に，児童生徒は学校の中にきっかけを見出す傾向があり，大きな相違が確認された。これらのことから教師はどのような事例の場合も同じような支援を考え，十

分な見立て（アセスメント）を行わずに試行錯誤的に効果的な方法を見つけ出していることが明らかになった。しかし，こうした教師個人の認識や取り組みに対する懸念はあるが，学校全体の組織的な取り組みによって効果が見出されることもある。教師個人の対応力不足を組織的対応によって補ったり，教師個人の力（認知・信念や取り組み）で対応力のある組織に変わったりするなど，個人と組織が補完関係にあると考えられるからである。

そこで第4章では研究Ⅲとして，学校が組織として取り組んだ登校支援の事例を分析するとともに，その取り組みの一環として行われた集団づくりのカウンセリング技法について，登校支援の観点から検討した。研究3-1では，不登校児童が急増していた小学校が取り組んだ登校支援の実践を整理し分析を行い，登校支援のシステムづくりによって主に行われていた問題対処的支援が，予防的，成長促進的支援に拡大したこと，協働できなかった教師集団が被援助志向性の高まったシステムに変容し，登校支援を可能にしたことが明らかになった。またその取り組みの中で，成長促進的な支援として取り組まれた対人関係ゲームの実践事例を整理し（研究3-2），そこで得られた効果を他の実践事例の分析で検証したところ（研究3-3），対人関係ゲームは学級経営の中での指導や援助が十分に行われ，教師と児童生徒との信頼関係が築かれていること，そのうえで指導や援助と対人関係ゲームが組み合わされることによって，学級集団の特性が望ましい方向に変容することが確認された。

以上から，不登校問題を考えるときには問題対処的，予防的，成長促進的な支援の総体を登校支援ととらえ，学級経営と授業がその具体的活動であるという新たなフレームが必要である。しかし，現在の学校では学級活動等を中核とする学級経営は，教師の個人的な興味や関心あるいは特技などをもとに展開され，それを評価するシステムがないのが現状である。一方，授業については研究授業という教師同士が互いに授業を公開して批正し合う研究システムがあり，教師の資質向上に役立っている。したがって

今後学校では，既存の授業研究システムに加え，学級経営研究システムを構築する必要がある。その学級経営研究システムの中に事例検討会を位置づけることで「見立て（アセスメント）」が十分に行われ，「支援策の決定と実行」そして「評価」までの一連の実効性のある支援が可能になる。授業においては，誰もがわかる楽しい授業を心がけることはもとより，不登校になっている児童生徒がいた場合には，その子どもの存在を授業の中に位置づける支援が必要である。

　また不登校児童生徒への支援では，教師個人の取り組みには限界があり，教職員同士の信頼関係に裏づけられた協力や協働性が必要になる。したがって疎結合システムといわれる教職員集団を被援助志向性の高い集団に変容させるため，教師にはよりよい人間関係を築く資質が求められる。対人関係ゲームはそのための方策としても有効である。

　さらに学級活動や学級経営，生徒指導などの際に教師と子どもたちが問題意識を共有することが大切であるように，登校支援の基本となる教師と子どもとのリレーションづくりでは，両者の間に興味や関心を共有する世界が必要になる。

　今後の課題は，異なる学校種での学級経営研究システムの開発や，教師集団の変容のあり方を探るとともに，本研究の知見を活かした登校支援を展開することである。

2015 年 2 月
岸田　幸弘

目 次

はじめに（3）

第1章　不登校の背景と登校支援の今日的意義 ——13

1.1　「不登校」概念の変遷と教育現場 …………………… 14
1.2　不登校施策の変遷と教育現場 ………………………… 16
1.3　不登校研究の成果と課題 ……………………………… 20
1.4　本研究の意義と目的 …………………………………… 23
1.5　本書の構成 ……………………………………………… 25

第2章　〔研究Ⅰ〕教師が行う登校支援に影響を及ぼしている要因
　　　　——教師，不登校経験者，母親へのインタビュー調査から ——27

2.1　問題と目的および方法 ………………………………… 28
　　2.1.1　目的（28）
　　2.1.2　方法（30）
2.2　同一不登校事例における
　　教師，生徒，母親の経験〔研究1-1〕 ……………… 32
　　2.2.1　目的（32）

2.2.2　方法（32）
　　　2.2.3　3者の面接結果（36）
　　　2.2.4　考察（57）

　2.3　小中学校教師が行う
　　　不登校児童生徒への支援〔研究1-2〕……………… 67
　　　2.3.1　目的（67）
　　　2.3.2　方法（68）
　　　2.3.3　結果と考察（72）

　2.4　小学校教師が行う
　　　登校支援策の選択・決定の理由〔研究1-3〕……… 97
　　　2.4.1　目的（97）
　　　2.4.2　方法（99）
　　　2.4.3　結果と考察（103）
　　　2.4.4　全体考察（127）

　2.5　本章のまとめ ………………………………………128

第3章　〔研究Ⅱ〕教師による登校支援の特徴
　　　──登校支援尺度の作成と支援の実施調査から────131

　3.1　問題と目的 …………………………………………132
　3.2　予備調査 ……………………………………………136
　　　3.2.1　登校支援を表現する項目の収集（136）
　　　3.2.2　項目の検討（138）
　3.3　本調査の方法 ………………………………………141
　3.4　結果と考察 …………………………………………143
　　　3.4.1　学校段階の違いによる教師の登校支援（143）

第4章 〔研究Ⅲ〕児童生徒の学校生活充実感を高める登校支援
――登校支援システムと学校適応を促進する集団体験――161

4.1 問題と目的および方法 …………………………………162
    4.1.1 問題と目的（162）
    4.1.2 方法（164）

4.2 すべての子どもの登校支援に取り組んだ学校の実践事例〔研究3-1〕…………………………………165
    4.2.1 目的（165）
    4.2.2 研究の背景（165）
    4.2.3 研究の内容（166）
    4.2.4 全体考察（190）

4.3 学校適応を促進する「遊び」の集団体験〔研究3-2〕
――対人関係ゲームによる登校支援の可能性…………………………………196
    4.3.1 目的（196）
    4.3.2 対人関係ゲームの理論と実践（197）
    4.3.3 A小学校における対人関係ゲームの実践事例（203）

4.4 人間関係を促進する対人関係ゲームと学級活動〔研究3-3〕
――対人関係ゲームの実践事例の分析から …………………………220
    4.4.1 目的（220）
    4.4.2 方法（221）
    4.4.3 結果と考察（223）

4.5 本章のまとめ …………………………………231

第5章　総　括 ——————————————235

5.1　研究のまとめ …………………………………236
5.2　総合的考察 ……………………………………244
5.2.1　登校支援を可能にする学級経営（244）
5.2.2　学級経営を支える校内研究システムの必要性（246）
5.2.3　事例検討会を学級経営研究システムに位置づける意義（253）
5.2.4　授業を登校支援の視点でとらえる試み（256）
5.2.5　教師自身が教師集団を育成するシステムづくり（257）
5.2.6　効果的な不登校支援と学級集団づくりのための「共通の世界」（260）
5.2.7　登校支援を促進する学校教育システムの可能性（262）
5.3　今後の課題 ……………………………………266

あとがきにかえて——謝辞（268）

引用・参考文献（271）

資料 ━━━━━━━━━━━━━━━━━━━━━━━279

資料1　不登校児童生徒への支援に関する調査　……………280
資料2　対人関係ゲームによる集団づくりの実践事例　………293

第1章

不登校の背景と登校支援の今日的意義

1.1 「不登校」概念の変遷と教育現場

　不登校についての研究は，1932年のブロードウィン（Broadwin, I.T.）の研究がはじめてであるといわれている（藤岡，2005）。ブロードウィンはそれまでの怠学とは異なり，学校には行きたいけれど行けないという症状の神経症的な面をもった子どものことを報告している。さらに，ジョンソンら（Johnson, Falstein, Szurek, & Svendsen, 1941）は不登校を精神医学の問題としてとらえ，やはり怠けではないが学校を休んでしまう子どもたちを「学校恐怖症：school phobia」と名づけた。それによると，不登校は「母子間に未解決の依存関係が存在している場合，母子間の分離不安が置き換えられ，学校への恐怖として表現された現象」ととらえられていたという（伊藤，2009）。このように治療対象としての不登校研究が進み，日本でも1950年代から不登校の問題が取り上げられるようになってきた。当時は戦後まもなくの時期で教育には無関心だったり，「学問はいらない」という親の考えがあったりして，学校へ行かせないなどの理由によって欠席する子どもたちもいた時代である。しかし次第に，学校に行きたいが朝になると頭が痛くなるなどの身体症状が出て，登校できない子どもが現れ始めてきた。これを「学校恐怖症」としてとらえられ，研究が行われるようになった。このように不登校は精神医学の領域の問題として社会的にも関心が集まり，1960年代までは「学校恐怖症」と呼ばれることになり，学校では教育的な配慮や生徒指導では対応できない，特別に治療が必要な子どもとしてとらえられていた。

　その後，1970年代以降は学校への不適応行動の1つとして考えられるようになり，「登校拒否：school refusal, refusal to go to school」という呼び方が一般的になってきた。それは不登校を特殊な病気としてとらえるの

ではなく，学校の問題あるいは教育の問題としてとらえられるようになってきたからである。例えば，大学などの高等教育への進学率の増加と不登校児童生徒の増加が連動していることに着目した指摘（清水，1979）や，受験競争や学歴社会の歪みとしてとらえた指摘（渡辺，1979）などがある。こうしたことを背景に学校に対して適応できない行動として不登校は考えられるようになり，1990年代には学校の教師や教育関係者も不登校を一方的に「怠け」とみることが少なくなってきたのである。あわせて，学校現場では，カウンセリング・マインドを大切にした研修も行われるようになり，「登校拒否」の子どもに対しては，治療ではなく教育的な支援が論じられるようになってきた。

　また，当時の高度経済成長の時代にあっては，学校や教育をめぐる問題はその経済成長と合わせるかのように進行した核家族化，情報化などの現象の中で論じられることも多くなった。同時にこれまでの「登校拒否」は「不登校：non-attendance at school, school non-attendance」という状態像として呼ばれるようになっていった。伊藤（2009）はこれを「治療対象や不適応としての不登校にとどまらず，教育・社会問題としてより広くとらえようという方向性が，この呼称には表れているのかもしれない」と分析している。そして文部省（現，文部科学省）の「登校拒否（不登校）はどの子にも起こりうる」（学校不適応調査研究協力者会議，1992）という見解によって，不登校は個人的なパーソナリティーや学校，あるいは家族などの病理ではなく，社会全体の問題であるというとらえ方を浸透させたのである。そして学校現場では，カウンセリング・マインドをもってしてもなかなかうまくいかない登校拒否の児童生徒に対して，敗北感や無力感を感じた教師もいたに違いない。しかし，「どの子にも起こりうる」というフレーズは，教師には驚きと同時に安心感をもたらせ，時には自己責任を感じていた学校や教師に，逃げの理由をもたらす結果ともなった。

1.2 不登校施策の変遷と教育現場

　不登校児童生徒（小中学生）の数は 1980 年代から増え始め，1990 年頃から急増している。1990 までは文部省の統計調査では，年間の欠席日数を 50 日以上の児童生徒を不登校と定義していたが，1991（平成 3）年からは年間 30 日以上と変更している。そしてさらに不登校児童生徒数は増加し，2001（平成 13）年の約 14 万人をピークにやや減少し始めた。とはいえ，その後も急激に減少することはなく，現在では 12 万人程度を増減している状態が続いている（図 1-1）。これは文部科学省が毎年発表しているデータ（児童生徒の問題行動等生徒指導上の諸問題に関する調査）であり一見，減少傾向のようであるが，不登校児童生徒の在籍比率（1000 人あたりの割合）の推移をみると，ほぼ横ばいであることがわかる（図 1-2）。つまり，児童生徒数全体が減少しているからである。

　文部省（現，文部科学省）は 1989（平成元）年に，学校不適応対策調査研究協力者会議を発足させ，登校拒否の対応策の検討を始めた。1992（平成 4）年に出された報告書では，「登校拒否（不登校）はどの子にも起こりうるもの」，そして「登校への促しは状況を悪化させてしまうこともある」という記述がクローズアップされた。当時，小学生の不登校児童は 1 万 2000 人，中学校は 5 万 4000 人であった。この報告は学校の教師には驚きとして受け入れられたが，当時教師であった筆者は驚きと同時に「やはり，誰にも起こりうると考えた方が妥当なのだ」という安堵感を覚えたことを記憶している。当然ながら「誰にも起こることなら，支援しても仕方ない」とか，「ではどうすればいいのか」といった戸惑いが，当時の教師の率直な思いであったのではないだろうか。実際にその報告によって，教師の不登校児童生徒への対応がどのように変化したのかといった研

第 1 章　不登校の背景と登校支援の今日的意義

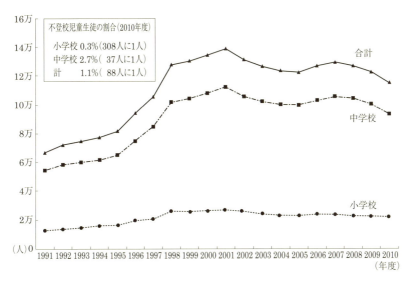

図1-1　不登校児童生徒数の経年変化

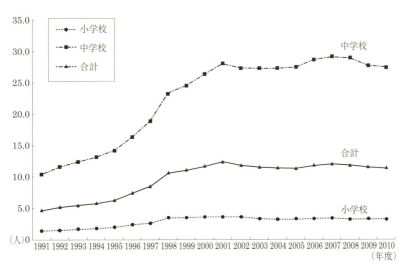

注：調査対象：国公私立小・中学校（2006年度より中学校には中等教育学校前期課程を含む）

図1-2　不登校児童生徒の割合の推移（1000人あたりの不登校児童生徒数）
出典：図1-1，1-2ともに，「児童生徒の問題行動等生徒指導上の諸問題に関する調査」（文部科学省，2012）より作成

究は見当たらないが，教師にとってはその受け取り方次第で，支援に対しての努力の度合いが変化したとしても不思議ではない。

その後，不登校児童生徒数はさらに急増し，2002年（平成14年）に不登校問題に関する調査研究協力者会議が設置された。この約10年間で小学校の不登校児童数は2万7000人，中学校は11万2000人と倍増した。このときの報告書（平成15年報告）では不登校は「心の問題」のみならず，「進路の問題」でもあるとする方針を打ち出した。なお，この報告書の中で平成4年報告の文言にふれ，「なお，一部では，『平成4年報告』における『登校拒否（不登校）はどの子にも起こりうるもの』『登校への促しは状況を悪化してしまうこともある』という趣旨に関して誤った理解をし，働きかけをいっさいしない場合や，必要な関わりを持つことまでも控えて時機を失してしまう場合があるということも指摘されており，そのような対応については，見直すことが必要である」（平成15年報告第3章「不登校に対する基本的な考え方」の「4 働きかけることや関わりを持つことの重要性」より）と，あえて平成4年報告について解説している。国立教育政策研究所の滝（2005）はそのことにふれて，その間を「失われた10年」と厳しく指摘し，学校では不登校を心の問題ととらえ，居場所づくりに励んだり，カウンセリングや構成的グループ・エンカウンターばかりがはやったりしたと述べている。

したがって，文部科学省はこの間の学校の対応や教師による支援について厳しい見方をしていたのである。確かに教師は不登校事例を心の問題というとらえ方をすることも多く，学校現場ではカウンセリング研修やカウンセリングの技法を活用した構成的グループ・エンカウンター等による不登校支援や登校支援の実践が行われている（曽山ら，2004；西澤ら，2001など）。しかし，教師は通常の教育的営みの中で，あたりまえに子どもの登校を促し，友だち関係や家庭内の人間関係の調整，保健室や相談室との連携，学習支援あるいは居場所づくりなど，様々な支援を行っており（橘川ら，2012；早川ら，2011など），文部科学省が求めるものとは違った方

針で不登校の支援を行っていたわけではない。

　また，施策としては適応指導教室の設置，スクールカウンセラーや心の教室相談員の配置，そしてNPOや民間団体との連携などの施策も行い，近年ではスクール・ソーシャルワーカーも配置されるようになってきた。

1.3 不登校研究の成果と課題

　これまでの不登校研究は，上手な登校刺激の与え方（小沢，2003）とか，子どもの居場所づくり（杉本・庄司，2007），子ども同士や教師との関係・集団づくり（田上，2003），関係者による連携チーム支援（石隈，1999）など，支援の方法論が様々な観点から研究されてきている。その中には多くの事例研究も含まれ，1つの事例についての実践ではあるが，そこから一般論を導き出すことによって示唆されることは多い。また，なぜ不登校になってしまうのかその根本を学校や家庭，あるいは本人のパーソナリティーなどに求め，支援に活かそうとする原因論も多い。さらには社会学的な視点から不登校問題をとらえると，大局的な見方が求められ，時代背景や学校のあり方，地域との関連などの支援を検討することができる。その他にも発達的な観点，心理臨床的な観点など，アプローチの仕方は多様である。

　これまで多くの不登校研究が教育現場にとって有効な成果をもたらしてきたことは確かである。神経症的なとらえ方をしていた「学校恐怖症」の頃は，医療面でのアドバイスが役立ったに違いない。「登校拒否」といわれていた頃は，カウンセリング的な接し方を多くの教師が学んだはずである。そして「不登校」の時代は学校を休む子どもたちを取り巻く地域や家庭の環境と親の考え方が多様化し，特別支援教育が始まったこともあって，個別の支援のあり方や学校内外との連携支援などの研究が行われている（島根，2002；山口，2003など）。

　では，教育の現場では，自信をもって不登校児童生徒に対応できる教師はどれほどいるだろうか。50年以上の不登校研究の知見がある現在，不登校の原因も様態も多様化しているとはいえ，定石のような支援方法を学

校や教師は獲得できていない。滝（2005）が，平成4年報告から平成15年報告までの約10年間に，不登校児童生徒数が倍増した期間を「失われた10年」と指摘するように，学校現場は無策だったのだろうか。しかしながら一方では，平成13年度以降，不登校児童生徒数が増加傾向から脱却したことに関して，その原因を分析した研究は見当たらない。したがって，「失われた10年」後から今日に至るまでの10年間を含め，どのような不登校支援あるいは登校支援が行われてきたのかを，あらためて明らかにする必要がある。

学校現場で直接児童生徒に支援や指導をしている教師は，家庭訪問による面接，プリントを届ける，保健室などに居場所をつくる，特別に遅れた勉強をみてやる，そして時には放課後一緒に遊ぶ場を設けるなど，多様な支援を行っている。それに加えて，保護者との連携や母親支援，学校外の専門機関との連携なども今日では普通に行われるようになってきた。しかし，支援の様態は理解できても，不登校支援に取り組む教師の思いは推定できない。なぜその支援をしたのか，その支援は効果的であったのか，効果があったのならその理由は何か，そして教師はそこから何を学んだのか。さらにはその支援の経験によって学校はどう変わり，教師は自分の指導・支援に自信がもてるようになったのか。

学校は不登校の子どもがいなくて，支援の必要がなくても非常に忙しい毎日である。1つひとつの不登校事例については，きちんとアセスメントしている時間もとれない実態がある。ましてや支援が完結したときに，それを振り返って自分たちがしてきた支援がどのような意味があったのかと，総括している時間はまずとれない。また，不登校問題だけではなく，近年は発達障害の子どもへの対応に苦戦している教師が多い。そんな中でも授業や学級経営などの普段の教育活動は，日常的に行わなければならないのである。不登校支援の経験が次の経験に活かされにくいのが，今日の学校が抱える大きな課題である。

不登校対策としての制度や環境はそれなりに整いつつある。しかし，教

師が不登校問題に直面し，その課題に取り組んだ経験が教師の専門性につながり，次の不登校児童生徒のために役立たせることができるようになるためにも，教師が行っている不登校児童生徒への支援のあり方を，詳しく検討する必要があると考える。

1.4 本研究の意義と目的

　不登校問題についてのこれまでの研究や施策について概観してきたが，それらは不登校児童生徒の学校適応やその数を減らすことを目的にしている。したがって不登校問題は不登校児童生徒の問題であり，その子自身やその子どもを取り巻く友人や保護者などを対象として扱われることが多い。しかし，学校や教師の側からみると，1人の不登校の子どもの問題は，その子どもの問題であると同時に，学級の問題であり教師自身の問題なのである。

　岸田（1994）は，教師の学級集団に対する意識調査を行い，因子構造を分析した。その結果，受け持ちの学級を肯定的にとらえ，学級の実態を教師自身の努力に帰属しやすい教師は，学級への自我関与が強くなり，学級への信頼が強くなる傾向があった。一方，学級を否定的にとらえている場合や，教師自身の能力等への帰属意識が強い場合でも，自分の受け持ちであるという意識は強く，教師は学級あるいは学級集団を自分の所有する生き物であるかのような感覚をもっているようであった。したがって，学級の中で1人でも登校できない子どもがいることは，その問題は自分自身に大きく関与することになる。特に教師自身が原因で子どもが不登校になった場合は，教師は不登校問題の当事者になるわけで，当事者として子どもを支援する困難は並大抵のものではない。

　また，学級に不登校の子どもがいる場合は，他の子どもとの関係や学級集団全体との関係が，大切な支援になることが多い。特にいじめが原因の不登校や集団不適応などの場合には，まさに学級のあり方そのものの問題となり，教師による支援は「不登校支援」というよりも，学級の誰もが楽しく学校に通えることを目的にした支援，つまり「登校支援」になる。さ

らに，不登校は誰もがなるかもしれない時代にあっては，子どもたちを不登校にしないための何らかの取り組みをしているはずである。あるいは学級集団づくりや学級活動，そして学級経営などが子どもたちの登校を促しているという自覚のもとで行っているかどうかはともかく，それらの内容の善し悪しで，子どもたちが学校に通いやすくなるかどうかが問われるところである。

　このように教師による不登校問題への取り組みを検討するには，不登校児童生徒への支援はもとより，学級集団全体を対象とした登校支援を検討する必要がある。つまり，教師が不登校問題として取り組んでいることは，児童生徒を不登校にしないための予防的あるいは成長促進的な支援であり，教育臨床の視点から考えると児童生徒が登校したくなるような魅力ある学級づくりに他ならない。しかしながら，不登校問題と学級づくりを具現するための日常的な教育活動（学級経営や学級活動等）を関連させて論じた研究は少なく，実際に教師がどのように登校支援を行っているのか，その様子を明らかにすることはこれからの不登校問題を考えるうえで意義のあることだと考える。そのうえで，魅力ある学級づくりのために，今の学校が不足しているものを，教師の実践と学校のシステムの両面から検討する。

1.5 本書の構成

本研究は，図1-3に示すとおり，5章から構成される。

第1章では，不登校研究や施策について先行研究のレビューなどを行い，本研究における問題意識と目的について述べる。

第2章と第3章では，教師が行っている登校支援の様子を，それぞれインタビュー調査と質問紙調査によって明らかにし，第4章ではその結

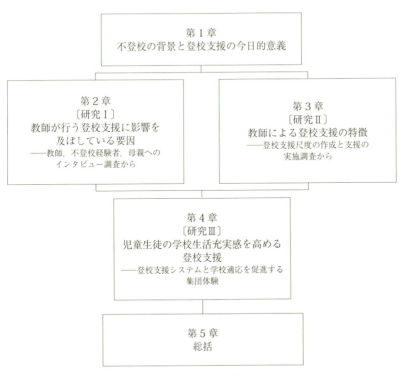

図1-3 本書の構成

果を受けて，ある小学校が全校体制で行った登校支援の事例を分析するとともに，学校適応を促進する集団体験について検討する。

第5章では，研究Ⅰから研究Ⅲまでをまとめて検討し，教師が行う登校支援の総括を行う。

第2章

〔研究Ⅰ〕教師が行う登校支援に影響を及ぼしている要因
―― 教師，不登校経験者，母親へのインタビュー調査から

2.1 問題と目的および方法

2.1.1 目的

　小中学校の一教師として不登校児童生徒の支援を行ってきた筆者の経験では，よいと思われる支援が活かされて機能する学校がある一方で，同じ支援を行おうとしてもそれができない，うまく機能しない学校もある。同じ教師でも支援する子どもによって有効な方法と有効でない方法があることを経験してきた。また，学校内に不登校問題に対して積極的に取り組もうとするキーパーソンとしての教師がいたときには支援ができていたのに，その教師が転出してしまったら学校組織としての支援が機能しなくなってしまった事例もある。

　このように教師が不登校児童生徒を支援するときは，教師の個人的な特性や力量だけでできるものではなく，不登校の子どもの様子や学校の教師集団の様子，学校の支援のシステム，保護者や地域との関係など，多くの要因が絡み合って支援が有効に働くものと考えられる。

　一方，保坂（2002）は不登校研究をめぐる課題の1つとして，学校環境に関する実証的研究の不足を指摘している。例えば「学校嫌い」は人口集中が起きている地域に出現率が高く，過疎地域は低いという報告がある一方で，古川・菱山（1980），渡辺（1992）は，出現率の高い東京都で調査し，地域環境の変化の大きい地域で出現率が高いことを見出している。また，不登校の出現率には学校差があることが指摘されている（小野，1972）。しかし，大規模校ほど不登校が多いとする結果（浅野，1990）がある一方で，逆に学校規模が小さく，生徒数が少ない学校の方が不登校児童生徒が多いという結果（渡辺，1992）もある。こうした学校環境による

不登校の出現率の研究は様々な結果を導き出しているが，同一の学校における出現率の変化という問題も指摘されている。保坂（2000）は4年間の不登校出現率の変動を調べ，長期欠席の多い学校と少ない学校を取り上げて，生徒たちの学校生活についてのアンケート調査を行っている。その結果，長期欠席の多い学校では不登校予備軍やグレーゾーンの生徒が多く，その要因を友人関係や教師との関係に代表される指導体制にあると指摘している。つまり，不登校問題を学校環境からとらえようとするときには，客観的なデモグラフィック的な要因としての学校環境だけではなく，学校を構成している児童生徒同士の関係や教師との関係，あるいは指導体制や教師の考え方なども含めた学校環境を視野に入れる必要がある。

また，児童生徒を不登校にしないための予防的あるいは成長促進的な関わりこそが教師にできる支援であり，それは教育臨床の視点では魅力ある学級・学校づくりといってよいだろう。そのためには授業や学級経営，学級活動等の日常的な教育活動が登校支援としてどのように機能しているのか，教師がどのような意識で登校支援を行っているのか，その様子を明らかにする必要がある。

そこで教師による不登校児童生徒への支援を検討するにあたり，まずは不登校児童生徒を支援した経験を検討することで，当事者や支援者にとっての意味を明らかにしたい。例えば，不登校の子どものために家庭訪問をすることは教師としての本来の役割ではないと思いながらしぶしぶ行う教師と，これぞ教師の大切な仕事であると感じながら行う教師とでは，子どもに対する行為としては同じであっても，それぞれの教師にとってはその不登校支援を行った経験のもつ意味は異なっているだろう。同じように教師と保護者とでは支援の体験のもつ意味や，よいと考える支援方法にも違いがあるのではないだろうか。このように不登校支援で何を経験したのかを明らかにすることが，教師による支援のあり方を探る手がかりになるはずである。

さらに貴戸（2004）は，これまでの不登校論は非当事者によるところ

が問題であると指摘し，不登校の経験者自身の不登校論を展開しようとしている。奥地（2005）はフリースクールを開校して，学校とは異なる立場で不登校児童生徒を支援するとともに，不登校経験者の声を多く紹介している。不登校を経験した児童生徒にとって不登校とはどういう経験なのか，また教師や保護者による支援をどのようにとらえていたのか，当事者の体験から支援のあり方を探ることも必要になる。

そこで本章では，最初に不登校という現象の実状を詳しく分析するために，不登校を経験した生徒や，不登校児童生徒を支援してきた教師と保護者の体験を聞き取り，不登校の実態と不登校問題を解決するための支援とは，どのような体験なのかを検討する。そのうえで，教師が実際に行っている不登校児童生徒への支援を具体的に把握し，それがどのような教師によって行われたのかを明らかにしたい。効果がなかった支援や効果がはっきりと確認できなかった支援も含めて，実際にどのような不登校児童生徒に対して，どのような支援をしたのかを把握し，その支援を行った教師の特性やその教師の考え方について検討する。また，具体的な支援を分析することでどうしてその支援を選択し実行したのか，支援策の選択と決定についても検討し，あわせてその教師の特性との関係を明らかにすることで，教師が行った不登校支援策の選択・決定の理由を明らかにすることを目的とする。

2.1.2 方法

研究1-1，1-2，1-3ともに調査協力者に対して半構造化面接を行い，不登校の経験や支援の経験をまとめた。研究1-1では同一の不登校事例における担任教師と母親，そして不登校の当事者を対象とした。研究1-2では小中学校教師の中で，担任や養護教諭，学年主任など学校内の様々な種類の教師を対象として，教師がどのような不登校支援をしているのかを検討し，支援策が選択，決定される要因を探った。また研究1-3では

研究 1-2 の調査協力者のうち，小学校教師の学級担任を対象にして再度面接を行い，支援策を選択，決定した要因を分析した。

2.2 同一不登校事例における教師,生徒,母親の経験〔研究1-1〕

2.2.1 目的

不登校児童生徒への支援を教師や保護者はどのように体験して,その後の支援に活かしているのか,不登校支援がその人にとってどのような意味があったのか,また不登校の経験が当事者にとってどのような意味をもっていたのかを,質的な調査によって語りの中から抽出してとらえ,不登校や不登校支援の様相を明らかにする。そのために,次のリサーチ・クエスチョンを立て,同一の不登校に関わった関係者(教師,保護者,当事者)にインタビューを行い,立場の違いによる体験の内容を検討することを目的とする。

[リサーチ・クエスチョン]
①不登校や不登校児童生徒への支援の経験は,関係者の立場(教師,保護者,当事者)によってもつ意味が異なるのではないか。
②教師,保護者および不登校の経験者にとって,有効だと考える支援は異なるのではないか。

2.2.2 方法

1) 研究協力者

研究協力者は,不登校の当事者(Aさん)とその保護者(Bさん),そして担任教師(Cさん)である。本研究の趣旨を説明したうえで了解が得られた3名である(表2-1)。はじめに筆者の知り合いであるBさんに,母

第2章 〔研究Ⅰ〕教師が行う登校支援に影響を及ぼしている要因

表2-1　研究協力者のプロフィール

	関係者	性別	年齢	経歴等
A	不登校経験者	男	16歳	不登校経験は中学1年時。面接時は高校1年生。高校進学後も不登校傾向がある。
B	保護者（母親）	女	46歳	7年間教職に就き結婚後に退職。面接時は主婦。
C	教師（学級担任）	男	46歳	教職経験24年。この不登校支援は21年目の体験。専門教科は技術家庭科。パソコンやロボットに堪能。小学校の教職経験はない。本人は学級経営や生徒指導，教育相談には苦手意識をもっている。

A（不登校経験者），B（母親），C（担任教師）三者の関係とAさんの家族関係

　AさんにとってCさんは，不登校になった中学1年時の学級担任であり，バスケットボール部を退部した後に入部した技術家庭部の顧問でもある。クラス替え後の2年時からは別の担任になった。また，Cさんは持ち上がりからもはずれ，翌年も1年生の担任となった。さらにCさんは，母親のBさんと高校時代の同級生である。
　Aさんの家族構成は，祖父母，父母，本人，妹の6人家族。父親は歯科の開業医であり，長男であるAさんの進路については母親との間で意見の相違がある。また，祖父母と母親の間にはAさんの不登校についての意見の相違がある。

親としてわが子の不登校に関わった体験を語ってもらった。その後，Bさんを通して不登校を体験したBさんの長男（Aさん）に話を聞くことができた。さらにBさんを通じて，学級担任だったCさんからも話が聞きたいと依頼したところ，それぞれ快諾を得た。

またこの3者は，互いに筆者からインタビューを受け，論文としてまとめられることを了解しており，互いに信頼関係が築かれていたものと思われる。1つの事例へのアプローチとして関係者に個別にインタビューを行うことができたという点で，特殊な事例といえるかもしれない。

2）調査方法

個別に半構造化面接を行った。1人あたりのインタビュー時間は1時間30分から3時間20分である。場所は調査対象者が指定したレストラン

や学校（職場）の教室などである。録音を申し出たが，AさんとBさんには断られたため録音記録はない。いずれも記録は筆者がその場でパソコンにより文書化して入力した。調査時期はBさんは2008（平成20）年9月10日，Aさんは同年9月27日，Cさんは2009（平成21）年2月17日である。なお，Bさんについては本人からの申し出により，2009年2月23日に再インタビューを行った。

3）はじめに設定されたインタビューの手順と内容
(1) Aさん（不登校経験者）について
①趣旨説明の後，Aさんの不登校の経験について，思い出しながら語ってもらう。
②自分にとって嬉しかった支援，役に立った支援について。
③有効でなかった支援，してほしかった支援について。
④クラスや部活動の様子や友人関係，先生との関係，親子関係や家族のことなどについて。
⑤学校，家庭以外の居場所や人間関係について。
⑥当時，考えていたこと，感じていたこと。
⑦不登校経験を振り返って思うこと。
⑧インタビューの中で適宜行う質問。
　・語られた出来事に対して，どんな思いをもったか。
　・自身の趣味や関心のあったことについて。

(2) Bさん（母親）について
①趣旨説明の後，経歴や家族関係を確認する。
②息子であるAさんの不登校の様子について語ってもらう。
③母親の立場でどのような支援をしたのか。
④有効だったと思う支援と有効ではなかったと思う支援。
⑤家庭や学校でこんな支援ができたらよかったと思うこと。
⑥自分に対してしてほしかった支援。

⑦不登校支援を振り返って思うこと。
⑧不登校支援が自分にとってどんな意味があったのか。
⑨インタビューの中で適宜行う質問。
　・援助資源の確認。
　・家庭環境や学校での様子（友人関係，教師との関係など）。
　・Bさん自身を支えていた援助資源。
［再インタビューの内容］
　・担任のCさんとのメールのやりとりについて，記録したものを見せていただいた。また，自分が相談した相手について，その後思い出したことなどについて語っていただいた。

(3) Cさん（学級担任）について
①趣旨説明の後，経歴，教職年数，専門分野や校務分掌，不登校支援の経験について確認する。
②Aさんの不登校の様子について語ってもらう。
③担任の立場で（あるいは学年，学校として）どのような支援をしたのか。
④有効だったと思う支援と有効ではなかったと思う支援。
⑤こんな支援ができたらよかったと思うこと。
⑥自分に対してしてほしかった支援。
⑦不登校支援を振り返って思うこと。
⑧不登校支援が自分にとってどんな意味があったのか。
⑨インタビューの中で適宜行う質問。
　・学校内外の援助資源の確認。
　・クラス全体の様子（友人関係，教師との関係など）や部活動の様子。
　・Cさん自身を支えていた援助資源。

4）分析の方法

　はじめに教師，保護者，そして不登校の経験者（当事者）がそれぞれの立場でどのような行動をし，どのように考えたり感じたりしたのか，そ

の傾向をそれぞれについて整理する。つまり，行動，思考，感情を織り交ぜながら，インタビュー内容を学校心理学の観点から整理し直して記述する。その中から3者の不登校支援や不登校の体験の意味を探り，共通点や相違点を明らかにする。

さらにその過程で，不登校支援に有効であった支援や有効と思われない支援についてどのように認識しているかも整理し，不登校になった原因や再登校が可能になった理由についても考察する。

また，今後の不登校支援の研究に活かすために，本事例の固有性と一般性についても考察する。

2.2.3　3者の面接結果

最初に，Aさん（不登校当事者），Bさん（母親），Cさん（学級担任）の体験をそれぞれ分析し，よいと考える支援についてまとめると同時に，不登校を支援した経験や不登校の経験がそれぞれどんな意味をもっていたのかを考えてみたい。なお，インタビューはBさん，Aさん，Cさんの順であったが，まず不登校の様相を明らかにするために，不登校経験者であるAさん自身の語りを分析する。そのうえで母親であるBさんの語りを，最後に担任のCさんの語りを分析する。

1）Aさん（不登校経験者：面接時は高校1年生）の不登校の経験

中学1年生の半ばから欠席が多くなり，3学期は期末試験のために1日登校しただけで，その年の終業式や卒業式にも出なかった。2年からは環境が変わって登校できるようになり，無事卒業した。高校に入ってから一時期欠席しがちになったが，2学年への進級が決まった。

（1）評価懸念の強いAさん

まず，「（不登校になった）理由はわからない。いじめられてはいなかった」と語り始めたが，不登校になった理由については，あまり多くを語っ

てはいない。休み始めたきっかけを次のように語った。
　□内は本人の語ったとおりの記述である（以下同様）。

> ・中1の2学期の半ばからテスト期間が始まり，ストレスがたまったと思う。朝，頭痛や腹痛がした。

　そして，なぜ学校へ行けないのかということよりも，学校へ行きづらい様子について，友人から自分がどう思われるかという不安や懸念を中心に語り出した。

> ・遅刻や早退はしなかった。遅れていくのがいやだった。友だちから理由を聞かれるのがいやだったから。
> ・友だちに見つかるのがいやなので，あまり外出はしなかった。
> ・3学期は不安はなかったが，友だちが何か（自分のことを）言っているかなあとか，自分はどう思われているかなあという不安はあった。

　登校できないことよりも，欠席している自分を周囲の人間，特に友人らはどう思っているかということが懸念される気持ちが強かったようである。

(2) 不登校につながる2つのストレス

　不登校の原因と思われることについては，「父母からの過度の期待」と「部活動での出来事」について多くを語り，その2つの出来事が強いストレスになっていることがうかがえた。

> [父母からの過度の期待]
> ・高校に入ったとき，進学校に入ったから「医学部へ行け」と言われ，きつかった。母は「国立なら安い」と言い，なおさらきつかった。
> ・中学のときはX高校（公立の進学校）へ行けといわれ，期待されて

きつかった。小学校のときは私立の進学校を勧められてきつかった。私立の進学校，公立のX高校，医学部をめざすように言われた。こんな言われ方は負担の一部にはなっていたと思う。
・（高校の）入学直後に，「進学校に入ったから医学部へ，国立大へ」という父母の言葉が相乗効果で荷が重くなった。

［部活動での出来事］
・バスケット部だったが，その中学は練習が厳しくて，休むと「何で来なかったんだ」と責められた。同学年の仲間が（自分を）責めた。かなりストレスになった。遊び程度のバスケが好きだった。自分は部活で厳しい練習ではなくて，ただバスケットボールを楽しみたかった。……（中略）……3月に顧問と直接話して退部した。

　インタビューでは不登校の原因を尋ねたわけではないが，自ら「父母からの過度の期待」と「部活動での出来事」を語ったことは，やはり本人にとって学校を欠席せざるをえない大きな要因であったと認識していると考えられる。特にバスケットボール部は県大会で優勝するほどの実力をもった中学校で，その練習はかなり厳しかったと思われる。「遊び程度」のバスケットボールが好きだったのに，練習は厳しく，休むとチームメイトからも責められてしまう。そんな環境の中にあって，父母からは医学部への進学を期待され続けている。
　好きな部活動や自分の進路について思うように選択や決定ができず，かなりのストレスを感じ，学校場面のみならず生活全体が息苦しくなっていたものと思われる。家にも学校にも居場所をなくしていったのではないか（事前の母親Bさんへのインタビューで，バスケットボール部への入部と退部，そして再入部のことは聞いていたが，本人はそこまで詳細に語りたくない様子だったので，筆者はあえて深入りしなかった。ちなみに母親Bさんは，バスケットボール部に再入部したことが不登校の直接のきっかけととらえている

〔後述〕。

(3) 学校内でのよかった支援方法と援助資源

このような状態のAさんは学校や家庭でどのような支援を受け、それをどのように受けとめていたのだろうか。

> ・学校に行かなくても担任とはメールで毎日のようにやりとりしていた。担任は男の先生で43歳。話しやすい感じで、いやな思いはなかった。
> ・電話もかかってきたが、いやだという気持ちはなくて、ちゃんと正直に「行けない」と話していた。
> ・友だちが届け物を届けてくれたり、夕方自分でとりに行ったりした。

担任は家庭訪問はしなかったようであるが、メールや電話で本人とつながっており、そうした支援をAさんは快く思っている。担任とは正直に気持ちを話せる関係が築けていたのだろう。また、届け物を持ってきてくれた友だちは、自分よりも学校に近い友だちなので、「わざわざ届けてくれて、たまに悪いなあと思っていた。親友のような感じの友だちなんです」とも述べている。担任が本人の知らないところでどのような支援をしていたのかはわからないが、Aさんの話の中からは「担任がこんなことをしてくれた」という話はこれ以外にはなかった。このように担任と「親友のような感じ」の友だちはそれなりにAさんの心の支えにはなっていたようである。担任や学校からの積極的な支援のアプローチはなく、学校と本人の関係を維持するための支援が、本人にとってはよかったと思われる。

(4) よくなかった支援・してほしかった支援

その他にも支援を試みた専門家等もいたようであるが、相談員等は援助資源にはならなかった。

> ・保健室へは行きづらかった。具合が悪くもないのに、保健室をたま

り場にしている生徒がいた。次の年からは本当に具合が悪い生徒しか行かれなくなった（だから，自分も行かれなかった）。
・保健室が居心地がよければ行きたかったが，たまり場になっていたので行けなかった。
・相談室の先生やスクールカウンセラーを担任や両親から勧められたが，話す気になれなかった。いろいろ相談しても荷が重くなってしまうし，いろいろな人に相談したいという気力がなかった。

　保健室へは行きたい気持ちはあったが，元気のいい生徒が多くて，本人の居場所にはならなかった。一般的には相談室や教科担任の研究室等を居場所にする事例も多いが，Aさん本人は学校内の大人に相談したいという気持ちはなかったようである。また，学校側からの居場所提供の支援もなかったようである。Aさんからこうしてほしかったという要望は，保健室へ行きたかったという別室登校（居場所の提供）の希望だけであった。

（5）学校外の援助資源と再登校のきっかけ

　こうした状況の中でAさんを支え，2年時から登校できるようになった要因は何だろうか。1つには塾の存在があげられる。塾の先生や友だちとの関わり，そして継続して学習できていたことが不登校時のAさんを支え，再登校のエネルギーともなっている。

・塾ではよく先生が話を聞いてくれた。でも，（学校へ行かれないことを）相談はあまりしなかった。
・塾へ行っていたので，学習面での心配はなかった。1年生のときはほとんど勉強しなかったけど，350点ぐらいはとれてた。自分では勉強の心配はなかった。
・塾でできた友だちも休んだことを理解してくれて，「2年からは自信をもって（学校へ）行け」と言ってくれた。

もう1つの要因としては，クラス替えや部活動の変更による学校環境の変化と，父母の言葉がけが大きな要因といえそうである。

> ・2年でクラス替えがあり，始業式に登校したら，自分を知っている友だちも含めて，みんな自然に接してくれてよかった。2年からはたまに休んでも「どうして？」と聞かれなくなったのがよかった。
> ・2年からは（バスケットボール部をやめて）技術家庭部に入ったが，その（1年のときの）担任が顧問をする技術家庭部だった。……（中略）……そこでいろいろなものをつくるのが楽しかった（担任は2年時から替わっていた）。
> ・父は「過ぎたことは気にするな」と言ってくれ，背中を押してくれた。
> ・自分も（2年からは）行く気になっていたので，両親や塾の先生の言葉は追い風になった。

 このように，自分の思うようにならない部活動を自ら退部し，その後2年間を充実した部活動をして過ごしたようである。また，クラス替えが再登校を助けたことも確かである。あれだけ友人からの評価を気にしていたAさんだったので，「何で休んだんだ」「どうして来なかったんだ」と言われることがなくなり，ストレスも減ったに違いない。

 さらに地域の中にAさんがよく通った釣具屋があり，その店のおじさんとの交流が1つの心の拠りどころになっていたようである。

> ・釣具屋のおじさんのところへはよく行った。実際に釣りをやるわけじゃないけど，行けば釣りの話で一日中いた。楽しかった。おじさんは学校のことは言わなかったし，釣りのことをたくさん教えてくれたから。

インタビューの最後に「振り返って思うことはありますか」と聞いたところ,「不登校の仲間が学校に来たら,普通に受け入れてあげようと思う。人それぞれ気持ちは違う。聞いてほしい人もいれば聞いてほしくない人もいるだろう」「自分なら普通に接してあげて,自分のことを話してきたら,そうかそうかと聞いてやるのがいいと思う」と語った。そして最後に,「学校に対しては何も要求はない」と語ったことが印象的であった。

2) 母親Bさんの不登校支援の体験
(1) 息子Aさんに対する家族の期待と母親の悩み

Bさんは,父親のAさんに対する進路(進学先や職業)への期待やそれに依拠するAさんのストレス,そして父子関係のあり方などについて悩み,多くを語っている。

> ・小5頃から父親が勉強のことを言い出したんです。父親は私立の進学校に入れたいと思って塾へ行かせました。自分としては本人がつらくなるのではないかと思い,反対の気持ちだったんです。本人はノートがとれないんですけど,テストをやればできないわけではないんです。6年になってその高校のパンフレットをもらったんですけど,合わないと思って自分は反対しました。そして本人のチックも始まり,父親はあきらめました。本人は父親に言われるといやとは言えないんです。父親は自分でレールを敷きたがる人です。命令調で。息子は新しい環境に対して不安が強いことがよくわかりました。
> ・父親はあいかわらず「X高校(公立の進学校)へ行け」と言っていました。それに対して本人は「えー」とは言えるようになりました。X高校から逃れるために,Y高校の理数科に興味をもち,自分で見学に行って,行きたいと思うようになったようです。父親は(X高校とY高校の理数科は)レベル的に同じなので許可しました。成績はすぐには上がらず,結局,Z高校(X高校に次ぐ程度の公立進学

- 父親は歯医者を継がせたかったんですが，今は医者をめざすように言い出しました。これからは医者の時代だというんです。**父親は狭い世界にいて，考えが広げられないんです**。そのまま（自分の思いを）子どもに向けている感じがします。本人はＺ高校に合格して**興奮し，舞い上がり**，「おれは医者になる」と友だちにもしゃべってしまうところがあります。しかし，いよいよ高校生活が始まると，授業も難しく，ちょっと違うなあということに気づきだして，朝起きられなくなって，登校できなくなったんです。
- **親離れしたいという願望があるのだろうと思います**。……（中略）……いとこの同級生が優秀で，父親はライバル心が強いんです。

（太字は筆者）

またＢさんは，Ａさんが登校しないことに対する祖父母の態度についても悩みは大きい。

- 祖父母は「本人をひっぱってでも学校へ行かなければならない。何で行かれないんだ」という感じでした。家族としては当然の思いが本人にも私にも飛び交ったんです。時間がかかりそうなので，**まずは祖父母を黙らせました**。

（太字は筆者）

このように，父親や祖父母からＡさんに向けられる期待を，Ｂさんは不適切なものととらえている。また，悩みながらも「息子は新しい環境に対して不安が強い」とか，「（父親の期待に対して）えー，と言えるようになった」「親離れしたい願望がある」「父親は狭い世界にいて，考えが広げられないんです」など，太字部分のように，Ａさんや父親の様子について分析的にとらえており，自分は他の家族とは違い，息子のことを理解でき

ているという自負を感じることができる。また，Ｂさんの息子への理解は，息子のＡさんを発達障害ではないかと思っている次の語りからも理解できる。

- 私は息子を発達障害の傾向があるのではないかと思っていました。本人の様子をみていてそう思ったんです。
- 本人は掃除や片づけができず，訪問先では環境が変わるせいか，出された団子を全部食べてしまったりしました。決まりが守れないとか，集団登校から離れてしまうこともありました。

こうした息子の様子を，冷静に客観的にとらえようとする姿勢は，教職経験が活かされているのかもしれない。再インタビューでは「教師時代の不登校支援の体験が活かされていたんですか」という質問に対して，「自分が受け持っていたクラスに不登校の子どもはいなかったけど，研修などで不登校や発達障害のことは少しは知っていました」と答えている。

(2) 息子の不登校の原因

このようにみてくると，「親子（家族）関係の問題」と「発達障害による学校や対人関係への不適応」が大きな悩みであり，不登校の遠因になっていると認識しているようである。しかし不登校の直接のきっかけについては，インタビューのはじめにバスケットボール部への入部の経緯を詳しく語っている。

- 入学してバスケ部に入って，6月にやめました。……（中略）……技術家庭部に入ると言ったんですが，バスケ部の顧問に勧められて……（中略）……本人は断るのが苦手なんです。だから先輩や先生に気を遣って，手紙を書いてまでしてやめました。
- ずっと「帰宅部」でいたので，自分（母親）が「どんな部活でもいいから入ったら」と勧めたところ，またバスケ部に戻ったんです。

> 戻ったのは9月でした。……しかしレベルが高かった。……何とかがんばるように自分（母親）が発破をかけたんです。
> ・戻って，2週間しか続かなかった。「だるい」「頭重い」と言い出し，学校を休んだんです。自分はすぐに不登校かなと察知しました。

再インタビューで，Bさんは「自分が陸上やスポーツをずっとやってきたので，中学生が部活に入らないなんて考えられなかった」と述べている。母親に勧められて再び部活動を始めるときに，当初入りたいと望んでいた技術家庭部ではなく，いったん退部したバスケットボール部にまた入ったことについてはよくわからないが，(母親はこの時点で「どんな部活でもいい」と思っていたそうであるが) 本人は母親の期待を感じとったのかもしれない。

(3) 母親Bさんの孤軍奮闘

こうした状況の中でBさんは孤軍奮闘している様子がみてとれる。まず，息子の進路を勝手に決めようとする父親（夫）への不満。無理に登校させようとする祖父母への不満。本人を理解できるのは母親である自分だけという思いも感じとれる。しかし，息子のAさんは「母親からは，(学費は）国立なら安いと言われ，なおさらきつかった」とか，部活動の勧めなど，かなりのプレッシャーを母親からも感じている点に，AさんとBさん親子の大きな認識の違いがある。また，息子（の不登校）を理解しようとしながらも，息子に対して苛立ってしまうこともあり，どのように支援したらよいのか戸惑っている様子もうかがえる。

> ・自分としては父親の考え方に対して，疑問をもっていました。でも，欠席して家にいるときに自分が息子の部屋に入るとコミックを読んでいました。本人はへらへらしていたので，コミックを全部ほうり投げ出しました。本人は黙り込んでいました。
> ・私は本人を信頼してあまり言わないようにしているんです。父親に

は内緒です。「私はあまり縛らないようにしているよ」と本人に言うと,「まだ,縛られているよ」と本人が言ったんです。

　Bさんは父親や祖父母への不満と息子との認識の相違の中で,何とか支えがほしいと願っているが,自分を支えてくれる人が見つからない。

- 親としては（子どもが）不登校になったときに,どこに取りつけばいいのかわからずに困った。ここに相談すれば何とかなるという安心できる場所がほしかった。
- 市の教育相談センターに行った。しかし,全然だめだった。おじいちゃん相談員で,得るものは何もなかった。
- 大学時代の先生に相談したいと思ったが,お団子事件で（また不適切な行動をするのではないかと思い）行きづらくなった。
- 不登校の本を出している著者のところへも相談に行ったけど,1回きりだった。
- 養護教諭やスクールカウンセラーには相談しなかった。（どのように接触すればいいか)わからなかった。
- 夫婦の話し合いが難しい。間に入ってくれる第三者がほしかった。

　このように,家族内にも学校にも相談したり愚痴をこぼしたりできる相手がおらず,1人で悩んでいる様子である。つまり,教育相談の専門家や養護教諭,夫婦間の話し合いに介入してくれる人などを求めていたのであろう。したがって,Bさんは「してほしかった支援」として次の項目をあげている。

- 関係者が一緒に話し合って,解決策を考えたかった。
- 中間教室（適応指導教室）やフリースクールなどの話はなかった。教えてほしかった。

> ・不登校の子どもたちが集まれる時間，場所が中学校の中にほしかった。

(4) Bさんを支えた支援

　厳しい状況の中でも，Bさんは学校や担任に対して批判したり厳しく追及したりすることはなかった。それはBさんにとって心の拠りどころとなる唯一の支援と，結果的にAさんが再登校できるようになった学校の配慮があったからである。

> ・担任の先生（Cさん）が自分や息子（Aさん）と，メールでしょっちゅうやりとりしていたんです。
> ・中学の2年時のクラス替えで，小学校からの友人と一緒にしたり，バスケ部のいやな友だちを違うクラスにしたりするなどの配慮を学校がしてくれたんです。

　担任とのメールのやりとりは，Aさんが全く登校しなくなった3学期の半ば，2月21日から始まっている。はじめのメールの中で，Aさん本人が担任の先生と楽しそうにメールをしていることをBさんは感謝している。こうしたやりとりは，Aさん本人のインタビューでも「よかった支援」として語られている。Bさんが担任にあてたメール（期間はAさんが1年生の2月21日から登校できるようになった2年生の7月3日までと，担任が他校に転出しAさんが3年生になった翌年の10月3日のもの。プリントで21枚）では，単なる連絡のやりとりではなく，母親としての悩みや苦悩が記されたり，具体的な支援の方法をお願いしたり，家庭でこんな支援をしているとか親子の会話，日常の家での様子といった内容が詳しく書かれている。そしてその内容から，担任はしっかりと母親の思いを受けとめ，丁寧に対応していたことがうかがえる。もともと高校時代の同級生という間柄でもあり，はじめから本音で語り合うことができたのかもしれない。

> [Cさん（担任）に宛てたBさんのメールから]
> - 息子のメールにつきあっていただき，ありがとうございます。彼にとってはメールは新しい世界であり，楽しそうに送受信しています。
> - 親の混乱，焦り，叱責，強制……の時期を経て，今は親子ともども肩の力を抜いて，気持ちに余裕が出てきたところです。
> - 東京のクリニックでの診断についてご報告します。……
> - C先生に親子ともども身をゆだねるような格好をとってしまっていますが……。学校ではこんな支援や対策，組織があるということを教えていただけると大変心強いです。
> - （再登校の日，Aさんを送り出して）入学式の日より，今日はまぶしかったです。祈る思いで送り出しました。先生とつながっていたからこそ，今日の登校があるんだと思っています。ありがとうございました。
> - （再登校の翌日）1年間本当にお世話になりました。もしかしたら（息子はクラスで）一番先生と心が通じていたのでは……と，想像しています。息子も私もほろ苦いけど，あたたかな思い出となりそうです。

　つまり，学校側からは具体的な支援や居場所の提供はあまりなかっと思えるが，担任のCさんはメールという手段で母親やAさん本人との関係を維持し続けていたのである。

　また，2年時のクラス替えではバスケットボール部の友だちとクラスを変えてもらい，学級編成に配慮をしてもらったようである。これは母親がバスケットボール部の顧問に直接，願い出たようである。再登校の初日（2年生の始業式の日）に，誰からも欠席していたことを質問されたり話題にされたりすることもなく過ごせたのも，学校側の配慮があったのかもしれない。

(5) 支援のキーパーソン（母親）とそれを支える担任

支援のキーパーソンとなった母親が，頼りにできる相談相手を強く求めていることがわかる。また，不登校の子どもがとにかく安心していられる場所やその情報がほしいと考えている。また，支援の関係者（担任，部活顧問，養護教諭，スクールカウンセラー，保護者などが考えられる）が，一堂に会して解決策を考えてほしいと願っていることから，母親の孤軍奮闘ぶりや孤立感がうかがえる。本来，こうした支援体制づくりは学校側が中心になって行われるべきものである。具体的な支援や情報提供が，学校や専門家から積極的にもたらされなかったことは残念なことである。また，母親が家庭内の調整役を務めることの大変さや，母親自身の葛藤やストレスなどに対して「母親支援」をすることがＡさんの不登校支援につながるということに，学校や専門家が気づかない，あるいは認識してはいてもアプローチできない状態があったと思われる。

しかし，そうした母親を担任はメールで支援し続けた。気持ちを受けとめ，時には具体的に支援を行ったようである。母親は学校や担任にさらなる支援を求めながらも，気持ちは受けとめてもらえているという安心感を感じ，心の支えとしてきたのである。

3）Ｃさん（担任教師）の不登校支援の体験
(1) 学級経営に自信がもてないＣさん

Ｃさんは学級担任として多くの重大な悩みを抱えていた。クラスにはＡさん以外の不登校生徒，すぐキレてしまう生徒，徒党を組んで掃除をさぼる生徒，反抗する女子生徒たちなどがおり，いじめも起きていた。このような状態の学級経営について，Ｃさんは自信のなさを語っている。

・Ａ君のクラスは大変なクラスでした。Ａ君以外に不登校の状態が重たい生徒がいたんです。その子の親はとても若くて，家庭が大変だったんです。すぐ興奮する生徒もいて，……（中略）……女子生

> - 徒が八つ当たりしたり，徒党組んで反抗したり，大変だった。これまでの自分の教師人生の中で2，3番目に大変なクラスでした。
> - よくあの荒れたクラスの中で，A君はがんばっていたなあと思うんです。
> - そのクラスは外向けには非行はなかったけど，クラス内で掃除をさぼったりして，よく指導したんです。生徒から「むかつく」なんて言われたり，とても大変だった。いじめもあった。
> - 自分は学級経営や生徒指導は，苦手なんです。
> - クラスがうまくいかなかったから，2年でクラス替えのときに自分は持ち上がらないで，翌年も1年生の担任になったんです。そのクラスは優しくて穏やかなクラスだったんです。

　また，他の同僚教師からも「（C先生は）口は笑っているけど，目が怒っているよ。生徒が混乱するよ」などと指摘を受け，「自分のクラス運営に対する焦りやイライラが，クラスの雰囲気を悪くさせたかもしれない」と語り，クラスが荒れてよくならない原因を自分に帰属している。24年間の教師生活の中でたまたまこのクラスだけが大変だったのではなく，以前から学級経営に対しては自信がなかったことを，インタビュー前の自己紹介で述べている。

（2）自分にとっての不登校支援の意味

　Aさんの不登校を支援したことについて，Cさんはまず，自分にとってどんな意味があったのかという観点から話し出している。

> - A君（の事例は）は幸運にも（自分にとって）ありがたい事例だった。
> - 自分のA君に対する思いは，大変なクラスの中で，自分にとってはオアシスだったんです。A君と関わることで彼からエネルギーをもらっていた。

第2章 〔研究Ⅰ〕教師が行う登校支援に影響を及ぼしている要因

　具体的には，メールやパソコン，ロボットコンテスト，犬のことなど，自分とA君の興味関心や「話題が合った」ことだと述べている。また，「母親もよくメールをくれて」「母親が（息子の不登校のことで）よく動いてくれた」ことに感謝しているようであった。もともと母親のBさんと担任のCさんは，高校時代の同級生で，知り合いだったということもあるかもしれないが，「母親（Bさん）は自分のことをA君に（いい先生だよ，というように）よく話してくれていたと思います」と，Cさんは母親を好意的にとらえている。しかし，A君の不登校を支援した経験が，自分にとって「幸運にもありがたい」ことであり，「自分にとってはオアシス」で「彼からエネルギーをもらっていた」というのは，どういう意味なのだろうか。

　クラスにいじめがあり，反抗する生徒も多く，清掃などへの取り組みもままならない，いわゆる荒れたクラスをどうすることもできず，同僚からも指導の姿勢について指摘を受けていた。また，他の保護者からもいろいろ苦情を持ち込まれただろうし，支援の大変な家庭もあった。このような状態では，当然，自己有能感も下がるだろうし，実際に1年で他学年に移っているのである。こうしたCさんにとって，A君やその母親の関わりが，実はCさんにとって心地よいものとなっていたのである。母親は自分のことをA君に「いい先生だよ」と語っていると思っているし，A君とは共通の話題で何回もメールのやりとりしている。たぶんCさんはA君や母親とメールでやりとりするときが，楽しく癒される時間だったに違いないことが，次の語りからわかる。

・メールの内容は，……（中略）……雑談や犬の話など。自分も犬が好きなので，会話が弾んだ。
・自分がエコカーに取り組んで，大はしゃぎしたメールをA君に送っているんです。
・平均2，3日に1回ぐらいは本人や母親とメールでやりとりしてま

- した。
- 他の生徒とのメールはお見せできるんですが、A君とのメールは思い入れがあってお見せできないです。
- 自分がはしゃいだときにA君にメールを送っていたような気がします。今はいい思い出となっている。

では、メールでの関係維持や精神的、受容的な支援の他に、Aさんに対する不登校の支援はどんな実態だったのだろうか。

(3) A君の困難への気づきと迷い

実はCさんは「夏頃には（A君は）よく休むなあ」と感じ始めており、「バスケ（ットボール部）の中で、ジャイアン的なボス的な子がいて、いじめのような相談を本人とお母さんから受けたことがある」と述べている。詳しい内容は語られなかったが、「バスケットボール部での人間関係も、不登校の原因だと思うが、クラスも大変だった」と述べ、部活動でいじめとまではいかなくとも、欠席したときに責められたり、「わざと体当たりされたり」するつらさは理解していたようである。また「クラス内で疎外されていたかは定かではない」としながらも、「よくあのクラス内に（A君は）いられたなあ」とも語っている。しかし一方で、「何でだろう、何で休むんだろう。学校生活は部活以外の方が長いのに……」とも述べ、A君の欠席についてその理由がわからず、打つ手もわからないといった戸惑いを感じていたようである。

本人や保護者からも相談を受け、部活やクラス内でつらい思いをしているとわかりながらも、なぜCさんは担任として支援に乗り出そうとしなかったのか。例えば部活の顧問に様子を聞き、指導や配慮をしてもらうとか、もっと本人の相談にのってよく話を聞くとか、自分が大変なら相談員や養護教諭に話を聞いてもらうなど、様々な支援が考えられる。母親への支援も同じである。自分が話を聞くだけではなく、特に夫婦間のことなどはスクールカウンセラーにアドバイスしてもらうなどの支援ができたので

はないだろうか。

　唯一わかったことは,「バスケットボール部の顧問は力士のように大きな人で,小さいことは気にするなという感じの(指導をする)人でした。だから,母親も顧問には相談しづらいものを感じていたんだろうと思う」と述べ,「私も顧問には(A君の悩みは)伝えなかった」そうである。また,「支援会議までは頭が回らなかった」そうであるが,「経験のあるY先生やN先生がよく相談にのってくれた。学年会でも話題にはしていた」と述べている。したがって自ら問題解決に乗り出すことはなかったが,A君の不登校問題を自分の悩みとして聞いてもらう同僚はいたようである。その他,支援の内容については次のように述べている。

・保健室や相談室へは(A君は)行っていないんじゃないかなあ。
・保健室はくつろげないところだったんです。忙しい場所という印象ですね。
・スクールカウンセラーにつなげることはなかった。もしかしたら母親や本人はスクールカウンセラーのところに行っているかもしれない。
・父親とは面識はないです。お父さんのことは(A君は)けむたいと思っていたようだけど,不登校とつながっている(関係がある)とは思わなかった。

---

(4) Cさんの教師としての支援の特徴

　CさんはAさんの不登校問題に関わって,積極的に支援を行ってきたとはあまり思えない。荒れた大変なクラスを受け持っていて,日々その対応に追われていたであろうCさんにとっては,無理もなかったかもしれない。しかし,本人や母親とのメールでのやりとりによって,親子の心の支えになっていたという事実は,不登校支援を考えるうえで基本的に大きな出来事である。

そこで，山本（2007）の「不登校状態に有効な教師による援助方法」を参考にして，Cさんの教師として行った支援を整理してみたい。山本は不登校状態に有効な教師による支援を6カテゴリー・11支援方法（家庭連携として①関係維持と②家族支持，組織的支援として③校内援助源と④別室登校，心的支援として⑤意欲喚起と⑥児童生徒支援，登校支援として⑦人間関係調整と⑧校内援助，指導的支援として⑨学習指導と⑩生活指導，そして⑪専門機関連携）を見出している（表2-2のNo.1〜11）。11支援方法の具体的な内容は次のとおりである。ただし，山本が具体的な支援方法として例示した具体例に，筆者が加筆した部分も含まれる。

①「関係維持」支援では，家庭訪問や電話をする，プリントを届けるなどして，不登校児童生徒と教師，あるいは子ども同士の関係維持を目的とする。したがって，教師が一緒に遊ぶことなどもこの支援に含まれる。

②「家族支持」支援は，保護者や家族の話を聞いて不安を軽減することであるが，実際には家庭環境に大きな困難を抱えている場合が多く，直接的・間接的に家庭そのものを支援する事項も含める。

③「校内援助源」支援は，校内にいるスクールカウンセラー，相談担当者などに援助を要請することである。スクールカウンセラーは校内常駐に限らず，巡回や訪問も含めて，このカテゴリーに含める。また，相談の専門家に限らず当該の児童生徒にとって援助資源となりうる人はすべて含まれる。

④「別室登校」支援では，一般に相談室や保健室が考えられるが，自分の教室以外の校内にある別の場所を居場所（安心して活動できると子ども自身が感じた場所）にしていた場合と考えると，研究室や事務室，校長室など多様な対応が考えられる。ただし，一時的に避難していた場合などは含まれない。

⑤「意欲喚起」支援は，活躍の場をつくったり趣味や夢，進路などの助言をしたりする支援である。学習面での意欲喚起は，基本的に「学習

第 2 章 〔研究Ⅰ〕教師が行う登校支援に影響を及ぼしている要因

表 2-2　教師による効果的な支援方法とCさんによる支援の様子

分類		No.	支援方法	Cさん（担任）の行った支援		
				◎特に効果があったと思われる支援	効果があった支援	やりたかったができなかった支援
不登校児童生徒への支援	家庭連携	1	関係維持	◎メールによる日常会話や相談		
		2	家族支援	◎メールでの相談や連絡 ○母親との懇談		
	組織的支援	3	校内援助源			
		4	別室登校			保健室で過ごす
	心的支援	5	意欲喚起	○技術家庭部への勧誘		
		6	児童生徒支持	◎メールでやりとり。無理に登校させない		
	登校支援	7	人間関係調整	◎クラス替えでの学級メンバーの配慮		バスケットボール部での友人関係配慮 顧問との連携等
		8	登校援助			
	指導的支援	9	学習指導			
		10	生活指導			
	専門機関	11	専門機関連携			
予防的支援		12	日常的教育相談			
		13	欠席への関心・配慮			
成長促進的支援		14	学級集団づくり			落ち着いた学級づくり
		15	授業づくりの工夫			

出典：山本（2007）の11支援（No.1～11）に4支援（No.12～15）を追加して作成

指導」支援に含め，このカテゴリーからは除く。

⑥「児童生徒支持」支援では，不登校児童生徒の不安や焦りなどに耳を傾け，しっかりと話を聞きながら，情緒的に子どもを支持して安心感を与えることである。

⑦「人間関係調整」支援は，友人，教師，家族等との関係調整を行うことである。支援する教師自身との関係を調整した場合は，教師が意図して行っている場合に限ることとする。

⑧「登校援助」支援は，送り迎えをしたり登校できる状況をつくったりすることである。教師以外の母親などが送り迎えをする場合も，教師が母親と協議して決めたことである場合には含めることとした。同様に友だちが迎えにいく場合なども，それを教師側の意図的な支援として行っている場合には含めるものとする。

⑨「学習指導」支援は，個別に学習指導をすることであるが，放課後に友だちと一緒に勉強を教えた場合なども含める。

⑩「生活指導」支援は，生活の乱れや校則違反などについて，指導的に助言することである。昼夜逆転の生活や，家庭での過ごし方などの指導的な事柄が含まれる。保護者に対する間接的な指導も含まれる。

⑪「専門機関連携」支援は，病院，児童相談所等の学校外の専門機関との連携による支援である。

以上，山本は不登校状態にある児童生徒への支援をまとめて分類したが，どの教師も行っているであろうと考えられる予防的支援として⑫日常的教育相談と⑬欠席への関心・配慮を，また成長促進的支援として⑭学級集団づくりと⑮授業づくりの工夫を加えて，15の支援方法に分類した。

これによると，Cさんは母親の相談にのる他は，本人や母親とのメールのやりとりでの支援以外はあまり行っていないことが明らかである。本人が希望していた保健室登校に代わる相談室登校や，人間関係で悩んでいたバスケットボール部での人間関係調整も行っていない。担任以外からの支援があったわけでもなく，学校（学年）として連携支援をしているわけで

もない。「効果があった支援」欄に何も当てはまる事項がないのは、それだけ行った支援が少なかったからである。

このように、いろいろな支援を試みたわけではないが、メールによる日常的な支援が功を奏して保護者の信頼を得ることができ、Aさん本人とも信頼関係が築かれたのである。母親がCさんに宛てたメールの内容をみる限り、量的にもかなり多く、その1つ1つにCさんは受容的に返事を返し、母親の思いを受けとめていたと思われる。つまり自ら支援を行うわけではないが、母親の思いを真摯に受けとめることで信頼関係が築けたのであろう。

また、本人とのメールのやりとりでは、自分の関心のあるエコカーや得意分野であるパソコンのこと、そして犬の話題などで楽しく会話ができたようである。Aさんが興味関心のあることに対して教師側が意図的にアプローチするわけではなく、たまたま興味関心が一致したということらしい。だからCさんが言うように、「（自分にとっては）幸運にもありがたい事例」であり、「彼からエネルギーをもらえる事例」になったのであろう。

2.2.4 考察

石隈（1999）は学校心理学の体系の中で心理教育的援助を担う4種類のヘルパーを指摘している。つまり、学校の中で支援を行う教師等（複合的ヘルパー）、家庭での支援者である父母等（役割的ヘルパー）、医療や相談の面から専門的な支援を行うスクールカウンセラーや病院の医師等（専門的ヘルパー）、そして地域の中で個人的に相談相手になったり支援したりしている人たち（ボランティアヘルパー）である。このように学校、家庭、専門機関、地域のそれぞれにどのような支援者がいて、その支援者がAさん（不登校当事者）とあるいは支援者同士でどのようにつながっていたのかを図式的に表したのが図2-1である。つながり方の様子はリソースマップ（岸田, 2005）を活用し、「互いに信頼関係が築けており有効な支

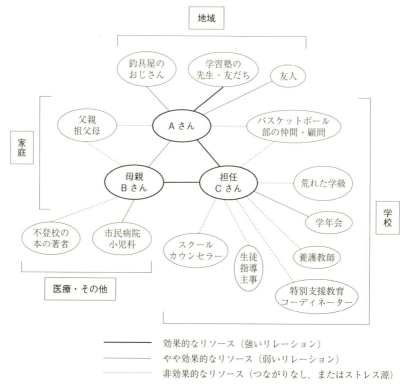

図2-1　Aさんを中心にしたリソースマップとリレーションの様子

援になっているか」，あるいは「関係が築けていない，または逆にストレス源になっている」といった状態を，結んだ線の形状で表している。

1）3者にとっての不登校経験および不登校支援のもつ意味の違い

(1) Aさんにとっての家庭，学校，地域

Aさん（不登校経験者）にとって当時の学校は不本意な部活動に入らざるをえない状況と，その中での友人関係での不適応など，つらい思いがあった。また，家庭でも父親や母親からの進学への期待や，勝手に進路の

レールが敷かれてしまうことへの不満などがあり，学校でも家庭でもストレスが高かった。さらにクラスは荒れた状態で，Aさんからクラスでの楽しい出来事などの話はいっさいなかったことからも，生活の多くを占めている学校と家庭ではいずれも自分らしく，安心して過ごせる場所ではなかったと推測される。

　釣りや魚の飼育，バスケットボールをすることなどが好きなAさんは，地域の中で自分よりも年下の子どもたちと一緒にバスケットボールをして楽しんだり，近所の釣具店のおじさんと好きな釣りの話で盛り上がったり，そうした居場所をもっていたことがわかった。そして，Aさんにとって最も重要と思われる居場所は塾であった。塾の先生や友だちが話を聞いてくれ，不登校であることを理解してくれていた。何よりも学習ができるので，不登校でありながら学習面での心配は全くなかったと語っている。このように塾の先生や友だち，釣具店のおじさんなど，地域のボランティアサポーターとしての援助資源が，Aさんを支えていたのである。したがって学校へ行かれない事態に苦しみながらも，自分らしくいられる場所をもっていたともいえる。

　したがって，Aさんにとっては約半年間の不登校経験は自分と父親との関係を見直す機会になり，自分が本当にやりたいことを確認する機会になっている。またバスケットボール部を退部することを顧問に申し出て，態度を自己決定したことは有意義な経験であった。

(2) Bさんにとっての不登校支援

　母親であるBさんは，祖父母と意見を異にしながら，病院に通ったり専門家に相談したり，クラスの中でのAさんの活動の場づくりを提案したりと，孤軍奮闘していた。また，父親の方針にも賛成しかね，Aさんにとっては自分が唯一の理解者であるという思いもあった。しかし，結果的に父子関係や家族のあり方を見つめるよい機会になった。父親の方針に反対しながらも自身も息子であるAさんに，自分の人生を押しつけてしまいがちになっていたことに気づき，家族や夫婦関係のあり方を再認識して

(3) Cさんにとっての不登校支援

担任のCさんは荒れたクラスを受け持ち，日々，生徒たちから反発を受けたり，様々な生徒指導に取り組んだりしていた。もともと学級経営や生徒指導にはあまり自信がなかっただけに，Aさんとの関わりがある意味で救いの場であった。つまり，教師と生徒として心が通じ合える関係は学級の中にはなく，唯一Aさんとのメールのやりとりが，興味関心の同じロボットや犬の話などで盛り上がることができた体験になっていたのである。したがって，Cさんは「何でA君は学校へ来られないんだろう」とずっと悩みながらも，メールによって本人や母親を心理的に支えてはいたが，Aさんの不登校の状態をアセスメントすることはできず，積極的な人間関係改善のための支援もできないでいる。

(4) 3者の経験の違い

Aさんが地域の中で塾の先生や友だち，釣具屋のおじさんなどに支えられていた実態を担任のCさんや学校は把握していない。また，母親のBさんは筆者との最初の面談後，半年経って「息子（Aさん）がいつも誰か相手を見つけていたんだと思います。学校のことにこだわらずに，支えてくださる方が多かったと，今あらためて思います」と筆者宛のメールにしたため，その存在に気づくとともに，その人たちがAさんを支えていた意味を理解するようになった。また，担任のCさんは学校内の援助資源を有効に活用することができなかったことは事実であるが，不登校の子どもと同じ世界を共有し，自らもその世界を楽しむことが，不登校支援の基本として大切なことであることを学んでいる。その後の教師としての子どもたちへの接し方の基本が身についたということは有意義な経験であった。

2) 有効な不登校支援

認識のずれという観点では，図2-1からも明らかなように，Aさん（不登校経験者），Bさん（母親），Cさん（教師）を取り巻く人的な援助資

源(リソース)をみれば，3者に共通な関心事項と互いに共通項のない部分との乖離が大きいことがわかる。つまり図2-2のとおり，3者に共通の援助資源は互いに交換しているメールのやりとりによる信頼関係のみである。公的な支援と考えられるスクールカウンセラーや相談員，養護教諭，専門機関(病院や相談センター等)が全く介入していない。当時は特別支援教育コーディネーターが導入されて2年目であるが，3人の口からは全く名前さえも語られなかったことから考えると，制度が導入されて日が浅く，有効に機能していなかったことが推測される。

Aさんはインタビューの最後に「学校に対しては何も要求はない」と語ったように，不登校状態にある自分に対して「こうしてほしい」といったことを考える余裕はもっていなかった。自分がなぜ学校へ行こうとする

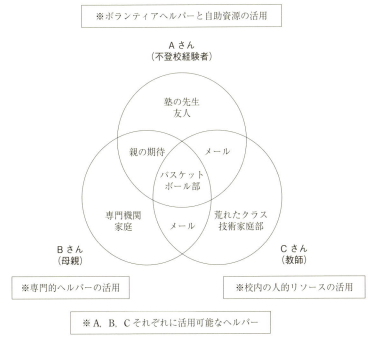

図2-2　3者(A, B, C)それぞれが関わっている場と活用可能なリソース

と体調が悪くなるのか，はじめは「期末試験でストレスが高かった」と述べているように，よくわかっていなかったのかも知れないが，担任のC先生には「登校できない」と素直に話せ，メールで楽しく会話ができていたことが救いであった。

　このように学校（先生）と本人や母親のリレーションがとれていたのであればこそ，さらに家庭と学校が協力して具体的な支援ができたのではないか。母親のBさんは相談センターや病院，不登校の本の著者などに救いを求めており，学校内の各種援助資源については「知らなかった。教えてほしかった」と述べているように，情報が共有されていなかったのである。したがって「関係者が集まって一緒に支援を考えてほしかった」と，連携支援の発想が母親にはあったにもかかわらず，学校側にそうした考え方や連携のシステムができていなかったのである。あるいは連携支援の発想がまだ当時はできていなかったのかもしれない。さらに，母親はAさん自身が興味をもっている魚の飼育について，飼育活動（交配や繁殖）を学級活動に位置づけてもらえたら，登校できるのではないかと考え，担任のCさんにメールで提案をしている。内容はかなり具体的で，「水槽を設置して，繁殖を目的に飼育，観察，スケッチ，デジカメで記録，パソコンを駆使してまとめたり，HPをつくったり……」などと，学級担任ならではの，担任にしかできない支援であろう。実現しなかった経緯ははっきりしないが，Aさん本人のもっている自助資源を活用し，学級集団の中に位置づけ，学級の人間関係づくりや学級経営にも活かせるという点では，非常に効果的で理にかなった支援策である。

　このように母親のBさんはインタビューの後からも，Cさんとのメールのやりとりの資料を筆者に提供してくれたり，思い出したことを連絡してくれたりするなど，かなり積極的にAさんの不登校問題に関わろうとする姿勢が感じられる。

　さて，Aさん自身に戻って考えてみると，2年時のクラス替えと，所属の部活動の変更で新しい生活が切れそうな予感が，「2年になったら学校

へ行こう」と決心させ、その背景に「過去のことは気にするな」という父親の励ましの言葉,「おまえなら行けるよ」という塾の友だちの言葉かけが「追い風になって」勇気をもらえたらしい。しかし、見落としてならないのは塾での学習である。「勉強は心配にならなかった。塾で勉強していたから 350 点ぐらいはとれていた」と本人が言うように,たとえ塾であったとしても学習面でサポートが得られていたことは不登校支援の大きな要素であろう。

　このように不登校問題に関しての有効と考える支援については,担任や保護者,あるいは当事者にとってはかなり異なる認識であったことが理解できる。不登校問題をめぐってその解決のためには,支援する立場の者と当事者が互いに共通理解するとともに,図2-3 のように興味関心を共通にした世界をできるだけ多く持ち合うことが,有効な支援につながるのではないだろうか。

　ただし,ここで共通の世界といっているのは,3者が全く同じ価値観をもって,同じように考えるといった,同心円を理想とする世界のことではない。幅広くアセスメントができていて,援助資源の共通理解が可能になっている世界のことである。したがって不登校経験や不登校支援が3

図2-3　3者（A, B, C）が
興味関心や情報を共通にした世界

者それぞれにとって意味が異なったように，それぞれ相容れない世界があったにしても，どこかで折り合いをつけたり，自分らしく生きられる世界がもてたり，あるいは信頼関係が結べていることが大切であることは前述のとおりである。

3) 不登校問題における固有性と一般性
　　（子どもを取り巻く環境・特性の視点から）

　本事例は次の点において特殊性がある。まず，学級担任と不登校生徒の母親が高校の同級生で知り合いだったこと，そして当事者とその保護者と学級担任が，筆者に対してその経験を語ることを了解してくれたことである。3者に信頼関係があり，結果的に再登校を果たしていることでインタビューが成立したのである。

　本事例において固有的なことは，Aさんの親子関係とAさん自身の発達上の課題（発達障害の傾向），部活動の選択と親の関わり，学級担任のクラス運営の困難，Aさんの地域における自助資源などがあげられる。

　特に特徴的なことは，担任や学校が積極的に支援をしているわけではないのに，3者が信頼関係で結ばれ，結果として再登校を果たしたという点である。しかも教育相談やカウンセリング，生徒指導などを勉強した教師ではなく，どちらかといえばそうした分野には自信がもてないでいる担任がなぜ，不登校支援を行うことができたのか。また，学校が組織的にチーム支援を行うこともできず，母親が孤軍奮闘してしまう事例で，なぜ子どもが再登校でき，その後もインタビューに応じられるほどの信頼関係が築けたのだろうか。

　田上（2007）が学級集団づくりのためのカウンセリング技法である「対人関係ゲーム」の基礎理論として論じている「価値のトライアングル」（図2-4）は，本事例のAさんの様相をよく説明している。価値のトライアングルは人々の社会生活のスタイルを，その人の価値の置き方で意味づけるものである。1つは「社会的パワー」志向で，人と競って勝ちたいと

第2章 〔研究Ⅰ〕教師が行う登校支援に影響を及ぼしている要因

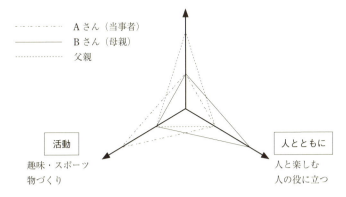

図2-4　価値のトライアングル（田上，2007）
でみるAさん親子の生き方の特徴

か社会的に成功したいという思いに強く動機づけられた生き方である。2つめは「活動」志向で，自分の興味関心のあるスポーツや活動に夢中になったり物づくりを楽しんだりすることに価値を置く生き方である。3つめは「人とともに」志向で，人と楽しんだり，人の役に立つことが嬉しいと感じたりする人間関係に重点を置いた生き方である。

価値のトライアングルの視点からAさん，Bさんの家族関係をみてみると，Aさん自身は明らかに「活動」志向タイプの生き方を望んでいる。競い合うバスケットボールではなく，楽しくバスケットボールをしたいと願い，2年時に再登校してからは技術家庭部に入って，「いろいろなものをつくって楽しかった」と述べている。それに対して父親は県下トップクラスの進学校へ進んで，医者になることを望むような典型的な「社会的パワー」志向タイプである。そして，母親のBさんはどちらかといえば「人とともに」志向タイプであろう。息子のAさんを発達障害ではないか

と思い，友だちとの関わり方に気を遣っている。バスケットボール部に入部を勧めたのもたくさんの友だちと関わりをもってほしいという願いがあったようである。このように，親子がそれぞれ異なった生き方を志向し，なかなか折り合いがつけられないところが家族の中にストレスを生んでいる。また，Aさんにとってはバスケットボール部の存在そのものが，活動志向タイプと社会的パワー志向タイプのせめぎ合いの場であり，とても友だちや顧問と折り合いをつけられる状態ではなかったわけである。それが自分自身の中の矛盾となり，強いストレスとなったのであろう。

　しかしながら，ストレスが強かったから不登校になったわけではないだろう。思うようにならない世界とどのようにつきあうべきなのか，そこに導くのが不登校支援ではないだろうか。つまり折り合いがついているかどうか，ストレスになっていることはないか見極める必要がある。その中から当事者のできていること，興味関心のあることを自助資源（Aさんの場合は学習，生き物の飼育，楽しむバスケットボールなど）として，不登校の支援に役立てるといった発想が必要なのである。当事者の世界に支援者が接して入り込んでみること，共通の世界で接してみることが，不登校支援の基本ではないかと考える。その意味で，Cさんがこの経験を「幸運にもありがたい事例であった」と意味づけたのは，Cさん自身の興味関心がAさんと一致するものが多く，その出来事をメールで日常的に会話してリレーションを保つことができたからである。そうした支援の様相を支援者自身がアセスメントによって共通理解され，意図的にできていたなら，生徒指導・教育相談の評価という観点からもすばらしいことであったと思う。

2.3 小中学校教師が行う不登校児童生徒への支援〔研究1-2〕

2.3.1 目的

　研究1-1では，不登校児童生徒を支援する立場の者と不登校の当事者が互いに人間関係を築きながら，興味関心を共通にした世界をもち合うことが，有効な支援につながることが示唆された。つまり不登校児童生徒の世界に教師や保護者が接して，そこに入り込んでみること，共通の世界で接してみることによって，支援する者とされる者の関係性が構築されることで，さらに多様な支援が可能になる。しかし，研究1-1の事例では関係性は構築できていたが，学校内外の援助資源を活用した多様な支援は可能であったにもかかわらず，あまり行われなかった。違う教師なら，あるいは学校環境が違っていたら違う支援が展開されたに違いない。

　教師による有効な不登校支援については，山本（2007）が小中高等学校教師290名を対象に質問紙調査を行い，不登校児童生徒の各状態に有効な支援方法について分析している。まず不登校状態をとらえる観点として「自己主張」「行動・生活」「強迫傾向」「身体症状」の4つを抽出し，測定尺度を作成した。これを用いて4つの不登校状態に対する教師による有効な支援方法を明らかにするとともに，教師が行う支援を6カテゴリー，11支援方法に整理している（研究1-1　表2-2参照）。このように実際の不登校児童生徒を想起して，教師の視点から有効と考える支援方法を明らかにしたことは，実際に教師がどのような支援を行っているのかを知るうえで大変意義のあることである。

　しかし，教師が行う不登校支援はすべてが有効に働いているわけではな

い。むしろ効果がない支援を繰り返している可能性もある。時にはそれが逆効果な場合もあるはずである。だからこそ，現場の教師は悪戦苦闘しながら努力を続けているのである。また，不登校児童生徒の多い学校と少ない学校があるのはなぜか，同一校でもなぜ不登校児童生徒が増減するのか，効果のない支援を選択したのはなぜか，そこには様々な教師の個人的要素も含めた子どもを取り巻く要因があるだろう。

そこで研究1-2では，効果がなかった支援や効果がはっきりと確認できなかった支援も含めて，教師が実際に行っている不登校児童生徒への支援を具体的に調査し，その支援がどのような教師によって行われたのかを明らかにすることで，不登校支援の選択・決定の過程やその背景を探索的に検討することを目的とする。

2.3.2 方法

1）調査対象

中部地方のA県の小学校および中学校の教師18名。教師の支援したときの立場の内訳は，学級担任13人，養護教諭2人，特別支援学級担任2人，学年主任1人，合計18人であり，年齢や教職年数，性別などが偏らないように配慮した。詳細は表2-3に示すとおりである。

2）調査時期

2008年8～9月

3）調査手続き

筆者の知り合いの教師やその人から紹介してもらった教師などに調査を依頼し，日時，場所を設定したうえで，個別に半構造化面接を実施した。調査場所は教師が所属する学校，喫茶店，レストラン等。時間は約1時間50分から4時間30分。

表2-3 調査対象者の構成

面接時に勤務していた校種および支援したときの立場						職　種	
小学校（合計14）				中学校（合計4）		教諭	養護教諭
学級担任	学年主任	特別支援教育コーディネーター	養護教諭	学級担任	養護教諭		
男	3	1	0	0	2	0	6	0
女	7	0	2	1	1	1	10	2
計	10	1	2	1	3	1	16	2

不登校支援時の経験年数			
年	男	女	計
1～10	2	4	6
11～20	2	5	7
21～30	2	3	5
31～	0	0	0
計	6	12	18

4）調査内容

(1) フェイスシート

年齢，性別，現在勤務校の校種，教職経験年数，主に経験してきた校務分掌役職等，経歴（教職以外の経歴や研修歴，教職に就いてからの経歴等），語られた不登校支援を行ったときの教職経験年数と支援の立場，不登校児童生徒の学年，性別。

(2) 不登校支援の経験

「不登校の子どもを支援した事例を1つ，詳しく話してください」という導入で，不登校支援の経験を語ってもらった。記録は録音と同時に，話を聞きながら筆者がパソコンでできるだけ詳しく入力していった。よって

記録の文書は逐語録とはなっていない。録音は半数の教師のみ許可された。

(3) 面接内容（半構造化面接）

①趣旨説明

「学校の先生方が不登校児童生徒への支援をどのように行っているのかを調べています。先生の支援や指導をできるだけ具体的にお聞かせください。また，先生がそのような支援や指導を行った理由などもお聞きして，今後の不登校支援のあり方を考えたいと思います」

②過去に支援した不登校の事例を1つ想起してもらう

③その事例について語ってもらう

不登校児童生徒の学年および支援期間，性別，家庭環境，不登校の直接のきっかけ，不登校状態の時期と期間，支援者の立場（担任等），経過と結果の様相，最も苦労した点等

④質問項目（インタビューの中で適宜行った質問）

a. どうしてそのような支援をしたのですか。

b. その支援は有効でしたか。

c. 特に有効だった支援は何ですか。

d. あなた自身が行った支援で，うまくいかなかった支援は何ですか。

e. その子どもに対して，他の人からその児童生徒にどのような支援をしてほしかったですか。

f. 支援者であるあなた自身は，周囲からどのような支援を受けていましたか。

g. 支援者であるあなた自身は，他にどのような支援がほしかったですか。

h. 学校内外にはどんな援助資源がありましたか。

i. 不登校の予防的な支援やその学校での取り組みはありましたか。

j. 現在の当該児童生徒の様子（わかる範囲で）。

k. この事例を振り返って思うことは何ですか。

5) 分 析

語られた不登校支援の記述から支援の方法を，山本（2007）の不登校状態に有効な教師による支援の6カテゴリー・11支援方法（表2-4）によって分類する。11支援方法については54〜56ページを参照。

また，効果があった支援のみならず，効果がなかった支援についても分類し，その教師の経歴や教職経験とあわせて不登校支援の特徴を記述する。

表2-4 不登校状態に有効な教師による支援の6カテゴリー・11支援方法
(山本，2007)

6カテゴリー		11支援方法		支援の具体例
1	家庭連携	①	関係維持	家庭訪問や電話をする，連絡帳・プリントなどを届ける
		②	家族支援	保護者や家族の話を聞き，不安を軽減する
2	組織的支援	③	校内援助源	スクールカウンセラー，相談担当，養護教諭などに援助要請
		④	別室登校	相談室や保健室に居場所づくり，個別の学習室などの設置
3	心的支援	⑤	意欲喚起	学校で活躍の場づくり，趣味，夢，進路などの助言
		⑥	児童生徒支持	本人の不安や焦りを傾聴する
4	登校支援	⑦	人間関係調整	本人と友人，教師，家族との関係調整
		⑧	登校援助	送り迎えをしたり，登校できる状況づくり
5	指導的支援	⑨	学習指導	個別の学習指導
		⑩	生活指導	ルールや校則指導，規則正しい生活指導
6	専門機関連携	⑪	専門機関連携	教育センター，適応指導教室，児童相談所，病院等との連携

2.3.3 結果と考察

1）不登校支援の全体像

18人の教師が行った支援項目を，11の支援方法別に算出し，その平均支援数の値を比較してみると，①関係維持（1.94），③校内援助源（1.83），⑦人間関係調整（1.39），⑪専門機関連携（1.33）などの支援が多く行われていることがわかる（表2-5）。特に家庭訪問や電話連絡，プリントを届けるなどして不登校児童生徒と教師，あるいは子ども同士のつながりを目的とする「関係維持」支援や，校内のスクールカウンセラーや相談担当者あるいは同僚などに援助を要請する「校内援助源」支援は，多くの教師が複数項目（同じ「関係維持」支援でも，「移動のときに手をつなぐ」「家庭訪問をする」「プリントを届ける」など）にわたって行っており，誰もが行う支援といえる。研究1-1で示唆されたように，不登校の子どもを支援するためにはまず支援者である教師とその子どもの関係が良好でないと支援は難しい。そのために教師は，まず「関係維持」支援を行うのだと考えられる。また同時に，「校内援助源」支援や「専門機関連携」支援の平均支援数の値も高く，教師は1人で抱え込まないで学校内外の援助資源を頼りにして，相談したり援助を要請したりしていることがわかる。

しかし，「校内援助源」や「専門機関連携」は学校内外に相談できる相手や機関がないことには支援はできない。したがって，周囲の環境に左右されることになる。また，相談したり援助を申し出たりすることは，その教師と相談される教師や相談員との関係性が大切になる。互いに協力的であれば多くの援助を要請できるが，人材はいても頼めるような関係がなければ援助要請は難しくなる。教師個人の間の関係だけではなく，学校の教職員集団の特質も関係しているはずである。教職員集団の関係性が，互いに支え合える関係かどうかで不登校支援策の決定に大きな影響を与えることになる。さらに援助を要請したり申し出たりすることは，教師の個人的

第2章 〔研究Ⅰ〕教師が行う登校支援に影響を及ぼしている要因

表2-5 教師（18人）の不登校児童生徒に対する支援の分類

事例	教師	家庭連携		組織的支援		心的支援		登校支援		指導的支援		専門機関連携
		①関係維持	②家族支持	③校内援助資源	④別室登校	⑤意欲喚起	⑥児童生徒支持	⑦人間関係調整	⑧登校援助	⑨学習指導	⑩生活指導	⑪専門機関連携
1	A	2	1	3	0	0	2	2	0	1	1	2
2	B	3	2	1	0	2	0	1	1	0	0	3
3	C	3	1	1	0	2	0	1	3	2	0	0
4	D	0	1	1	2	0	0	3	2	1	1	3
5	E	2	1	0	1	0	1	0	2	0	0	1
6	F	2	2	3	0	1	0	1	2	2	0	1
7	G	2	1	2	1	1	0	2	2	0	1	1
8	H	2	0	2	0	0	0	1	1	0	2	3
9	I	1	2	3	2	0	0	1	1	0	0	2
10	J	2	1	2	0	1	0	0	1	1	1	0
11	K	3	0	3	0	1	2	3	1	1	1	0
12	L	1	1	2	0	2	0	2	0	1	0	0
13	M	1	2	1	1	0	1	1	1	1	0	0
14	N	2	1	3	0	1	1	2	0	0	2	2
15	O	2	0	1	1	1	0	1	2	2	0	3
16	P	3	1	2	2	1	0	2	0	1	0	0
17	Q	2	1	1	0	2	0	0	0	0	0	1
18	R	2	1	1	0	0	1	0	0	0	0	0
平均支援数		1.94	1.00	1.83	0.56	0.94	0.39	1.39	0.94	0.72	0.50	1.33

な特性としての被援助志向性やその人の性格なども関係していると考えられる。つまり，教師の個性的な側面がどんな支援を可能にしているかを決める一因になっていると考えられる。

一方，あまり行われていない支援が，⑥児童生徒支持（0.39），⑩生活指導（0.50），④別室登校（0.56）などである。これらの支援を何か1つでも行った教師は半数以下である。「児童生徒支持」支援は，子どもの不安や焦りを受けとめ，話を聞きながら情緒的に安心感を与える支援である。また，「生活指導」支援は昼夜逆転の生活になったりしている場合に，指導的に支援することである。これらの支援が必要なのは，精神的に不安定になったり引きこもりがちになったりして，不登校状態としてはかなり重い事例が想定されるので，それほど頻繁には行われない支援なのである。「別室登校」支援は学校の環境に影響される支援である。別室とそこで支援する人材を確保できるかという問題がある。保健室登校などはよく行われるが，養護教諭の保健室運営方針によっては受け入れてもらえないこともあるし，校長や事務職員の計らいで校長室や事務室が居場所になるケースもある。つまり，教師の考え方次第で援助資源になったり，援助資源としての可否が決まったりするのである。

また，11の支援方法を環境の視点でとらえると，③校内援助源，④別室登校，⑦人間関係調整，⑪専門機関連携などが，学校内の人間関係や物理的な環境，あるいは学校が置かれている周囲の環境に依存し，その他の支援方法はそのケースの内容によって行われるか否かが決定される支援であると考えられる。よく行われる支援のうち，③校内援助源や⑦人間関係調整，⑪専門機関連携などは，教師が環境を整えるという意味で行いやすい支援である。④別室登校は環境依頼の支援ではあるが，別室を設けたりそこに支援者をつけたりすることが困難なことが多いため，あまり行われないものと考えられる。また，その他の支援はケース依頼のため必ず行われるわけではなく，支援の基本と考えられる①関係維持支援以外は，実施の平均支援数の値が低いのであろう。したがって，不登校児童生徒への支

援には学校内外の環境や教師の考え方，そして教師の個性や教師集団の特性などが関係していると推測される。

2）教師特性と不登校支援策の選択・決定の要因

　個々の結果を表2-6に示した。教師A（No.1）から教師R（No.18）まで，面接順に記述した。全く支援が行われない項目は空欄になっているが，1つの項目の中に複数の支援が含まれている場合もある。フェイスシートとは別に［経歴等］の欄にはその教師の主な経歴や研修歴，教職の専門性など，不登校支援のあり方に影響すると思われる事柄をわかる範囲で記した。［支援の特徴］の欄は，不登校支援の概要とその教師の不登校支援の特徴についての考察や筆者の感想等である。

　18の事例は学校種や学年も違い，支援した教師も担任だけではなく学年主任，副担任，養護教諭，特別支援教育コーディネーターとその立場は様々である。また，年齢や教職経験年数も異なっている。不登校児童生徒も小学校低学年から中学生まで様々であり，採用された支援の方法は事例によって大きく異なっている。そうした状況の中で実際に行われた支援は，教師個人が判断したり，あるいは学年会や支援チームでの協議などで決定されたりして，少なくともその時点でベストな支援方法であると判断された理由があるはずである。

　例えば，「教師が家庭へお迎えにいって学校へ連れてくる」という「登校援助」支援は，対象の児童生徒は小学校低学年児童（教師Bと教師Gの事例）もいれば高学年児童（教師Dの事例）もいるし，中学生（教師Mの事例）の場合もある。つまり，「教師がお迎えにいく」支援は小学校低学年だから有効であるとか，高学年だからその支援を行うべきだとか，中学生だからそのような支援はすべきでないといった判断は安易に下せない。教師Bの場合は，精神的に不安定な母親には学校まで連れてくるだけの余裕がなかったが，学校内外での連携支援は大変よくできており，お迎えで登校が遅くなるときには教師Bのクラスの朝の会を学年の先生方

表2-6 教師18名(教師Aから教師R)の不登校支援の一覧

教師による不登校の11支援方法			家庭連携		組織的支援	
教師		被支援児童生徒	①関係維持	②家族支持	③校内援助源	④別室登校
No.1	教師A	小学生	・連絡帳や電話で学校の様子を母親とよく話した。 ・父親は本人と話ができず、不安を抱えており、来校してよく話した。	・家が留守になると本人が不安になるので、懇談会に欠席してもよいことを話した。	・学年会で毎回相談。 ・コーディネーターに相談し様子をみてくれた。 ・学習支援の先生が授業中に支援してくれた。	
性別	女	女				
年齢(教職経験年数)	面接時 35(12)	1～3年				
	支援時 34(11)	父母・病気の弟。保育園の時から不安定。	[経歴等]小学校高学年を経験して低学年の担任になった。 [支援の特徴]完全な不登校ではなく、精神的な不安定による不登校を予防した事例。担任との3年間にわたる交換日記によって信頼関係を築き、安心して登校・学習できるようになった。学年会やコーディネーター、相談員との連携に↗			
支援の立場	担任					
No.2	教師B	小学生	・安心できるように手をつないで歩いた。 ・よく話しかけた。 ・友だちに頼んでプリントを届けた。	・母の話をよく聞いた。 ・母親が通っている精神科の巡回看護師と担任が意見調整した。	・コーディネーターと相談したり学年会で検討した。	
性別	女	女				
年齢(教職経験年数)	面接時 47(26)	2～4年				
	支援時 44～46(23～25)	施設育ちで母親と同居と同時に小2で転入。	[経歴等]専門は音楽。中学校に1校勤務経験あり。後は小学校経験のみ。音楽を中心にした学級活動を得意とし、いつも学級に音楽が絶えない。現職で大学院へ行き、音楽教育で修士。 [支援の特徴]複雑な家庭事情を考慮して、母親の安定と↗			
支援の立場	担任					

第2章 〔研究Ⅰ〕教師が行う登校支援に影響を及ぼしている要因

心的支援		登校支援		指導的支援		専門機関連携
⑤ 意欲喚起	⑥ 児童生徒支持	⑦ 人間関係調整	⑧ 登校援助	⑨ 学習指導	⑩ 生活指導	⑪ 専門機関連携
	・「これでいいの？」という不安に答え何度も説明した。 ・担任と交換日記をし，気持ちが安定した。	・友だちに「やだ」といわれると不安になるので，間をとりもった。 ・周囲の気遣う友だちを支援（支持）した。		・不安定になったときは個別に勉強を教えた。	・当番のときに固まってしまうので，動けるように声かけした。	・巡回相談員に相談。 ・大学の相談員に観察依頼。

よって，よくアセスメント（見立て）ができている。学年会での共通理解や支えもあったが，担任としてできる支援と児童が望む支援がマッチした。

| ・参観日に親子で共同工作の授業をした。
・始業式に作文発表の学年代表をやらせた。 | | ・友だちに一緒に遊ぶよう要請した。 | ・たびたび担任がお迎えにいき連れてきた。 | | | ・児相関係機関と懇談した。
・以前の施設と連携。
・養護学校相談員に相談した。 |

本人の登校を支援した事例。男性不信の母親に配慮して直接の支援は女性担任（教師B）が行った。親子関係への介入は保健師，以前過ごした施設の職員や母親のかかっている精神科の看護師などとも多様な連携支援をしている。学級内での支援と家庭への介入で難しい事例だったが，多くの支援者とよく連携できている。

表2-6 教師18名（教師Aから教師R）の不登校支援の一覧（つづき）

教師による不登校の11支援方法			家庭連携		組織的支援	
教師		被支援児童生徒	① 関係維持	② 家族支持	③ 校内援助源	④ 別室登校
No.3 性別	教師C 男	小学生 女	・友だちを連れて家庭訪問して遊んだ。 ・よく話をした。 ・友だちと手紙交換した。	・父親ともよく話した。	・養護教諭が母親の話を聞き，担任に情報をくれた。	
年齢(教職経験年数)	面接時	41 (17)	5～6年			
	支援時	26～27 (2～3)	教師Cは4年から継続。休む理由いろいろ。	［経歴等］小学校での教職経験のみ。途中で埋蔵文化財センターで主事を経験。専門は社会科。 ［支援の特徴］いろいろ理由をあげて欠席し，不登校になった。教師Cは本人との関わりは薄かったが，家（親が経営しているロッジ）にいると本人を尊重してくれる人がたくさんい↙			
支援の立場		担任				
No.4 性別	教師D 男	小学生 男		・担任，教頭，学年主任が母親の話を聞いた。	・養護教諭や担任にお迎えにいかせた。	・保健室登校をさせた。 ・情障学級で過ごしたこともある。
年齢(教職経験年数)	面接時	48 (27)	6年			
	支援時	48 (27)	小5で転入。以前は施設入所。	［経歴等］荒れた中学校で生徒指導主事を経験。小学校経験も多い。集団づくりに関心があり，ソニー教育賞受賞。大学院で学級集団づくりを研究。 ［支援の特徴］母親再婚にともなう親子同居であったが，親に養育力がなく，家庭への介入が必要な事例。父親も若く↙			
支援の立場		学年主任				

第2章 〔研究Ⅰ〕教師が行う登校支援に影響を及ぼしている要因

心的支援		登校支援		指導的支援		専門機関連携
⑤ 意欲喚起	⑥ 児童生徒支持	⑦ 人間関係調整	⑧ 登校援助	⑨ 学習指導	⑩ 生活指導	⑪ 専門機関連携
・好きな作文,詩を書かせ入選した。 ・行事参加を促した。		・友だちと手紙をやりとりして,担任が仲介した。	・賞状伝達で登校を促したが効果がなかった。 ・はじめは電話で登校を促したが効果なかった。 ・お泊まり会に参加したが,登校できず。	・学習プリントを届け,全部やって提出した。 ・アルバイトのお姉さんに継続して勉強をみてもらった。		

て,居心地がよすぎると思っている。友だちとの関わりや学習を中心に,学校に目が向くように支援している。しかし,最後までよくわからないと感じた事例のようである。

		・中学クラス編制で友だちと一緒にした。 ・対人関係ゲームで関係づくりした。 ・保健室で友人と給食を食べた。	・担任や養護教諭がお迎えにいったが,登校には至らなかった。 ・市の相談員もお迎えにいった。	・プリントを届けた。たまには取り組んだ。	・母親が夜働いていたので昼夜逆転し,指導した。	・市の相談員。 ・保健師家庭訪問。 ・児相と相談し,学校では手に負えないと考え,施設に戻そうとしたが,本人が拒んだ。

(母40,父23)支援困難。以前育った施設は本人が拒み,さらに支援困難。学年主任が交換授業でその学級で友だちづくりのゲームをしている。担任による対象児童とのリレーションづくりに,学年主任は不適切感を感じている。学年主任として,同学年他学級の不登校児童の支援のあり方に難しさを感じるが,実際には多くの現場で起きていることであり,参考になる事例だろう。

表2-6 教師18名（教師Aから教師R）の不登校支援の一覧（つづき）

教師による不登校の11支援方法			家庭連携		組織的支援	
教師		被支援児童生徒	①関係維持	②家族支持	③校内援助源	④別室登校
No.5	教師E	小学生	・家庭訪問して遊んだ。 ・友だちがプリントを届けた。		・同僚の先生に相談し，みにきてくれた。	
性別	男	男				
年齢（教職経験年数）	面接時	50(27)	5〜6年			
	支援時	37〜38(14〜15)	行事は出るが，学級活動になじめない。	[経歴等] 支援当時，学級にもう1人不登校児童がいて，支援が大変だった。小学校経験が多い。 [支援の特徴] いろいろ支援したが卒業時に「先生何がいけなかった？」と児童に聞いたら，「先生，熱血だからなぁ」という返事。これにより自分の学級経営を見直したという。多ゝ		
支援の立場		担任				
No.6	教師F	小学生	・毎日のように家庭訪問し関係づくりと維持に努めた。 ・友だちがプリント届け。	・母親にスクールカウンセラー（以下，SC）に相談することを勧めたが，だめだった。 ・母親に勤めに出ることを勧め，勤め出すと明るくなった。	・旧担任も家庭訪問。 ・校長が母親面談。 ・小中連絡会で報告。中学は家庭状況に理解なく支援しなかった。	
性別	男	女				
年齢（教職経験年数）	面接時	40(16)	4〜6年			
	支援時	33〜35(9〜11)	母親うつ病，兄姉も不登校。	[経歴等] 不登校等子どもの問題に詳しい田上不二夫の研究会に若いときから参加し，大学院では対人関係ゲームによる学級集団づくりを研究。小学校経験が多い。 [支援の特徴] 担任になったときはすでに不登校状態で，4月は毎日家庭訪問をしリレーションづくりに励み，その後もゝ		
支援の立場		担任				

80

第2章 〔研究Ⅰ〕教師が行う登校支援に影響を及ぼしている要因

心的支援		登校支援		指導的支援		専門機関連携
⑤ 意欲喚起	⑥ 児童生徒支援	⑦ 人間関係調整	⑧ 登校援助	⑨ 学習指導	⑩ 生活指導	⑪ 専門機関連携
・行事に参加を促した。		・学級オリンピックで友だちと関われるよう配慮した。 ・エンカンターをやったが本人はくだらないと感じていたと思う。				・カウンセラーに相談した。

様な学級活動に力を入れ、それが本人には気に入らなかったのかもしれないと考察している。本人はその後、中学、高校と欠席、登校を繰り返し、現在大学医学部在籍。小学校時代も勉強はできた。教師Eは積極的不登校と分析していたが、自分が不登校にしたという思いが強かった。父親は医者で教師嫌いだが、対立はしていなかった。

・運動、ゲームを一緒にやった。		・対人関係ゲームをやったが、あまり楽しそうではなく、次は拒否した。	・新教室の訪問・放課後登校で職員室で先生方にあいさつさせた。教室で母親と3人でソフトバレーを楽しんだ。	・学習プリントを届けた。 ・学習の進み具合を気にしたので、教室の様子を話した。		・適応指導教室に毎日通い、遊んだり学習したりした。

卒業まで2日に1回は訪問を続けた。母親がうつ病で兄姉も不登校。卒業までには登校させたいと強く願う。本人の元気と母親の健康まで考え、友だちとの関係を切らせないようによく配慮している。受け持ったときは不登校になっていた児童との3年間の苦闘である。集団づくりや学級経営に力を入れる教師Fとしては、何としても学校復帰をさせたいという思いが強かったと思う。卒業間際に少し登校できるようになった。

表2-6 教師18名(教師Aから教師R)の不登校支援の一覧(つづき)

教師による不登校の11支援方法			家庭連携		組織的支援	
教師		被支援児童生徒	①関係維持	②家族支持	③校内援助源	④別室登校
No.7	教師G	小学生	・友だちや担任と一緒に遊んだ。 ・本人の絵を褒め,関係づくりをした。	・母親の話をよく聞いた。	・学年職員が声かけ。 ・養護教諭から情報をもらい,保健室から教室へ連れてきてくれた(保健室に居つかないように)。	・別室登校させないように共通理解した。
性別	女	女				
年齢(教職経験年数)	面接時	43(20)	1年			
	支援時	38(15)	入学式翌日から母親同伴。4人兄弟末っ子	[経歴等] 小学校のみの経験。現職で大学院へ行き,学級集団づくりを学ぶ。 [支援の特徴] 幼稚園時代からの不登校で,母親と遅刻登園を繰り返していた。友だちづくりや行事などで少しずつ学校や学級に慣れさせていった。4人兄弟の末っ子で姉も不登校			
支援の立場		担任				
No.8	教師H	小学生	・特支学級で活動。 (・担任が家庭訪問して父親と面談。母親は統合失調症。) (・担任が毎日,適応指導教室へ会いにいった。)		・担任と一緒に父親と三者面談。 ・中学校参観に連れていき,不安を取り除いた。	・自分が担任をする特支学級で受け入れ,仲間と一緒に活動した。
性別	女	男				
年齢(教職経験年数)	面接時	48(26)	5〜6年			
	支援時	46〜47(24〜25)	母親の病気,本人は発達障害の疑い。	[経歴等] 小学校での特別支援学級担任が長い。 [支援の特徴] 特別支援教育コーディネーターとして関係者を集めて支援会議を開催したり,自分が担任をする情障学級へ受け入れて仲間と活動をさせたりした。家庭訪問相談員,適応指導教室,市の教育相談,担任等多くの援助資源を駆使して連携し,多様な援助をしている。しかし,教師Hは自分が支援の中心になるのではなく,学年会が主体の支援にした			
支援の立場		特別支援教育コーディネーター				

第2章 〔研究Ⅰ〕教師が行う登校支援に影響を及ぼしている要因

心的支援		登校支援		指導的支援		専門機関連携
⑤ 意欲喚起	⑥ 児童生徒支持	⑦ 人間関係調整	⑧ 登校援助	⑨ 学習指導	⑩ 生活指導	⑪ 専門機関連携
・絵を描くのが好きなので,褒めたりして意欲喚起した。		・対人関係ゲームで関係づけのゲームを楽しんだ。 ・強い子の影響排除。	・たびたび担任がお迎えにいった。 ・行事への参加を促した。		・登校が少しできるようになって,トークン(猫のシール)で早起き指導した。しかし,母親が実行できなかった。	・田上の研究会で事例を報告し,検討してもらった。

で,母親に悲壮感がなく,ほとんど担任1人で対応していた。担任は1年で転勤してしまった。

| | | ・友だちに偶然を装って会わせた。 | ・次第に学級へ。 | ・精神保健福祉センター。
・児童相談所。 | | ・適応指導教室を勧め,通い出した。
・家庭相談員や指導員と検討会議。
・市の教育相談に依頼した。 |

方がよかったかもしれないと振り返っている。母親は統合失調症,児童本人も発達障害が疑われ,学級・学校だけでは困難な事例かもしれない。

表2-6 教師18名（教師Aから教師R）の不登校支援の一覧（つづき）

教師による不登校の11支援方法			家庭連携		組織的支援	
教師		被支援児童生徒	①関係維持	②家族支持	③校内援助源	④別室登校
No.9	教師I	小学生	（・担任がプリントを届けた。）	・母親と毎日話した。 ・父母同席の支援会議。	・支援会議の開催・担任, 相談室, 教頭等の支援チームのコーディネートをした。 ・教頭がWISKを実施, 運動性有意が低い, 言語性が低い。	・相談室と保健室では楽しく遊んでいる感じだった。 ・教師Iの知障学級に誘い, そこで過ごしたが王様になる。
性別	女	男				
年齢（教職経験年数）	面接時	47(25)	4年			
	支援時	46(24)	低学年から休みがち。言語性低い。自己中心的。	[経歴等] 小学校の特別支援学級担任や特別支援学校の経験が長い。 [支援の特徴] 低学年から休みがち。3週間休んで支援チームでき, その間に母親はSCに相談。発達障害なのか病気なのか怠学なのか判然とせず, アセスメントに苦労している。学級はいやだが校内の他の場所では楽しく遊んでいるという印象なので, かわいく思えないというのが支援者の共通の思い。コーディネーターとして様々な支援者をつなぎ, 専門性の⤴			
支援の立場		特別支援教育コーディネーター				
No.10	教師J	小学生	・家庭訪問した。 ・友だちが家庭へ行って遊ぶ。	・中学生の兄の不登校で苦しんでいる母親の話をよく聞いた。	・新卒指導教師に相談。 ・養護教師に相談。	
性別	女	女				
年齢（教職経験年数）	面接時	30(8)	4～6年			
	支援時	22～24（1～3）	週明けに休み多く, 夏休み明けから不登校。	[経歴等] 面接時は育児休業中。新卒で小学校勤務し, いきなり不登校支援を経験した。 [支援の特徴] 教師Jは初任であり指導教官が不登校支援の支えになっていた。兄の不登校に母親は気をとられ, 本人は学校生活に困難がなくとも休んでしまう。教師Jら支援者に⤴			
支援の立場		担任				

第2章 〔研究Ⅰ〕教師が行う登校支援に影響を及ぼしている要因

心的支援		登校支援		指導的支援		専門機関連携
⑤意欲喚起	⑥児童生徒支持	⑦人間関係調整	⑧登校援助	⑨学習指導	⑩生活指導	⑪専門機関連携
・得意な運動で友だちと関わる。		・給食は仲間のいる教室で食べた。	・フリースクールやいくつもの適応指導教室を紹介したが，都合のよいところへ行くだけ。			・病院で薬を処方されたが副作用で不登校，適応指導教室へ。 ・母親SCに相談。

高い人材（アセスメントができる教頭等）もいる。父性的な対応が必要だったかもしれないと振り返っている。

・時間割を変えて授業に参加を促す。			・フリースクール，中間教室，学校の3つから自分の居場所を選択させ，登校を選んだ。	・プリントや学校で個別支援。	・朝起きるように指導。	

は気まぐれで休んでいるように感じ，フリースクール，適応指導教室，学校への登校を選択させ，「登校」を選ばせている。これで実際に登校できた。いろいろな立場の相談員がいるから自分自身も相談できてよかったという。父母のあり方などをSCに働きかけてもらうことも，今ならできたかもしれないと振り返り，支援のあり方を学んだようである。

表2-6 教師18名（教師Aから教師R）の不登校支援の一覧（つづき）

教師による不登校の 11支援方法			家庭連携		組織的支援	
教師		被支援児童生徒	① 関係維持	② 家族支持	③ 校内援助源	④ 別室登校
No.11	教師K	小学生	・関係づくりのために家庭訪問して遊んだ。 ・一緒にリコーダーの練習をした。 ・夏休み中に家庭訪問して遊んだ。		・教頭，学年主任に相談。 ・旧担任に相談。 ・学年会で相談。	
性別	女	女				
年齢 (教職経験年数)	面接時	45 (22)	4年			
	支援時	29 (6)	1年生から母子分離不安で休みがち。			
支援の立場	担任		[経歴等] 公立小学校の教師を10年務め，いったん退職後非常勤で学習習慣形成教師をして，主に小学校低学年の学習支援に入っている。 [支援の特徴] 低学年から不登校が続き，4年生で受け持つ。本人との関係づくりに力を入れよく遊んでいるが，子ども／			
No.12	教師L	中学生	・家庭訪問や部活での指導。	・母親の話をよく聞いた。	・吹奏楽部クラリネット。 ・前席校と情報交換した。	
性別	女	女				
年齢 (教職経験年数)	面接時	30 (7)	3年			
	支援時	26 (3)	前席校で不登校。再起をかけた転校。			
支援の立場	副担任 部活顧問		[経歴等] 専門は音楽。中学校1校経験。面接時は小学校学級担任。 [支援の特徴] 不登校のため中3の5月に転入してきた生徒の支援。本人はやり直しの気持ちで1週間登校したが「疲れた」と欠席。教師Lが顧問を務める吹奏楽部入部を勧め，副担任兼部活顧問として支援を継続。担任らと一緒に家庭訪問をしたり，進路指導をしたりしている。対人不安が強く，／			

第2章 〔研究Ⅰ〕教師が行う登校支援に影響を及ぼしている要因

心的支援		登校支援		指導的支援		専門機関連携
⑤意欲喚起	⑥児童生徒支持	⑦人間関係調整	⑧登校援助	⑨学習指導	⑩生活指導	⑪専門機関連携
・リコーダーを勧め，意欲自信を持ち出した。	・帰りたいときには引きとめずに帰らせた。 ・初期は「もう少し学校にいたら？」と無理強いした。	・仲よくつきあう友だちを支持した。 ・班づくりで配慮した。 ・中学クラス編制配慮。	・母親に送ってもらった。	・プリントで添削した。	・家の手伝いをするよう校長に言われ，母親や本人に指導した。	

同士の関係づくりと専門家への相談が足りなかったと振り返っている。しかしSC導入前の不登校支援では，担任が抱えて支援することが普通の時代であった。校内での担任への支援はそれなりにできている。受け持った時点で不登校状態の子どもをどのように支援するかは，まず担任の支援意欲にかかっているようである。

・翻訳の夢語る。 ・吹奏楽部を勧め，クラリネットに取り組んだ。		・友だちが手紙を書いた ・女子とのトラブル解決に立ち会った。		・プリントを全部やった。		・適応指導教室で英語の勉強。 ・病院で若年性うつ病と診断された。 ・母親SCに相談。

特に男の先生が苦手なため若い女性教師である自分（教師L）が何とか支援しなければという思いでいた。副担任，部活顧問という中学ならではのシステムを有効に活用している。山間地の小規模校だからこそできた支援かもしれないが，それしか援助資源がなかったととらえることもできる。

表2-6 教師18名（教師Aから教師R）の不登校支援の一覧（つづき）

教師による不登校の11支援方法			家庭連携		組織的支援	
教師		被支援児童生徒	①関係維持	②家族支持	③校内援助源	④別室登校
No.13	教師M	中学生	・毎週，勉強を教えに家庭へ行って関わりづくりをした。	・母親の愚痴をよく聞いた。 ・父はPTA会長で，学校の授業で蕎麦打ちなどをしてくれた。	・教師Mが支援会議のまとめ役だったので，この事例も検討していた。	・教師Mの社会科研究室で勉強を教えた。
性別	男	女				
年齢（教職経験年数）	面接時	50(28)	1～3年			
	支援時	38～40(16～18)	小5から不登校。入学後関係づくりから。	[経歴等] 中学校をずっと経験してきた。生徒指導や生徒会を主に担当。専門は社会科。県教委で生徒指導担当の指導主事の後，中学校で教頭。面接時は高校の教頭。 [支援の特徴] 入学時からの不登校で，3年間毎週休日に家庭訪問をして学習支援を継続した。チーム支援ができていた		
支援の立場		担任				
No.14	教師N	小学生	・家庭訪問して遊んだ。 ・友だちがプリントを届けた。	・母親と面談した。	・養護教諭に相談した。 ・事務職員が遊び相手になってくれた。 ・特支担任に言葉の指導をしてもらった。	
性別	女	女				
年齢（教職経験年数）	面接時	41(18)	5～6年			
	支援時	40～41(17～18)	以前から友だちとの関わりが少なく，変な子とみられる。	[経歴等] 現職で大学院の心理臨床課程へ行き，臨床心理士資格を取得。学年に不登校児童多く，心理臨床や教育カウンセリングを学ぶ。小学校のみの経験だが，音楽専科の経験もある。教育相談や生徒指導の担当が多かった。特別支援教育コーディネーターも兼ねている。 [支援の特徴] 人と視線が合わずうまく関われない児童の支		
支援の立場		担任				

第2章 〔研究Ⅰ〕教師が行う登校支援に影響を及ぼしている要因

心的支援		登校支援		指導的支援		専門機関連携
⑤意欲喚起	⑥児童生徒支持	⑦人間関係調整	⑧登校援助	⑨学習指導	⑩生活指導	⑪専門機関連携
	・本人からの話もよく聞いた。	・本人の様子を学級で話したり，学級便りでも伝え，クラスの一員であることを忘れないように支援した。	・朝，お迎えをした。	・3年間毎週，日曜日に家庭訪問して勉強を教えた。		

中学校だそうであるがあまりにも不登校生徒が多く，他の先生方には頼れなかったという。教師Mは自分の家庭を犠牲にしてまで休日の学習支援を続け，高校進学が可能になった。振り返って自分の話も誰かに聞いてもらいたかったと言うが，荒れた不登校生徒の多い中学校で，チーム支援を行うことの困難さを感じる。しかし，なぜと思う。他の支援方法はなかったのか。

心的支援		登校支援		指導的支援		専門機関連携
⑤意欲喚起	⑥児童生徒支持	⑦人間関係調整	⑧登校援助	⑨学習指導	⑩生活指導	⑪専門機関連携
・切り絵や剣玉が得意で，よくやらせた。	・担任によってきたときはよく話した。	・人と違っていてもいいことを全体指導した。 ・班づくりで配慮した・遊びによく誘った。			・母親と1つ布団で寝ることをやめるように指導した。 ・私服の清潔と着替を指導した。	・児童精神科受診。 ・SC，家庭児童相談員。

援。うまく走れないなどで友だちからも「おかしな子」とみられがち。母親も話が支離滅裂になってしまい，兄弟も不登校など，家庭支援にも苦労している。専門性を活かしてアセスメントしているが，限界がありそう。教師自身の専門性を活かした不登校支援が参考になる。

表2-6 教師18名（教師Aから教師R）の不登校支援の一覧（つづき）

教師による不登校の11支援方法			家庭連携		組織的支援	
教師		被支援児童生徒	① 関係維持	② 家族支持	③ 校内援助源	④ 別室登校
No.15	教師O	中学生	・母親や担任とよく話した。 ・担任（初任）は毎日保健室へ顔を出し，母親と本人の信頼を得ていた。		・支援会議，生徒指導，SC，担任，養護教諭。	・養護教諭が保健室登校を勧めた（ひどいアトピーと不定愁訴があったせいか，人に会うことを拒んだ）。保健室内の個室を用意。
性別	女	女				
年齢（教職経験年数）	面接時	43(19)	1～2年			
	支援時	32～33(8～9)	全身の重症なアトピー。入学してすぐ頭痛，吐き気で保健室へ。	[経歴等] 看護師を2年務め，その後保健師を1年経験の後，養護教諭になった。看護師や保健師の経験は養護教諭として子どもたちと接するために役に立っているという。特に家族を含めた子どもの見方ができるようになった。家庭や専門機関との連携に役立っているという。 [支援の特徴] アトピーが不登校の原因かどうかはわからないが，養護の面から高いストレスはやむをえないと感じ，全職員納得のもとで保健室登校させ，養護教諭中心に支援して↙		
支援の立場	養護教諭					
No.16	教師P	小学生	・母親とメールで安心。 ・保健室で母親の話を聞いて支援。 ・母親のヒステリーや不安を受けとめようと気を配った。	・家庭内の相談にものった。	・中学との情報交換。 ・中学の担任を女性にしてもらった。	・担任と一緒に保健室登校を勧め，母親同伴で居場所にするようになった。 ・相談室を居場所にしたこともある。
性別	女	女				
年齢（教職経験年数）	面接時	48(22)	4～6年			
	支援時	44～46(18～20)	クラス替え後に友人とトラブルで不登校。	[経歴等] 遺伝子工学が学びたくて医療短大へ進学し，看護師をめざしたが，子どもに負担の大きい治療が大変で，養護教諭をめざした。公立小中学校で養護教諭として不登校支援にも取り組んできた。病院の心療内科の先生の勉強会に参加している。地域の養護教諭の勉強会の中心メンバー。 [支援の特徴] 保健室で本人と母親を抱え，担任と連携しな↙		
支援の立場	養護教諭					

第2章 〔研究Ⅰ〕教師が行う登校支援に影響を及ぼしている要因

心的支援		登校支援		指導的支援		専門機関連携
⑤意欲喚起	⑥児童生徒支持	⑦人間関係調整	⑧登校援助	⑨学習指導	⑩生活指導	⑪専門機関連携
・得意な絵を教室に掲示。		・毎日数人の友だちに給食を保健室へ運ばせた。	・2年になって担任が教室へ促したが拒否した。 ・登山には養護教諭と一緒に登った。	・保健室で数学をやった。 ・担任が保健室で勉強を教えた。		・SCが母,本人相談。 ・SCは毎日FAXで相談。 ・病院を勧め,起立性調節障害を診断された。

きた事例。専門機関やSCなどともよく連携している。しかし自分が他校に転任して，違う支援タイプの養護教諭が関わったことで高校進学が果たせたのかもしれないと，自分の支援のあり方を振り返っている。

・将来パン屋になりたいという夢を活かし,パンを焼いて先生方に配った。		・話しかけのソーシャル・スキル・トレーニング。 ・クラスの友だちと会わせようとしても,母親の都合で予定がすぐ変更になって困った。		・保健室で学習支援(音楽会の練習,総合学習の発表練習など)。		

がら長期にわたって支援した事例。母親への支援が困難で本人の不登校問題を大きくしているようである。また，母親の精神的な不安定さに振り回され，SCなどの援助資源の有効活用があまりなされていない。今なら母親に対して専門機関への受診などを勧めていると振り返っている。

表2-6 教師18名(教師Aから教師R)の不登校支援の一覧(つづき)

教師による不登校の11支援方法			家庭連携		組織的支援	
教師		被支援児童生徒	①関係維持	②家族支持	③校内援助源	④別室登校
No.17		教師Q	・本人とメールをやりとりし,関係づくりができた。 ・プリントを届けた。	・母親からのメールには丁寧に対応し,何度もやりとりした。	・学年会で同僚に相談した。	
性別		中学生				
		男				
性別		男				
年齢(教職経験年数)	面接時	46(24)	1年			
	支援時	43(21)	部活での友人関係,父親の過度な期待。			
支援の立場		担任 部活顧問	[経歴等] 教職経験は中学校のみ。専門は技術家庭科。パソコンが得意で情報系の経験が多い。小学校教員の免許は持っているが経験はない。 [支援の特徴] 荒れた学級,複数の不登校生徒を抱え,大変苦労していた。そんな中でこの不登校支援事例は教師Qにとっては「オアシス」となっていたという。不登校生徒本人ともその母親ともリレーションがとれ,責められるわけでもな↙			
No.18		教師R	・担任と同じテレビを観て楽しんだ(共通の話題ができた)。 ・連絡帳を届けた。	・家庭(母親)からの休ませる申し出を容認した。	・前担任には話をして相談した。	
性別		小学生				
		男				
性別		女				
年齢(教職経験年数)	面接時	46(23)	4〜6年			
	支援時	37〜39(14〜16)	低学年からたまに休むことが約束。			
支援の立場		担任	[経歴等] 専門は図工美術教育。中学校での教職経験は1校のみで美術と国語の教科担任をしていた。小学校経験が多い。聾児を受け持った経験がある。面接時は小学校で5年生の学年主任であった。↙			

第2章 〔研究Ⅰ〕教師が行う登校支援に影響を及ぼしている要因

心的支援		登校支援		指導的支援		専門機関連携
⑤ 意欲喚起	⑥ 児童生徒支持	⑦ 人間関係調整	⑧ 登校援助	⑨ 学習指導	⑩ 生活指導	⑪ 専門機関連携
・担任と同じ趣味をメールで話した。 ・教師Qが顧問を務める部活で意欲喚起。						・適応指導教室を勧める。

く，共通の趣味の話でメールの交換ができたから。積極的な人間関係改善などをしたわけではないが結果的に不登校生徒も元気になった。学級経営に苦手意識をもつ教師Qは確かにクラスは荒れたかもしれないが，この不登校生徒にとっては教師Qの支援方法は全く意味がなかったわけではない。

| | ・本人が休みたいと言ったときは休ませた。 | | | | | |

［支援の特徴］担任になったときには，前担任と家庭との間の約束でたまに休ませることを認める状況ができていた。それで完全な不登校にならないでいられるならよしとする状態が続いた。学校では問題なかったが，本人は「八方美人的」なので，疲れるのかなあと思っていたらしい。母親と前担任の支援方針にしたがい，積極的な支援は行っていない。

が協力して行うなど，校内援助源としての支援体制が有効であった。したがって，教師Bの考えでお迎えを始めたことではあるが，その背景には子どもが自力では登校できず，母親にも期待できないが，学校内の連携はできそうだというその事例特有の事情があり，学校環境がそれを可能にしたのである。教師Dの場合は，児童養護施設から養育力のない家庭にもどされて，なかなか登校しようとしない児童を，市の相談員や養護教諭などとともにお迎えを繰り返している。担任によるお迎えについては学年主任から指示されており，他の教師らもお迎えにいく状況から考え，担任教師の判断というよりも，チームでの支援で決まったようである。したがって，学校の支援環境や事例特有の事情があったものと考えられる。これらの事例に対して教師Mはお迎え支援の他に，中学3年間を通して毎週日曜日に家庭訪問をして勉強を教えている。不登校生徒の多い中学校であったため，校内援助源を頼れずに，教師自身の家庭を犠牲にしてでもやるしかなかったとはいえ，他の教師ならそこまでの支援は行わなかったであろう。つまり，教師Mの考え方やその子を救いたいという強い信念がそうさせたと考えられる。

　また，不登校支援では「人間関係調整」の支援が必要になる場合が多いが，教師Qの事例の場合は，部活動でいじめのような事態に遭遇していても，教師Qは部活顧問の教師と折り合いが悪く，そこに介入できないでいる。それができなかったのは教師Qの被援助志向性（小野・石隈，1999）の低さが原因か，またはお互いに助け合うことができないような非協力的な教師集団であったと考えるのが妥当であろう。しかし結果として，不登校生徒は1年足らずで登校できるようになるのであるが，それは部活動の変更とクラス替えがきっかけであり，その背景には塾での友だちや先生の励ましなどの要因が大きかった。つまり，学校の環境の変更とその事例特有の事情が結果的に再登校を可能にしたのである。

　このような考察から，「担任だからお迎えにいかなければならない」という考えや「教師がお迎えにいくよりも親が連れてくるべきだ」といった，

支援する者の考え方や信念（ビリーフ）などが，支援方法を決定している可能性がある。例えば，受け持ったときにはすでに不登校状態で，担任としては責任をあまり感じなくてもよい事例でも，教師 F は「卒業までには何とか登校できるようにしたい」と考え，教師 M と同様に 3 年間にわたって家庭訪問を繰り返し行っている。一方，教師 R は前担任が行っていた支援方法を踏襲することを基本にして，学校を休みたいという希望があるときには休ませるという方法をとっている。このような判断は，教師の信念や考え方（ビリーフ）によるところが大きいと思われる。

　また，教師の個性がその教師らしい支援をしている事例もある。教師 E は普段から学級オリンピックなどの学級活動を積極的に展開し，仲のよい集団をつくろうと工夫してきた。不登校の支援でもエンカウンターなどをよく行ったり，行事への参加を促したりしている。つまり，教師 E は学級みんなで楽しい活動を行うことが，不登校児童にとってもよい支援になると考えていたようである。その点では支援策の選択の背景としては，教師の考え方や信念が強いと考えれられるが，学級で他の教師があまりやらないような集団活動を展開してきた点などは，教師 E の個性的な学級経営と考えることもできる。

　さらに，ある事例ではこうせざるをえないといった，支援に選択の余地のない場合がある。教師 L の事例では，山間の小規模中学校で教師数はたいへん少ない。そんな中，不登校を理由に転入してきた女子生徒にとって男性教諭は近寄りがたく，必然的に校内で唯一の若い女性教師 L が副担任として関わることになる。部活動も数えるほどしかない中学校で，自らが顧問を務める吹奏楽部に入部させ，そこで生徒と関わりをつくりながら支援するわけである。このような場合の不登校支援の決め方は，学校環境や事例そのものの特性，つまり事例の固有性に左右されることになる。

　このように，不登校児童生徒に対する支援の選択・決定には大きく教師要因と環境要因が考えられる。教師要因には教師個人がもつ不登校問題や支援のあり方についての考え方，つまり「教師の認知・信念」と，その教

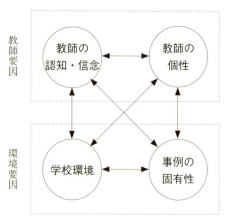

図 2-5　不登校支援策選択決定の 4 視点

師の性格やそれがもたらす独特の教育方針である「教師の個性」の 2 つの視点がある。環境要因には，学校の物理的な環境，教職員の人的な環境，援助資源としての連携機関の有無など，制度や自然環境などを含めた「学校環境」と，その事例がもつ独特の特性である「事例の固有性」の 2 つの視点がある。したがって，これらの 4 つの視点が関連して実際の支援策が選択・決定されるものと考えられる（図 2-5）。

2.4 小学校教師が行う登校支援策の選択・決定の理由〔研究1-3〕

2.4.1 目的

　研究1-2では，小学校と中学校の教師18人に対して，「あなたがこれまでに経験した不登校児童生徒への支援を1事例思い起こして，詳しく話してください」という教示のもと半構造化面接を行い，行われた支援を山本（2007）の11の支援方法（関係維持・家族支援・校内援助源・別室登校・意欲喚起・児童生徒支持・人間関係調整・登校援助・学習指導・生活指導・専門機関連携）により分類した。

　支援方法を分類してみると，当然のことながら事例によって支援の方法は1人ひとり異なり，その効果も事例によって異なっていた。何日も自ら「お迎え」（担任教師等が家庭を訪問し，児童を同伴して登校する支援。以下「お迎え」と略記）に行った教師もいれば，友だちとの関係調整に力を入れたり，学習支援を中心に行ったりと，1つひとつの事例がみな特徴的で，不登校支援の定番は見受けられなかった。なかには3年間，毎週休日に家庭訪問をして，個人指導で勉強を教えていた教師の事例もあった。

　子どもの不登校になった理由も様々であるし，支援する教師も，またその教師を取り巻く同僚や保護者，そして学校の環境そのものがみな異なるので，支援の様相が異なるのは当然である。しかしながら，その支援の方法を，そのときに，その環境でなぜ選択したのかを考察してみると，不登校支援の選択・決定には，後で詳述するように「教師の認知・信念」や「学校環境」「事例の固有性」，あるいは「教師の個性」などが関係していることが示唆された。この4つの視点はあくまで不登校支援に関して限

定した概念であり，次のように考えることができる。

「教師の認知・信念」とは，「不登校の子どもを支援，指導するのは教師の本来的な仕事ではない。仕方なくやっている」「学級担任は『お迎え』にいくのは当然だ」「あの子の不登校は家庭に原因があるから，学校としてはやりようがない」といった，不登校についての「こうあるべきだ」といった基本的な考え方（ビリーフ）のことである。

「学校環境」とは，学校内外の物的あるいは人的な援助資源（リソース）の有無，校舎の配置や教室の環境，クラス内の人間関係，教師集団の特性や支援体制のあり方など，教師が個人的にもっている特性ではなく，直接的には教師が操作できない概念である。

「事例の固有性」とは，その事例の特異的な内容，トピックなど，その事例でしかありえないような様相のことである。ひどい家庭事情などあまりにもまれな事例の場合は，教師や学校はときには戸惑い，支援を放棄したくなることもあるだろうが，それゆえに普段はできない支援が通用することもあるかも知れない。

「教師の個性」とは，教師が個人的にもっている雰囲気やパターン化された行動の特異性などのことである。いつでも明るく人と接する個性をもった教師は，不登校の子どもに対していつも明るく話しかけてしまい，じっくりと聴いてやることが苦手だったり，せっかちな教師はとにかく何か手を打たなければならないと考え，すぐに行動に移したりするかもしれない。つまり，「認知・信念」のように意図的な行動や思考とは異なるものである。

さて，教師18人へのインタビューから不登校支援策の選択・決定にはこの4つの視点が関わっていることが示唆されたが，4つの視点が強固に関連しているときに不登校支援策が決まるのか，あるいは関連はなくとも，どれか1つの視点で不登校支援策が決定されるのか，そしてその支援に至った経緯や，決定した背景などまでは詳しく聞き取ることはできなかった。また，行われなかった支援にも理由があるだろう。

そこで研究 1-3 では，例えば学級担任が「家にお迎えにいく」ことはよく行われる支援であるが，担任がそうすべきことと考え（教師の認知・信念），自分の判断で行っているのか，母親に事情があって連れてくることができないからなのか（事例の固有性），担任によるお迎えは無理だがたまたま支援員が配置されているのでお迎えにいってもらうのか（学校環境），担任の世話好きが高じてお迎えにいくのか（教師の個性），そうした具体的な支援策の選択と決定について詳しく調査し，あわせてその教師の特性との関係を明らかにすることで，教師が行った不登校支援策の選択・決定の理由について詳しく検討することを目的とする。

2.4.2　方法

1）調査対象

研究 1-2 でインタビュー調査の対象になった 18 名の教師のうち，より多様な支援を直接行っていると思われる学級担任 13 名を対象として，論文にまとめ公表することを前提に再インタビューを依頼したところ，次の 5 名の教師が調査に応じてくれた。詳細は表 2-7 に示すとおりである。

2）調査時期

2011 年 1 月

3）調査手続き

再インタビューを依頼し，日時，場所を設定したうえで，個別に半構造化面接を実施した。調査場所はその教師の学校（教室）等，周囲に気兼ねなく話せる場所。時間は約 2 時間 50 分から 3 時間 30 分。面接の最後にエゴグラム[1]（東京大学医学部心療内科 TEG 研究会編，2010）への回答を依

1　エゴグラムはアメリカの精神科医エリック・バーンが創始した交流分析理論にもと

表 2-7 調査協力者の構成

教師	性別	年齢	教職経験年数 （支援時の経験年数）	支援した不登校児童	
				学年	性別
A	女	46	23（14）	小4～6	男子
B	男	40	16（ 9）	小4～6	男子
C	女	43	20（15）	小1	女子
D	女	47	26（23）	小2～4	女子
E	女	35	12（ 7）	小1～3	女子

づいて，彼の弟子であるジョン・デュセイによって考案された心理検査。人はみな3つの自我状態をもつとされ，それらの自我状態はさらに5つに区分される。区分された心（自我状態）のエネルギー量を5つの棒グラフで表し，性格特性と行動パターンをみるもの。3つの自我状態とは，親の自我状態（Parent：以下Pと略す），大人の自我状態（Adult：以下Aと略す），子どもの自我状態（Child：以下Cと略す）である。

P：両親（養育者）から取り入れた自我状態。両親と同じように感じ，考え，行動する。Pはさらに，父親的な役割を担う批判的な親の自我状態（Critical Parent：以下CPと略す）と，母親的な役割を担う養育的な親の自我状態（Nurturing Parent：以下NPと略す）に分けられる。

　①CP　理想を掲げる。責任感が強い。ルールや規則を守る。厳格である。批判的である。完全主義。いわゆる「批判的な親」「父親的親」の心。

　②NP　思いやりがある。世話好き。優しい。奉仕精神がある。受容的である。同情しやすい。人に過度に干渉し，お節介の面もある。人を甘やかしすぎたり，自主性を奪ったりする。いわゆる「養育的な親」「母親的親」の心。

A：事実にもとづき，物事を客観的にかつ論理的に理解し，判断しようとする自我状態。出来事や物事や相手に対して，大人になった自分として，適切に考え，感じ，行動する心。

　③A　現実的である。事実を重視する。冷静沈着。客観性を重視する。効率的に行動する。いわゆる「大人」の心。

C：子どもの頃に実際に感じたり，行動したりした自我状態。もって生まれた自然な姿である自由な子ども（Free Child：以下FCと略す）と，親の影響を受けた順応した子ども（Adapted Child：以下ACと略す）に分けられる。

　④FC　自由奔放。感情をストレートに表現する。好奇心があり，チャレンジ精神も旺盛。創造的である。自己中心的でわがまま。活動的である。いわゆる「自由な子ども」の心。

頼し，5人全員から回答を得た。

4）調査内容
(1) フェイスシート

年齢，性別，現在勤務校の校種，教職経験年数，主に経験してきた校務分掌役職等，経歴（教職以外の経歴や研修歴，教職に就いてからの経歴等），語られた不登校支援を行ったときの教職経験年数と支援の立場，不登校児童生徒の学年，性別。

(2) 不登校支援の記録

「前回，語ってくださった不登校支援について，様々な観点から質問しますので，できるだけ詳しくお答えください」という導入で，不登校支援の経験を語ってもらった。記録は，筆者が話を聞きながらパソコンでできるだけ詳しく入力していった。よって，逐語録とはなっていない。

(3) 面接内容（半構造化面接）

①趣旨説明

「学校の先生方が不登校児童生徒への支援をどのように行っているのかを調べています。以前お聞きした先生の不登校支援について，いくつか質問に答えていただき，今後の不登校支援のあり方を考えたいと

---

⑤ AC　協調性があり，素直。自己主張が少ない。遠慮がちである。人の評価を気にする。依存心が強く人に頼る。よい子として振る舞う。いわゆる「順応した子ども」の心。

この5つの心は，人間なら誰でも備わっていて，それぞれが独自の特徴をもっている。どれがよくてどれが悪いということではなく，また性格の良し悪しをはかるものではない。この5つの心は相互に関連し合って存在している。

今回使用した「新版TEG Ⅱ」（東大式エゴグラム）は標準化された心理検査であり，5つの棒グラフで表されたパターンによっていくつかの型が分類されている。1つの尺度が他の尺度よりも高い場合は優位型（5類型），1つの尺度が他の尺度よりも低い場合は低位型（5類型），2～3の尺度が同程度に高いあるいは低い場合は混合型（6類型），5つの尺度がすべて同程度のときは平坦型（3類型）など，全部で19の型に分類されている（『新版TEG Ⅱ　解説とエゴグラム・パターン』より）。

思います」
②前回，インタビューに答えていただいた不登校の事例を思い起こしてもらう。
③質問に答えるかたちで支援の詳細について語ってもらう。
④最後に「先生の性格やパーソナリティを知りたいので，このエゴグラムというアンケートに答えていただけますか」と依頼し，回答してもらう。

(4) 質問項目

次の①は各教師により異なる内容であり，②③④については共通の内容である。

①事例の内容に関する質問

　　前回のインタビューでは内容が不明だったり，背景がよく理解できなかったりした支援について，あらかじめ用意してきた質問をする。

②学校の環境について

　ア　この子の不登校のことで同僚や上司，相談員，専門機関等に相談したことはありますか。

　イ　この子の不登校問題を，学年や学校全体としてはどのように受けとめていましたか（補足説明：職員会で報告するなど）。

　ウ　この子の話を聞いたり，助けになったりする人はいましたか（補足説明：委員会，クラブ活動などを含めて）。

　エ　他の学校なら違った支援ができたと思いますか（補足説明：例えば〇〇小学校ならと想定して）。

③事例の固有性に関して

　ア　他の不登校の事例と比較して，この子の場合の特異的なことは何ですか（補足説明：原因，家庭環境なども含めて）。この子の場合だから，こうした（こうせざるをえなかった）といったことはありましたか。

④教師の個性について
　ア　自分の性格や個性，資質・力量，雰囲気などが，不登校支援にどう活かされたと思いましたか。あるいはどう影響したと思いましたか。
　イ　他の先生ならこの子に対して違った支援をしていたと思いますか。それはどんな支援だと思いますか。
⑤教師の認知・信念について
　ア　なぜ，子どもは不登校になってしまうのでしょうか。
　イ　一般的に，不登校の支援はどうあるべきだと思いますか。
　ウ　不登校を減らすためにはどうしたらよいでしょう（補足説明：教師や学校にできること，すべきこと，家庭や地域・専門機関にできること，すべきことなど）。

(5) エゴグラム
「この不登校支援を行った当時の自分を思い出して，質問に答えてください」という指示によって回答を求めた。

5）分　析
　前回のインタビューの結果を支援の内容により一覧表にまとめ，今回のインタビュー内容から支援策の選択・決定を4視点「教師の認知・信念」「学校環境」「事例の固有性」「教師の個性」から考察・分析する。あわせて教師のエゴグラムの結果を加味して，教師の特性と4視点との関連を考察する。

2.4.3　結果と考察

　本研究は各教師の支援のあり方を検討することが目的であるため，それぞれの教師が扱った事例に関してはプライバシーに配慮して，その本質が損なわれない条件で内容に一部変更を加えている。

1) 各教師の支援分類とその特徴
(1) 教師Aの結果（表2-8）
［概要］

本人あるいは母親から「明日は休みます」と申し出があったときには休ませるという前担任（1～3年生）の支援方針を，そのまま引き継いで実行している。「前担任はベテランなので，そういう方針もあるのかと思い，気は楽だった」と述べている。4年時にはほとんど休まず不登校は解消したと思っていたが，5年になって突然「あのことで休ませます」という母親からの申し出が始まった。教師Aは「あ，きたか。これがそういうことか」と多少驚きながらも，「あのこと」という言い方に，理由を聞くことがはばかられ，いつも無条件に休ませている。教師Aのこの子のとらえ方は，孤立することはなく友だちもいるし，勉強もそれなりにやる。でも繊細な子で争いごとはせず誰に対してもいい顔をしている。学校では特に困ることはないし「誰に対しても優しい子だから，疲れるのかな」と思い，しばらく休めば登校できたので申し出により休ませるという支援以外はあまり行っていない。

［教師の認知・信念］

担任する前から決められていた支援をそのまま踏襲し，本人の不適応状態を積極的に解消しようとはしていない。このように登校の支援のあり方などに強い思い入れがあるとはいえないが，自分自身も中高生の親であることから，「やっぱり母親の立場で考えて」しまい，「（不登校には）理由があるんだろうけど，悩んでいる子を支えてあげないといけないと思う」と述べている。教師として考えることは，「担任1人だとつぶれちゃうから，カウンセリングを学んだ若い専門家が関わってくれるといいと思う」と考えている。

［学校環境］

他の人に支援を求めたり，職員会で話題にしたりすることもなく，学校体制としても年に数回報告するに止まっている。学校環境としては教室内

第 2 章 〔研究Ⅰ〕教師が行う登校支援に影響を及ぼしている要因

表 2-8 教師 A の支援内容

教師 A TEG パターン AC 優位型		女	年齢 (教職経験年数) [支援時の年度]	面接時	46（23） [2000-02]	支援の立場	学級担任
				不登校支援時	37 ～ 39 (14 ～ 16)		
	経歴等	専門は図工美術教育。小学校の勤務経験が多く，中学校での教職経験は 1 校のみ。聾児を受け持った経験がある。面接時は小学校の学年主任。					
	支援の特徴	4 年生で担任になったときには，前担任と家庭との間の約束で，本人や家人の申し出によりたまに休ませることを認める状況ができていた。4 年時はほとんど欠席なく，不登校は解消されたと思っていたが，5 年からまた休みだした。たまに休ませるという約束によって，完全な不登校にならないでいられるならそれでよしとする状態が続いた。学校では問題なかったが，本人は誰にも優しい子なので，疲れるのかなあと思っていた。母親と前担任の支援方針にしたがい，たまに休むものの，そのことにはあえてふれないという支援方法を選択している。積極的な支援は行っていない。					
被支援児童		男	被支援学年	4 ～ 6 年	不登校の特徴	低学年からたまに休むことが約束。	

教師による 11 の支援方法		
1. 家庭連携	①関係維持	・共通の話題づくりをしようとテレビ番組の話をし，本人はそのテレビを楽しく見ていた。 ・連絡帳にメッセージを書いて友だちに持っていってもらった。
	②家族支援	・家庭（母親）から休ませる申し出があったときは容認した。
2. 組織的支援	③校内援助源	・前担任には話をして相談した。
	④別室登校	
3. 心的支援	⑤意欲喚起	
	⑥児童生徒支援	・本人が休みたいと言ったときは休ませ，休むことについては聞きたださなかった。
4. 登校支援	⑦人間関係調整	
	⑧登校援助	
5. 指導的支援	⑨学習指導	
	⑩生活指導	
6. 専門機関連携	⑪専門機関連携	

の人間関係においても，また職員間でも特に問題視されず，保護者との関係においても欠席の希望を受け入れることで問題なく経過している。といって，母親の話をよく聞いたり，多くの要望を受け入れたりするわけでもない。授業では本人の得意分野を活用しようと考えたが，本人が目立つことを嫌うのではないかと考え，そうした支援もあまりなかった。

［事例の固有性］

この事例の特異的なことは，「担任やクラスが替わったのに，支援のあり方が変化しなかったこと」と教師A自身は述べている。低学年時の支援の経過はよくわからないが，学校から家庭へも，家庭から学校へもいろいろと要望したりすることもなく，どちらかというと母親は子どもたちの育ちや自分と子どもとの関係のあり方に悩んでいたらしい。したがって，教師からの支援のアプローチがあまりなくとも，学校と家庭が対立関係になることはなかった。

［教師の個性］

こうした特異性は，教師Aの個性と大いに関連していると思われる。教師Aは「自分の個性がこの不登校支援にどう影響したと思うか」という質問に対して，「自分は問いつめたり，追いつめたりしない性格だから，逃げ道が大きいだろうな。それがよかったかもしれない」と述べ，「母親とも敵対しないようにしたし，（母親とは）波長が合うことが大事」とも述べている。つまり，事例の固有性にもあるように，不登校支援策があまりないにもかかわらず，学校と家庭が対立関係にならなかったのは，教師Aが「母親と敵対しないように」していたことや，「母親の立場で（不登校事例を）考えてしまう」といった個性的な面が影響していたのであろう。TEGパターン分類ではAC優位型であり，一般的には与えられた仕事には従順だが，先頭に立って成し遂げることは不得手といった傾向と一致しているように思える。

以上，4視点からの支援の様相をまとめると，教師Aのこうした個性と不登校に対する認知・信念の傾向，および事例の固有性がマッチし，そ

の後本人は卒業まで深刻な不登校状態に陥らないですんだのかもしれない。しかし，この子は中学校でまた不登校になってしまったことを考えると，新しい環境に適応する力はついていなかったのかもしれない。

(2) 教師Bの結果（表2-9）

［概要］

4年で担任になったときにはすでに不登校状態だった。すぐに自分と本人や母親との関係づくりのために家庭訪問を繰り返し，卒業まで続けた。「自分が担任のうちに，登校できるようにしてやりたい」という思いが強く，様々な支援を根気よく繰り返している。教師Bは集団づくりのためのグループカウンセリング等の研修を積んでおり，学級集団づくりや不登校支援に関心と意欲をもっていた。

［教師の認知・信念］

教師Bは自分との関係づくりを基本にして，学級の仲間との関係を促進し，学校復帰を支援している。4年生で適応指導教室に通い，5年生では放課後登校ができるようになった。6年生では学級の友だちとゲームをしたり，卒業間際には午後の登校が可能になったりした。しかし，友だちとの関係づくりまでは進んでおらず，中学校進学後は1週間で不登校になったという。

「不登校やいじめ，学級崩壊はつながっている」と述べ，それは「教師のありようと関係している」と考えている。一番大切なのは子どもにとって楽しい学校にすることで，そのために教師は勉強しなければいけないと考え，自ら研究会に出たり大学院で学んだりしている。「俺が担任なんだから何とかしてやろう」と思い，登校させてみせるという意地があったのかもしれない。また，不登校支援では受容と共感が大切だと考えている。その一方で，子どもたちは学校でいやなことがあってもそれを乗り越えていくことが必要で，不登校になってしまうのは，その子に弱い面があるからだとも述べている。そして，不登校を減らすことにはこだわらず，よい授業をすることがすべての基本だと考えている。しかし，不登校支援とし

表2-9 教師Bの支援内容

教師B TEGパターン N型I	男	年齢 (教職経 験年数) [支援時 の年度]	面接時	40 (16) [2000-02]	支援の立場	学級担任
			不登校 支援時	33〜35 (9 〜11)		
	経歴等	地域のカウンセリング研究会に若いときから参加し，学級集団づくりを実践的に研究している。勤務は小学校経験のみで，不登校児童がいるクラスを受け持たせられることが多い。				
	支援の特徴	4年生で担任になる前の3年生から不登校状態で，4月は毎日家庭訪問をしリレーションづくりに励み，その後も卒業まで2日に1回は家庭訪問を続けた。母親の精神状態が不安定できょうだいも不登校。卒業までには登校させたいと強く願う。本人の元気と母親の健康まで考え，友だちとの関係を切らせないようによく配慮している。受け持ったときはすでに不登校になっていた児童との3年間の苦闘である。集団づくりや学級経営に力を入れる教師Bとしては，何としても学校復帰をさせたいという思いが強かった。卒業間際に少し登校できるようになった。				
被支援児童	男	被支援 学年	4〜6 年	不登校の 特徴	母親の不安定な精神状態。きょうだいも不登校状態。父親不在で経済的にも不安定。	

教師による11の支援方法		
1. 家庭連携	①関係維持	・毎日のように家庭訪問し自分との関係づくりと維持に努めた。 ・友だちにプリントを届けてもらった。
	②家族支持	・母親にSCへの相談を勧めたが，だめだった。 ・母親に勤めることを勧め，勤め出すと明るくなった。
2. 組織的支援	③校内援助源	・旧担任も家庭訪問した。 ・校長が何度か母親面談をした。 ・小中連絡会で報告したが，中学校は家庭状況に理解なく支援しなかった。
	④別室登校	・放課後の教室に登校させ，教室で一緒にゲームをした。
3. 心的支援	⑤意欲喚起	・運動やゲームを自分と一緒にやった。
	⑥児童生徒支持	
4. 登校支援	⑦人間関係調整	・登校できたときに「対人関係ゲーム」をやったが，あまり楽しそうではなく，次は拒否した。
	⑧登校援助	・進級したときに誰もいない新教室を訪問・見学した。 ・放課後登校時に職員室で先生方とあいさつさせた。

教師による 11 の支援方法（つづき）			
5. 指導的支援	⑨学習指導	・学習プリントを届け，適応指導教室で学習できるようにした。 ・学習の進み具合を気にしたので，教室の様子を話した。
	⑩生活指導	
6. 専門機関連携	⑪専門機関連携	・適応指導教室に毎日通い，遊んだり学習したりした。 ・適応指導教室の先生と連絡を取り合い，連携した。

ての学習支援は意味がないと当時は考えていたが，適応指導教室で勉強を教えている支援が有効と知り，考えを変えている。不登校の子どもがいるとそのクラスの担任にされることが多く，これまでに 10 数人の不登校児童を担任した。不登校支援をするならコーディネーターとしてではなく，学級担任としてやった方がよいと思っている。

［学校環境］

　校長は不登校について関心をもち，自ら母親と面談してくれたが，子どもが適応指導教室に通っていれば，学校に登校できなくてもそれでいいという考えだった。母親にスクールカウンセラーとの面談を勧めたが，母親が拒否した。学年会では同僚に相談していたが，アドバイスはなく，励ましてもらうだけだった。職員会では毎回，逐一報告していたが，この学校では支援は担任に任されている雰囲気だったという。隣のクラスに同じ適応指導教室に通う子がいて，一緒に登校させようとしたが，2 人の子どもの仲が離れてしまった。

　当時のこの学校としては久々の不登校事例ということで，担任任せの感じがあったという。母親の話を聞いてくれる人もなく，すべて自分でやっていた。母親が精神的に不安定ということもあったので，今なら福祉機関との連携なども考えられるかもしれないと述べている。

全校体制での不登校支援は全く期待できず，教師Bも他の教師に支援を要請することもない。それは教師B自身が不登校支援に対して非常に前向きな考えをもち，「挑戦のつもり」で取り組んだのとは対照的である。不登校になった直接のきっかけは，3年時の秋にあった友だちとのゲームのトラブルと，風邪で1週間休んだこととが重なったことと思われる。長期欠席自体が不登校につながるという認識があれば，養護教諭や学年主任など多くの目でチェックし，危機的な状況を事前に把握できたのではないだろうか。

［事例の固有性］

　教師Bも言うとおり，当時はよい子の息切れタイプの不登校が多かったので，家庭状況に大きな課題（母子家庭，きょうだいも不登校，母親は精神状態が不安定等）がある事例は珍しかったかも知れない。きょうだいが不登校状態で家にいると，他のきょうだいも不登校になってしまう事例は多く，その点では本事例の固有性とはいえないが，本人が「誕生日に先生は呼びたいが，友だちはやだ」と言っているように，友人関係がもともとよくなかった可能性が重なっていると思われる。

　また，教師Bは不登校支援に対して意欲的で経験も豊富ではあるが，この時点では共感と受容を基本として子どもとの関係づくりを中心に行っている。したがって教師Bと本人との関係は築けたが，学級集団との適応は難しかったようである。しかし同時に，適応指導教室での学習指導中心の支援によって不登校児が学校に気持ちを向けることを知り，学習支援は不登校支援になりえないという考え方を変えるようになった。

［教師の個性］

　教師BはTEGパターンではN型Iであり，世話好きで「NO」と言えないタイプである。こうした傾向が家庭訪問しているときの子どもや保護者への接し方に現れていたと思える。つまり，「家庭訪問するときの自分の顔と学校での自分の顔が違うのかもしれない」と述べ，それは「この子の自分に対する接し方が，家庭と学校とで違いがあると感じていた」から

だと自己分析している。つまり、この子にとって教師Bは学校では「教師」であり、家庭訪問時は普通の優しいおじさんだったのかもしれない。また、「不登校支援では受容と共感が大切で、その子どもの世界に入ってみることが大切だ」と考えていた。「他の先生なら勉強を教えたのかもしれない」と述べているとおり、学習支援は不登校支援になりえないと考えていた。

このように適応指導教室との連携は効果的であったが、基本的には学校環境にリソースを求めることはできず、教師Bが孤軍奮闘しながら進められた事例といえよう。

(3) 教師Cの結果（表2-10）

[概要]

幼稚園からの情報で不登校気味であることはわかっていた。母親同伴で遅刻して登校し、帰りは自分で下校した。その状態で様子をみていたが、夏休み明けから欠席が目立ち始め、母親が連れてくることもできなくなった。3日間続けて休んだので家庭訪問し、担任が「お迎え」にいくことになった。友だちとの関係づくりを目的に学級でゲームをしたり、トークンを使って朝からの登校を支援したりした。仲のよい友だちができ、完全な不登校にはならずにすんだが、教師Cは1年で転勤となった。

[教師の認知・信念]

「学級担任というのは不登校に関して何とかすべきものだし、したいと思うものではないか」と強く思っているが、一方で「自分が困ったら（自分が）助けてもらうことも大事だ」という考えをもっている。不登校支援では親と担任、子どもと担任、教師同士などの関係性が大事で、そこを大切にしないと支援はできない。不登校にしないためには学校が楽しいことが大切。楽しいとは授業はもちろん、友だちや先生との人間関係もある。学校に来なければその「関係」は育たないから、ある程度の負荷も必要だ。夏休み中にクラス全員にクラスの集合写真つきの暑中見舞いの葉書を出した。1年生の夏休みは不登校の危機なので、いつもそうしている。それに

表 2-10 教師 C の支援内容

教師 C TEG パターン NP 優位型		年齢 (教職経験年数) [支援時の年度]	面接時	4 3 （2 0） [2004]	支援の立場	学級担任
	女		不登校 支援時	38 （15）		
	経歴等	小学校のみの経験。学級集団づくりに関心高く，コーディネーター等も経験している。				
	支援の特徴	幼稚園時代もなかなか登園せず，母親と遅刻登園を繰り返していた。友だちづくりや行事などで少しずつ学校や学級に慣れさせていった。末っ子で上のきょうだいも不登校のためか母親に悲壮感がなく，ほとんど担任1人で対応していた。担任（教師C）は1年で転勤してしまった。				
被支援児童	女	被支援学年	1年	不登校の特徴	入学式翌日から母親同伴。末っ子できょうだいも不登校状態。	

教師による 11 の支援方法			
1. 家庭連携	①関係維持	・友だちや担任と一緒に遊んだ。 ・本人の絵を褒め関係づくりをした。	
	②家族支援	・母親の話をよく聞いた。	
2. 組織的支援	③校内援助源	・学年職員が声かけし，養護教諭から情報をもらい，保健室から教室へ連れてきてくれた。	
	④別室登校	・別室登校させないことを共通理解した。	
3. 心的支援	⑤意欲喚起	・絵を描くのが好きなので，褒めたりして意欲喚起した。	
	⑥児童生徒支援		
4. 登校支援	⑦人間関係調整	・対人関係ゲームで，主に関係づけのゲームを楽しんだ。 ・影響力のある特定の子を，この子から遠ざけた。	
	⑧登校援助	・たびたび担任が「お迎え」にいった。 ・行事への参加を促した。	
5. 指導的支援	⑨学習指導		
	⑩生活指導	・登校が少しできるようになって，トークン（猫のシール）を活用して指導した。	
6. 専門機関連携	⑪専門機関連携	・地域のカウンセリング研究会で事例を報告し，検討してもらった。	

対するこの子の反応がどうだったのかは覚えてないが，一般に返事が来たり話題づくりなどで役立ったりしている。

［学校環境］

教師Cは，校長の人的配置が，教師のもっている免許状だけで決められ，教師の資質や得意なこと，人間関係などに配慮しないことに不満をもっている。そのためコーディネーターが機能しないので，教師Cが実質的にその役割を担っている状態だという。養護教諭は協力的で情報提供や教室へ連れてくるなどの支援をしている。また，学年会のメンバーも協力的で，家に「お迎え」にいっているときなどは，教師Cのクラスの子どもの面倒をみるなどしてくれていた。入学まもない学級集団なので対人関係ゲームで関わりを広げようと実施したが，本人は固まって入れなかったので自分の近くにいさせた。不登校になりかけたときに放課後，家庭訪問しても本人に会えなかったが，放課後登校を提案したら「先生が迎えにきてくれるなら行く」という反応だった。数日，おんぶしたり手をつないだりして放課後に学校へ連れてきて，お絵かきなどをして一緒に遊んだ。朝の「お迎え」がちょうど運動会の練習の時期と重なったため，自分が朝，学校にいなくても全校で練習をしたりしているので，多くの先生が自分のクラスの面倒をみたり，登校してきたこの子に声をかけたりして，多面的な支援ができた。夏休み明けの危機を10日間ほどの「お迎え」で乗り切り，運動会では足の速いことを褒めて練習に参加させた。

［事例の固有性］

本事例を取り巻く学級の環境が特異的だった，と教師Cは振り返っている。クラス内に女王様のように振る舞い，トラブルになりやすい子がいて，この子と関わらないように注意を払っていたり，夏休み明けから特別支援学級に入級した子がいて，教育相談や関係者との調整などが大変だったりした。「お迎え」支援はちょうどその時期と重なっており，とにかくたくさんの関係調整を中心としたいろいろな支援が同時進行で行われていたことを考えると，運動会の練習時期などの特殊性とも関連したことが，

大変でもあり偶然性もあって不登校支援がうまくいったのかもしれない。

［教師の個性］

関係性を大切にする教師Cは，この子が遅刻してきてもタイムリーに対人関係ゲームを取り入れて，効果を上げている。特に「ジャンケンボーリング」などのゲームでは，本人はただ立っているだけでもたくさんの友だちがジャンケンをしに来てくれるというゲームの特性を有効に活用している。母親が連れてこられなくなったときには，自ら家庭訪問，放課後登校の「お迎え」，普通の登校の「お迎え」を行い，母親にその役割を求めようとはしていない。母親から離れられないこの子にとって，教師Cとの関係を太くすることで学校へ気持ちを向かわせようとしている。そして，子ども同士の関係づくりを大切にした支援を行っている。

また，学校行事の特殊な環境を活用して，多くの教師の協力を得ることに成功し，夏休み明けの危機を乗り越えた。関係性を大切にしたいという教師Cの不登校支援が功を奏しているように思える。また，「危機感を感じたらすぐに何か手を打つという自分の性格が，この支援の場合はよかった」と自己分析している。あえて行わないほうがよいと判断した保健室等での別室登校は，教師Cの関係重視の考えによるものであり，その判断も効果的だったのではないかと思われる。

教師CはTEGパターン分類ではNP優位型であり，このタイプに特徴的な面倒見のよさ，気持ちを理解しよく世話をやくという特徴が支援にも現れている。NP優位型では一般的に，ネガティブな面としてお節介，過干渉，過保護などが指摘されるが，この不登校支援においてはそうしたマイナス面は影響していないように思う。自分の子育てが大変で時間にゆとりがない中で，支援の時期の偶然性やそのときどきの学校環境をうまく活用して支援が行われている。

(4) 教師Dの結果（表2-11）

［概要］

母親と2人暮らしの小学2年生の女児。小学校1年生まで児童養護施

表 2-11　教師 D の支援内容

教師 D TEG パターン CP 優位型	女	年齢 （教職経験年数） ［支援時の年度］	面接時	47（26） ［2006-08］	支援の立場	学級担任
			不登校 支援時	44～46 （23～25）		
	経歴等	小学校勤務の経験が多く，中学校勤務は 1 校。授業以外でも音楽を中心にした学級活動を得意とし，いつも学級に音楽が絶えない。学年主任や研究主任などの経験が多い。				
	支援の特徴	複雑な家庭事情を考慮して，母親の安定と本人の登校を支援した事例。男性不信の母親に配慮して直接の支援は女性担任（教師 D）が行った。親子関係への介入は保健師，以前過ごした施設の職員や母親を支援している専門家などとも多様な連携支援をしている。学級内での支援と家庭への介入で難しい事例だったが，多くの支援者とよく連携できている。				
被支援児童	女	被支援学年	2～4 年	不登校の特徴	施設育ちで母親との同居を機に小 2 で転入　男の子とよく遊ぶ。	

教師による 11 の支援方法			
1. 家庭連携	①関係維持	・安心できるように手をつないで歩いた。 ・よく話しかけた。 ・友だちに頼んでプリントを届けた。	
	②家族支持	・母の話をよく聞いた。 ・母親を支援している専門職の人と担任が意見調整した。	
2. 組織的支援	③校内援助源	・コーディネーターと相談したり学年会で検討したりした。	
	④別室登校		
3. 心的支援	⑤意欲喚起	・参観日に親子で共同工作の授業をした。 ・始業式に作文発表の学年代表をやらせた。	
	⑥児童生徒支援		
4. 登校支援	⑦人間関係調整	・友だちに一緒に遊ぶよう要請した。	
	⑧登校援助	・たびたび担任がお迎えにいき連れてきた。	
5. 指導的支援	⑨学習指導		
	⑩生活指導		
6. 専門機関連携	⑪専門機関連携	・児相関係機関と懇談した。 ・以前入所していた施設と連携。 ・養護学校相談員（コーディネーター）に相談した。	

設で暮らしていたが，母親のもとに帰ると同時に教師Dの小学校に転校した。6月頃から登校を渋り出し，児童相談所の仲介で関係する3つの機関と学校関係者が連携して支援した。学校内ではコーディネーターや学年会が中心になって支援チームを立ち上げ，全校職員の共通認識のもとで，母子関係と本人の学校適応を中心とした支援が行われた。翌年には一時期，再度の危機状況があったが，2年生後半からは家庭状況も落ちつき，元気に登校できるようになった。

［教師の認知・信念］

子どもはなぜ不登校になるのかという問いには，学校に原因があることもあるけど，家庭の親子の関係が大きいと述べている。担任としては不登校支援にもかかわらず，子どものためなら母親への支援も必要であると考えている。特に本事例の場合は学級内の人間関係などが原因ではなく，あくまで母子関係に原因があると考えていたので，そこへの介入が必要だと考えた。

［学校環境］

教師Dの学校では普段からコーディネーターが児童相談所とつながっており，本事例でもすぐに相談できたらしい。そのため，2年と3年で危機的状況に陥ったとき，関係者が集まってすぐに支援会議ができた。そのときのメンバーは児童養護施設の指導員，児童相談所の担当者，保健所の保健師，母親を支援しているカウンセラーと看護師，市の福祉課所属の相談員と行政関係者，スクールカウンセラー，養護学校のコーディネーター，そして学校関係者（コーディネーター，教育相談担当，教頭，校長，教師D）と多岐にわたり，この親子の支援に関わっているすべての関係者が集まることができた。

一方で，学校内でも支援チームが機能し，学年会でも日常的に検討し合い，職員会では必ずと言っていいほど状況の報告がされていた。朝の「お迎え」にいくときは学年職員が教師Dのクラスの朝の会を兼務した。また，本児が家庭で着衣のまま風呂に入ったり，夜中に1人で食事したり

している奇異な行動については，専門的な立場から SC にコンサルテーションを依頼したりしている。このように学校内外の支援環境は良好で，教師 D は男性恐怖症の母親の信頼を得て，うまくいった支援といってよいようである。

また，クラス内では本児は女子よりも男子と話が合い，男子とよく遊んでいたという。しかし，下校時の方向が同じ友人は他のクラスも含めて数人の女児しかおらず，その女児に一緒の下校を依頼している。

［事例の固有性］

転入時，クラスの児童数の関係で男性教師のクラスに入る予定であったが，母親が男性恐怖症ということがわかり，女性でベテランの教師 D のクラスに入級することになった。母親にとっては子育ても学校との関係もはじめてであり，加えて自分自身の精神的な不安定さもあり，母子関係が困難な状況になることは予想されていた。そんな経緯から教師 D はまず，母親の話をよく聞くことに徹し，放課後や家庭訪問時に母親との会話を大切にしている。また，母親とは好きなアーティストが共通だったため，個人的にも話が通じることもあり「信頼関係を築けて，母親が私のことを信頼してくれた」ことが，本事例の成功の鍵になったようである。

また，小学校 2 年生で親子が始めて一緒に暮らすという事態に，福祉や保健，行政の面からの支援を受けており，それらの関係者と学校が非常にうまく連携できたことが本事例の特徴といえよう。

［教師の個性］

TEG パターンは CP 優位型であり，一般には理想追求型である。責任感が強く自他ともに厳しい面があるとされる。教師 D は「私はピシッと一本筋を通す質（たち）で，優しさも大事だけど，学校では（公私の）区別をつける性格」と自分の性格を語り，「そういう厳しさというか，それが本人にはよかったと思う」と言っている。つまり，「お迎え」支援をしたときに，ぐずぐず言わせないで教師 D が連れてきたことをこのように分析したわけである。

事例としては非常に困難が予想されたようだが，普通は不登校支援としては行われない要保護児童対策地域協議会を市の児童福祉の関係課が学校を中心に開催し，家庭を支援している関係者全員を集めることができたことが，本事例のよかった点としてあげられる。また，学校内では教師集団が非常にサポーティブな雰囲気があると同時に，教師D本人が母親とのつながりを大切に考えたことが功を奏した事例である。

(5) 教師Eの事例（表2-12）
［概要］
いつも無表情で，気持ちの不安定さが入学前の連絡会でも話題になっていた女児は，心配性でいちいち先生に確認したり，何ごとも完璧にこなさないと気がすまなかったりする様子だった。2年生の2学期頃から登校を渋りだし，母親が他の子どもの病気に気をとられるためか，「母親が話を聞いてくれない」と訴えるようになった。教師Eは不安定なこの子に対して不安感を低減させるための支援（個別面談で家庭での不安感を聞きとるなど）を中心に行い，あわせて母親と連絡を密にして母親を支えるように心がけている。また，固まって動かなくなる状態を察知して事前に声かけしたり，母親との連絡帳の内容を気にかけるこの子のために，本人と交換日記を始めたりしている。この交換日記は，自身も子育てに忙しい教師E（当時は2人目を妊娠中）にとって可能な支援であり，この子にとっても心の安心を得ることのできる支援であったようである。次第に不安感が解消して元気に登校できるようになった事例である。

［教師の認知・信念］
不登校支援は担任1人でできるものではなく連携が大切で，特に学年内の足並みをそろえることが大切だと考えている。また，「先生がいるから学校へ行く」と子どもが思ってくれるような支援，教師との心のつながりが不登校支援には必要だと考えている。自分自身の子どものお迎えで遅くまで学校に残れなかったことや，2人目を妊娠していて思うように子どもたちと関われなかったことで，不登校支援を進めるためには教師にもっ

表 2-12　教師 E の支援内容

教師 E TEG パターン N 型 II	女	年齢 (教職経験年数) [支援時の年度]	面接時	35（12） [2005-07]	支援の立場	学級担任
			不登校支援時	32 ～ 34 （9 ～ 11）		
	経歴等	特別支援学校と小学校高学年を経験してから低学年の担任になった。				
	支援の特徴	完全な不登校ではなく，精神的な不安定による不登校を予防した事例。担任との 3 年間にわたる交換日記によって信頼関係を築き，安心して登校・学習できるようになった。学年会やコーディネーター，相談員との連携によって，よくアセスメント（見立て）ができている。学年会での共通理解や支えもあったが，担任としてできる支援と児童が望む支援がマッチした。				
被支援児童	女	被支援学年	1 ～ 3 年	不登校の特徴	父ときょうだいが病気がちで，母親の気持ちが不安定。	

教師による 11 の支援方法		
1. 家庭連携	①関係維持	・連絡帳や電話で母親とよく話した。 ・父親は本児と話ができず，不安を抱えており，来校してよく話した。 ・年賀状を出して，年末年始休みの最終日には電話をした。
	②家族支援	・家が留守になると本人が不安になるので，学級懇談会には欠席してもよいことを話した。 ・相談員が母親と面談した。 ・不安を訴える父親と何度も面談した。
2. 組織的支援	③校内援助源	・学年会で毎回のように同僚に相談した。 ・コーディネーターに相談し本人の様子をみてもらった。 ・学習支援の先生が授業中に個別に支援してくれた。 ・本人と個別に面談する機会をもつように，同僚からアドバイスをもらった。
	④別室登校	
3. 心的支援	⑤意欲喚起	・たびたび「これでいいの？」と不安を訴えるので，何度も個別に説明を繰り返した。 ・不安を軽減させるために担任と交換日記をした。 ・空き時間に本人と個別面談して家庭内の不安な気持ちを聞いた。
	⑥児童生徒支持	

表 2-12 教師 E の支援内容（つづき）

教師による 11 の支援方法		
4. 登校支援	⑦人間関係調整	・友だちに「やだ」と拒否されると不安になるので，友だちとの間をとりもった。 ・周囲にいてこの子を気遣ってくれる友だちを支援（支持）した。
	⑧登校援助	
5. 指導的支援	⑨学習指導	・不安定になったときは個別に勉強を教えた。
	⑩生活指導	・給食の当番のときなどに固まって動けなくなるので，様子をよくみて声かけした。
6. 専門機関連携	⑪専門機関連携	・巡回相談員に相談した。 ・大学の相談員に観察依頼した。

と時間の余裕が必要と感じていたようである。

［学校環境］

教師 E は「コーディネーターや同学年の先生がよく話を聞いてくれ，一緒に困ってくれたり相談にのってくれたりしたことがとてもありがたかった」と語っている。この学校では，父親が学校に相談に来たとき（勤務帰りに突然来校することが多かった）に，教師 E が不在でも他の教師が相談にのり，担任任せにしないような学校環境があったらしい。校長や教頭に相談はしなかったが，いつでも同僚が話を聞いてくれ，様子をみに来てくれたり，アドバイスをくれたりしたことが自分の支えになった。また，自分もいろいろとため込まない性格なので，話を聞いてほしかった。

当時は他学級でいわゆる学級崩壊が問題になっていて，学年会も学校全体もそちらに意識が向いていたのではじめはこの事例を言い出しづらかったようである。しかし，学級崩壊も不登校もいろいろな場面で学年内が協力して支え合っていたのが救いだったようである。巡回相談員や大学の相談員にもクラスでの様子をみてもらいアドバイスをもらったが，あまり役に立たなかった。

［事例の固有性］

　この母親は自分の子ども1人ひとりに目を向けることができず，父親は心配して学校へ来てはいろいろな先生（担任，養護教諭，同学年の教師など）に相談するが，この子本人とは関われずにあたふたしているのみ。この子も友だちとの関わりが不得手で無表情だったりして周囲の子どもたちも困惑を隠せないなど，非常に独特な家族だった。「今考えると，本人は周囲の雰囲気が理解できないなど，アスペルガー症候群のような傾向もあったかもしれない」と教師Eは振り返っている。

［教師の個性］

　教師Eは「すぐ人に相談したがる性格なので，たくさんの同僚に助けてもらえたのはよかった」と語り，1人で悩まないで聞いてもらうのは自分の特徴だと思うと述べている。そして，とりあえず人から言われたこと（アドバイス）は何でもやってみることにしているので，本人との個別の面談など，自分では思いつかなかった支援が有効に働いてよかったという認識をもっている。

　また，「教師だからとか職業上の使命感からなどではなくて，困っている子どもがいたら何とかしなきゃと思う。だから，自分は教師としての自分と普段の個人としての自分の境界がない」と自己分析している。「それは考え方ではなくて，気持ちのうえでそうだ（境界がない）」とも言う。さらに，人からは「ストレートにものを言わない性格だ」とよく言われるとおり，本児にも「どうして学校がいやなの」とストレートに聞かなかったのがよかったと思うと述べている。教師EのTEGパターンはN型Ⅱに近く，一般には我慢して滅私奉公してしまい，葛藤をため込みやすいとされているが，教師E本人も言うとおり，すぐに人に相談し，援助を求めやすい性格が奏功したといえそうである。

　本事例は教師Eが周囲の同僚等によく相談して，子育てに忙しい身でありながら自分にできる支援方法と，子ども本人がしてほしい支援（特に先生との交換日記）がマッチし，気持ちが安定して登校が可能になったも

のと考えられる。

2）4視点およびその関連について

ここに述べた4視点のうち，「学校環境」について，教師はその環境をリソースとして活用したり，クラスの人間関係に介入して調整機能を果たしたり，集団を育てたりもする。支援体制を意図的につくっていくのも教師であることを考えると，「学校環境」をどのように支援に活かしていくかという点において「教師の認知・信念」は大きく関与している。また，「事例の固有性」はその様相を教師がどうとらえるかによって，非常にまれな例だから支援が難しいとか，特異的だからもっと工夫しようなどと，支援のあり方が変わってくる。さらに「教師の個性」は「認知・信念」とは異なって意図的な思考や行動ではないが，「認知・信念」があるから必然的（結果的）に個性的な考え方や行動になるともいえるし，1人ひとりの考え方自体が教師によって個性的であることは言うまでもない。このように「教師の認知・信念」が基底概念となって他の3視点と関連していることがわかる（図2-6）。しかし，そうした認知や信念は不変のもので

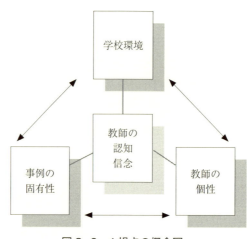

図2-6　4視点の概念図

はない。前回のインタビューでは，何人かの教師は「あのときは自分がお迎えにいくべきだと考えてやったけど，今はそうは思わない。むしろ，母親との関係を重視して連れてきてもらったほうがよかったのかもしれない」「当時は自分が何とかしなければと思っていたけど，今なら専門機関との連携をすぐに考えるね」などと述べ，不登校支援の体験を通して考え方が変わったことを語っている。不登校児童生徒を支援した体験や，あるいは受講してきた研修の経験などが，教師の不登校に対する基本的な考え方を変え，その支援策の選択・決定のあり方も教師の経験の積み重ねとともに変化していくことが示唆された。

3）各視点の内容とその度合いについて

各視点の内容は教師によって様々である（表2-13）。「教師の認知・信念」については，不登校支援に対して思い入れの強い教師（特に教師B，Cなど）もいれば，さほど強くない教師もいる。自分が何とか支援しようと強い信念をもつ教師はそれなりに数多くの支援を行っているようである。

「学校環境」については，不登校支援に対して非常に積極的な体制を構築している学校，あるいは教師のつながりや意識として不登校支援に前向きな学校（特に教師C，Dの学校など）と，学級担任任せになっていたり連携がうまくとれなかったりする学校（特に教師A，Bの学校）など，それぞれ特徴的である。不登校支援に関心が高く教職員が協力的であると，直接支援にあたる（主に担任）教師が支えられ，結果として不登校児童への支援策も奏功するようである。また，適応指導教室やスクールカウンセラー，相談員など学校外の専門職が支援に関わっている学校（教師Dなどの学校）と，全く関わっていない学校（教師Aの学校）があり，学校によって大きな差がある。

「事例の固有性」の面では，どの事例も特徴的で固有性を有している。その固有性だけの理由で支援の選択が決まるというよりは，学校環境などの他の視点との関連で支援策が決定されていることがわかる。例えば教師

表2-13　教師A〜Eの不登校支援策の選択・決定に関する4視点

教師 \ 4視点	教師の認知・信念	学校環境	事例の固有性	教師の個性	4視点の関係
A（女）	担任だけでは無理。母親の立場で考えてしまう。	支援体制は整っていない。職員間に不登校支援の関心が低い。	気遣いはしたが支援は少なく、家からの申し出に応じてたまに休ませた。	AC優位型。問いつめず、母親とも子どもとも対立を回避する。言われたことをやる。	環境／信念／固有性—個性
A（女）	たまに欠席するだけで特に問題があるようには見受けられない児童であるため、学校の支援環境が脆弱でも、また教師Aの不登校支援に対する強い信念がなくとも、教師Aの「追いつめない」「対立しない」個性と、「たまに休ませる」既成の約束事以上に、あえて支援しないことが功を奏したといえる。つまり教師の認知・信念と学校環境、事例の固有性、教師の個性がある意味マッチしていたともいえよう。しかし、この児童は中学校へ進学して1週間で不登校になってしまったことを考えると、人間関係を築く力や新しい環境への適応力などを育てる支援はできていなかったのかもしれない。					
B（男）	不登校支援は教師のありようだ。自分（担任）が何とかしようと考える。	担任任せで組織としての支援体制がない。	母親の病気、きょうだいの不登校など、家庭状況に大きな困難あり。	N型I。世話好きな性格で、自分と子どもとの関係づくりを大切にした。	環境／信念／固有性—個性
B（男）	不登校支援に対して強い信念をもって前向きに取り組み、その信念と世話好きで優しいという個性が、多くの支援策を決定しているように思われる。また、強い信念は脆弱な学校環境を整える方向には向かわず、教師Bが孤軍奮闘している。したがって、教師Bとの関係を築くことはできたが、子ども同士の関係づくりはやや困難であった。しかし、教師Bは適応指導教室での学習支援が有効であると事例の中で学んだように、自らの認知・信念を、学校環境を整える方向に向けることができれば、職員間の連絡調整や協力体制を築くなどのこれまでとは違った支援ができるかもしれない。					
C（女）	親と担任、子どもと担任、教師同士などの関係性が大事。担任は何とかすべきもの。	学年内の同僚の協力に支えられたが、学校全体としては支援は不十分。	運動会前の準備期間という特殊な環境を有効活用した。	NP優位型。子ども同士のつながりを大切にした。同僚とのつながりも大切にした。	環境—信念／固有性—個性
C（女）	担任は不登校児童に対して何とかしなければならないものだという考えと、教師同士あるいは子どもと教師、子ども同士の関係性を大切にしたいという信念が強い。また、協力的な同僚教師や運動会の練習期間という学校環境の特殊性をうまく活用して、認知・信念と学校環境がうまく連動して支援策が決定されている。あるいは教師Cのこうした考え方が、学校環境を整えているのかもしれない。					

124

第2章 〔研究Ⅰ〕教師が行う登校支援に影響を及ぼしている要因

4視点　　教師	教師の認知・信念	学校環境	事例の固有性	教師の個性	4視点の関係
D（女）	不登校は家庭（親子関係）の問題だ。	学校内外の関係者による連携支援がよかった。	はじめての親子同居。母親の男性恐怖症。総合的な家族支援がよかった。	CP優位型。理想を追求し厳しい面がある。母親との相性がよかった。	環境／信念／固有性／個性
	不登校は家庭の問題が大きいと考えてはいるが，担任としては保護者への支援もいとわないという信念のもとで，学校内外の援助資源を多く活用して支援策を決定している。また，自分の個性を活かして母親との個人的な心のつながりを保つ（固有性）中で支援策を有効に導いている。				
E（女）	教師同士の連携協力が大切。担任と子どものつながりが大切。	話を聞いてくれる同僚の存在が，教師Eにとって有効だった。	父親，母親，子どもがばらばらで，独特で不安定な親子関係。	N型Ⅱ。1人で悩まず聞いてもらう。職業上の倫理観ではなく困っている子どもには何とかしてやりたい。	環境／信念／固有性／個性
	担任と不登校児童との心のつながりが大切であり（信念），すぐに同僚などに困っていることを聞いてもらったり相談するという自分の個性を発揮して，有効な支援策を見つけ出している。その支援策が発揮できたのは学校内に相談できる人がいたり，支援体制ができていたからともいえる（学校環境）。また，父母がそれぞれにいろいろな人に相談（事例の固有性）できたことは，1人で抱え込まない教師Eの考え方（信念）が功を奏したと思われる。				

※「4視点の関係」における円の大きさは支援策決定の要因の度合いを，線の太さは各視点のつながりの強さを表す。

Eの事例では，母親，父親，子どもがそれぞれ学校のいろいろな先生に相談しており，その学校では担任が不在でも誰かが相談の対応にあたることができる協力体制や教職員間の連携ができていたのである。

「教師の個性」では，交流分析におけるTEGパターンは各教師みな異なる型を示しており，教師自身が語る自分の個性とよく合致している。例えば，教師A（AC優位型）は「親と対立しないように」して「子どもを追いつめない」性格と自己分析しており，保護者の意向どおりの支援を行っ

ている。その個性ゆえに行われた不登校支援が多い。

4）4視点の関連について

　教師Aの事例は「家庭からの申し出があったら休ませる」という支援以外はあまり行われなかった。不登校児童の集団への積極的な適応をはかるとか，担任任せの学校環境を変えようとはしていない。また，職員集団も不登校問題にはあまり関心を示していない。対立をしないようにしようとする教師A自身の個性によって，家庭に対しての要求もしていない。たまに休みはするがそのまま卒業を迎えることができている。つまり，4つの視点がそれなりにマッチして，教師Aも家庭も学校（教職員あるいは組織として）も不満が募らなかったのではないかと考えられる。不登校支援に対して強い信念をもつ教師Bや教師Dがこの事例を担当したら，子どもと学級集団の間にいろいろと意図的な介入をしたであろうし，学校環境が不登校支援に積極的であったとしたら，教師Aに対してもっと多くの支援をするようにプレッシャーがかかったかもしれない。

　また教師Bの場合は，強い信念をもって様々な支援を行い，孤軍奮闘している様子がうかがえる。学校環境は教師Aと同様に支援に積極的ではなく，ある意味で教師Bは自分の考えだけで支援策を決定できているようである。管理職や学年会等から支援の方策を押しつけられることはないので，その点ではジレンマやストレスを感じることはなかったであろう。

　教師C，教師D，教師Eについては，学校環境は非常に不登校支援について積極的で校内の連携や専門機関との連携なども積極的に行っている。そうした環境を教師自身の考えや信念で，また自身の個性的なやり方で支援を決定し実行している。教師Cや教師Eは関係性を大切にしたり，同僚に聞いてもらったり相談したりすることを大切にしており，学校環境と自分の考え方や信念がよい意味で関わり合っていることがわかる。

2.4.4 全体考察

　一般的に，不登校児童が全く登校できなくなったり，保護者と学校が対立関係になってしまったりする事例も珍しくない中で，教師 A ～ E の事例はいずれもそれなりにうまく支援できた事例といってよいだろう。そしてこれまでみてきたように，4 視点の内容とその関係のあり方によって不登校支援策の選択・決定は様々な様相を示しており，支援策はこのような過程や要因によって決定されるものだという図式は見出されなかった。

　しかし，4 視点を整理してみると不登校支援策を決定するにあたり，配慮すべきことや注意すべきことがよくみえてくるようである。例えば不登校児童を支援する立場として，学校環境としてはどの程度有効なのか。つまり，職員の連携がとれていないからやりたくてもできない支援があるときに，その環境を変えようとすべきなのか，できないなら別の支援策をとるべきなのかという選択を客観的に考えることができる。また，担任だから何とかしなければと強く思う教師は問題を抱え込み過ぎることが多いが，自分の信念だけでは無理が生じるので，この事例だからこそできる支援を見つけようと考えることができるかもしれない。

　このように，不登校支援策の選択・決定のあり方は様々であるが，「教師の認知・信念」「学校環境」「事例の固有性」，そして「教師の個性」をよく見極めて，不登校児童の様子をよく理解するとともに，教師の立場としては，不登校支援をしているそのあり方を客観的にモニタリングすることが重要である。

2.5 本章のまとめ

　インタビュー調査による半構造化面接により，教師や保護者の不登校児童生徒への支援の様子を詳しく検討するとともに，不登校の経験者の体験もあわせて聞きとることができた。
　まず，同一の事例における教師と母親そして中学時代に不登校を経験した当事者（高校生）の具体的な経験を明らかにし，支援する者とされる者がどのような関係にあり，それぞれどのような体験をしたのかを検討した。また，不登校を経験した中学生はなぜ不登校になってしまい，どのような支援を望み，どのような過程を経て再登校できたのかをくわしく検討した。
　その結果，教師は自分が担任を務める学級での生徒との関係や，教師集団の中でも孤立しがちであった。学校全体の支援体制も整っておらず支援ははかどらなかった。母親は夫婦関係や家族との関係，また不登校の子どもとの関係の中で孤軍奮闘していた。不登校の当事者は学校と家庭の両方の環境が登校を促すには困難であったが，それとは別に塾やよく話のできる釣具屋のおじさんなど，いわゆるボランティアヘルパーに支えられている環境があることがわかった。ここから不登校支援では不登校の当事者がどのような環境にあるかを検討するだけではなく，支援する教師や保護者を取り巻く環境を整えるという考え方が必要であることが示唆された。そのうえで何が援助資源になるかを考えたり，環境と折り合いをつける方法を探したりすることが大切であることがわかった。また，教師は具体的現実的な支援がほとんどできていないが，自らの発達課題を乗り越えようとする不登校生本人の心の支えになっていたことは確かで，その関係性自体が登校支援の基盤になっていたと考えられる。また，不登校生徒の興味関心のある世界に教師が接してみて，その世界を共有することが不登校支援

の基本において大切であることが示唆された。

　次に，教師へのインタビューによって，支援する教師が周囲の環境の中でどのような理由で支援策を選択・決定しているのかを検討した。学校のデモグラフィック的な要因だけでなく，教師の特性や特徴なども詳細に検討した。教師18人に半構造化面接を行い，効果があった支援だけでなく効果がなかった支援も含めて，行われた支援を山本（2007）の「不登校状態に有効な教師による11の支援方法」により分類したうえで，教師の個性や当時の学校の環境なども含めて総合的に分析して，不登校支援策を選択して決定する視点を，「教師の認知・信念」「教師の個性」「学校環境」「事例の固有性」の4つに分類することができた。これをもとに，5人の小学校教師に対して再度面接を行い，支援策の決定の背景や考え方などについてさらに詳しく検討したところ，支援策の選択・決定の過程にはパターン化された図式は見出されなかったが，4つの視点が複合的に関係していること，各視点の内容が豊富か否か，あるいは資源として有効かどうかによって関連の度合いや様相が異なることなどが示唆された。また，4つの視点のうち，「教師の認知・信念」が基底概念となって，そこに他の3視点が関連していることが示唆された。

　このように，事例を詳細に記録して支援者や不登校児童生徒の体験を分析し，支援の選択や決定の経過あるいは理由などを詳しく検討すると，教師1人ひとりの登校支援（不登校問題）に対する考え方がその後の支援のあり方に大きく影響を及ぼしていることがわかった。その考え方（認知・信念）は，教師自身が置かれている環境（受け持っている学級の児童生徒との関係，学校内の職員間の関係，保護者との関係等）の中でどのように不登校支援を行うのか，行うことが可能なのかといった，方向性や具体的な支援策の決定に影響してくる。さらにそこに教師の個性や客観的な学校の環境，そして事例の固有性なども加わって，実際の支援が行われているのである。

　以上，主に教師が行う登校支援には，児童生徒との関係や保護者との関

係のあり方をはじめ，教師自身の考え方などが大きく影響していることが示唆された。

第3章

〔研究Ⅱ〕教師による登校支援の特徴
——登校支援尺度の作成と支援の実施調査から

3.1 問題と目的

　研究Ⅰでは不登校児童生徒への支援について事例分析により，教師が支援策を選択，決定する視点を検討した。しかし，教師による登校支援を探るには教師が行っている支援そのものの全体像を明らかにする必要がある。

　本間（2000）は中学生の欠席願望を抑制する要因や登校意識について研究し，欠席願望を抑制する要因として「親圧力」「習慣」「学校魅力」，そして「自己基準」の4要因を見出している。この内"学校が楽しい"とか"友だちと会えるから"などの「学校魅力」は学校や学級の環境，あるいは教師の支援のあり方に直接かかわる内容であり，"勉強しなければならない"とか"将来のため"などの「自己基準」は教師の指導と深いかかわりが推測できる。そこで，この2要因の内容を詳細に探るために，「学校での対人適応」「学習理解」「学校価値」に関する尺度を利用して分析したところ，「対友人適応」「対教師適応」「道具的価値」「規範的価値」，そして「学習理解」の要因を見出している。これらの要因のうち，「規範的価値」は"学校へ行くのは当然"といった個人の認識の問題であるが，その他は学校環境あるいは学校環境と個人要因との相互作用に大きく関わっている。つまり，友人や教師とのよりよい関係（対友人適応・対教師適応）は，教師による学級経営や特別活動のあり方，あるいは生徒指導や教育相談などのあり方によって改善され，勉強が理解できる嬉しさ（学習理解）は授業のあり方や教師の熱意などに大きく影響を受ける。さらに，学校は将来の自分にとって大切な場所であるという認識が得られることにより（道具的価値），欠席願望が抑制される。つまり，教師が日常的に行っている指導や支援が学校適応を促進させ，不登校を減少させる手がかりになるのである。

第3章 〔研究Ⅱ〕教師による登校支援の特徴

　では，実際に教師はどのような不登校支援を行っているのだろうか。山本（2007）は小中高等学校の教師を対象に質問紙調査を行い，不登校状態にある児童生徒にとって有効な支援方法を探っている（研究Ⅰ参照）。まず不登校状態をとらえる観点について調査した質問項目を因子分析し，「自己主張」「行動・生活」「強迫傾向」「身体症状」の4つを抽出して支援尺度を作成した。これを用いて児童生徒の状態を査定するとともに，当該児童生徒に対する支援方法の効果を評価し検討した結果，「自己主張」ができない場合は学習指導や生活指導とともに家族を支えること，「行動・生活」に乱れがあるときは関係を保ちながら生活指導を行い登校を促すこと，「強迫傾向」が強い場合は別室登校や専門機関連携を図ること，そして「身体症状」が重い場合は本人の気持ちを支え，保健室登校などの校内援助体制をつくることなどの援助方法が有効であることを見出している。また，効果の評価をする際に，不登校状態を表す28の項目を提示して，11種類の支援方法を見出している。この研究は，実際に支援を行う教師の認識を通して不登校状態そのものを検討し，調査によって教師が行う支援方法を明らかにした点で大いに意義がある。

　しかし，筆者は教師として不登校問題に取り組んできた経験から，不登校状態にある児童生徒への支援はもとより，子どもたちが学校に適応して不登校にならないようにするための多面的な支援の必要性を感じてきた。学校環境の改善という視点から不登校支援を行った事例報告（岸田，2002，2008）では，その支援内容は教師同士の連携の工夫や情報の共有のシステムづくり，教師の意識改革，保護者との対応のあり方，居場所づくりの工夫，学校内外の援助資源の有効活用，そして学校適応のための集団づくりや授業づくりなどであった。つまり，不登校児童生徒へアプローチを工夫するとともに，児童生徒を不登校にしないための「登校支援」に取り組んだ実践報告である。教師が不登校の児童生徒を支援することと，不登校にしないためにすべての児童生徒に対して行う登校支援は，明確には区別しにくい。問題対処的な支援だけではなく，欠席しがちな子どもへの配慮

や，不登校対策として行われる子どもたちの様子の情報交換や欠席状況の把握などの予防的な支援，そして学級集団づくりなどのより積極的に学校適応を促す成長促進的な支援を，教師は渾然一体となって取り組んでいる。したがって，登校支援の概念には成長促進的な支援，予防的な支援，そして不登校の児童生徒に対して行っている問題対処的な支援を含めて検討する必要がある。

　教師が行う登校支援を検討するには学校段階（学校種）や教師の特性を考慮しなければならない。例えば，小学校と中学校での教師による支援の方法には異なる点が多い。スクールカウンセラーや相談員の有無，学級担任制と教科担任制の違いなど，学校内の援助資源の違いや学校のシステムの違いなどが，登校支援のあり方を規定している面があるからである。それぞれの学校環境を活かしながら支援の方法を工夫しているともいえる。こうした教師による支援の様相は，児童生徒の学年や発達段階によって異なるとも考えられ，高等学校や特別支援学校ではまた違った支援が行われている可能性もある。

　また，2001（平成13）年の教育職員免許法の改正によって生徒指導や教育相談，進路指導などの重要性が増し，大学で修めるべき単位数が増加した。それらを学んだ若い教師は不登校を含め生徒指導について多くを学ぶようになり，年配の教師と比較してその指導・支援のあり方が違ってくるとも考えられる。また，最近では若い教師のみならず，年配のベテラン教師が学級崩壊を起こしている実態がある（河村，1999）。教職経験を積むほど教師の資質は高まるという認識はもてないのが現状である。

　本章では，教師が行っている登校支援を，不登校状態にある児童生徒への問題対処的な支援，不登校にならないことを意図して行われる予防的な支援，より積極的な学校適応をめざす成長促進的な支援に分類し，これを教師による登校支援の3様相（表3-1）[1]と考えた。

1　登校支援の3様相

第3章 〔研究Ⅱ〕教師による登校支援の特徴

表3-1 本研究で採用する登校支援の3様相と
石隈の心理教育的援助サービスとの対比

登校支援の3様相		心理教育的援助サービス		
教師の意図する支援内容の違い	成長促進的支援	促進的援助	一次的援助サービス	小 援助ニーズの大きさ 大
	予防的援助	予防的支援		
		二次的援助サービス		
	問題対処的支援	三次的援助サービス		

　そして，この分類をもとに，教師がどのような登校支援を行っているかを包括的に明らかにするために登校支援尺度を作成する。そのうえで学校段階や教師特性，支援の実施率および不登校のきっかけとの関係などについて検討することを目的とする。

　本章での登校支援は，教師がどのような意図によって支援を行っているかという様相に焦点を当て，成長促進的，予防的，問題対処的と分類している。学習意欲をなくすとか友だちをつくりにくいなど，特別な支援を必要とする子どもの場合と同様に，不登校も誰もが陥る可能性のある発達上の克服すべき課題であると考える。また，困難を克服することでさらなる成長が期待できるという意味において，心理教育的援助サービス（石隈，1999）のモデルと類似したものである。
　登校支援のうち，「成長促進的支援」は心理教育的援助サービスのモデルでは一次的援助サービスの促進的援助に相当し，「予防的支援」は一次的援助サービスの予防的援助と二次的援助サービスを合わせた内容に相当する。教師が不登校を視野に入れて予防的に対応するという意味でその様相としては同一の支援内容とした。「問題対処的支援」は三次的援助サービスの内容にあたり，その内容は不登校という課題への取り組みや，不登校であるがための不利益を少なくするという学校心理学的な援助内容と同じものである。

3.2 予備調査

3.2.1 登校支援を表現する項目の収集

　支援方法の項目を収集するために，教師4名（小学校，中学校，高等学校，特別支援学校の経験者各1名）を対象に，2009年6月に個別面接を実施した。登校支援尺度の作成が目的であるが，山本（2007）の不登校児童生徒に対する11の支援方法（関係維持・家族支持・校内援助源・別室登校・意欲喚起・児童生徒支持・人間関係調整・登校援助・学習指導・生活指導・専門機関連携）の効果測定の際に提示された28の具体的な項目（「電話や家庭訪問などを行った」「保健室などで過ごせるようにした」「学習の遅れをとり戻すための指導を行った」等）に，予防的支援の2項目（「普段から児童生徒の不安や心配事の話を聞いたり，相談にのったりしていた」「欠席の回数やその休み方などに注意を払っていた」）と成長促進的支援の2項目（「クラス集団のルールや役割を徹底したり，関係づくりや感情の交流を促進したりしていた」「授業の中でのグループづくり，認められる場づくり，発言のしやすさなどの工夫を行っていた」）を加えた32の支援方法項目を提示し，「不登校支援として他にどのような支援方法がありますか」と尋ねて項目収集を試みた。

　なお，予防的支援の2項目は教師が生徒指導（教育相談）的な支援を行うことが多いという判断から，また成長促進的支援はすべての学校教育活動で行われるものと考え，学校教育の2領域である生徒指導（教育相談）面と学習指導面からそれぞれ設定された（表3-2）。

第3章 〔研究Ⅱ〕教師による登校支援の特徴

表3-2 登校支援の項目収集に使用された不登校支援項目

カテゴリー	支援項目	No.	具体的支援
家庭連携支援	関係維持	1 2 3	電話連絡や家庭訪問を行った。 交換日記や連絡帳などを通して連絡を密にした。 友人を通してプリントを渡すなどした。
	家族支持	4	話し合いをしたり傾聴したりすることで、不安や焦りを抱える父母や家族を支えた。
組織的支援	校内援助源	5 6 7	相談担当や生徒指導担当の教師に援助を求めた。 養護教諭に援助を求めた。 スクールカウンセラーや相談員に援助を求めた。
	別室登校	8 9 10	相談室などで過ごせるようにした。 保健室などで過ごせるようにした。 居場所を確保するために個別の学習室を設けた。
心的支援	意欲喚起	11 12 13	行事や係活動などを活かして活躍の場をつくった。 家での趣味や運動を勧めた。 将来の夢や進路について助言した。
	児童生徒支持	14 15	傾聴することで、児童生徒を支えた。 不安や焦りを聞くことで、児童生徒を支えた。
登校支援	人間関係調整	16 17 18	児童生徒と友人との関係（学級内環境）を調整した。 児童生徒と教師との関係を調整した。 児童生徒と家族との関係を調整した。
	登校援助	19 20 21	児童生徒の送り迎えを行った。 他の児童生徒がいない時間の登校を勧めた。 目標を細分化し段階的に学校に慣らすようにした。
指導的支援	学習指導	22 23	学習について個別の指導を行った。 学習の遅れを取り戻すための指導を行った。
	生活指導	24 25	社会のルールや規則などについて指導した。 規則正しい生活をするように指導した。
専門機関連携支援	専門機関連携	26 27 28	教育センターや適応指導教室と連携を図った。 児童相談所と連携を図った。 病院や診療所と連携を図った。
予防的支援	教育相談	29	普段から児童生徒の不安や心配事の話を聞いたり、相談にのったりしていた。
	欠席への配慮	30	欠席の回数やその休み方などに注意を払っていた。
成長促進的支援	集団づくり	31	クラス集団のルールや役割を徹底したり、関係づくりや感情の交流を促進したりしていた。
	授業改善	32	授業の中でのグループづくり、認められる場面づくり、発言のしやすさなどの工夫を行っていた。

3.2.2 項目の検討

　その結果，98項目が収集され，これらについて重複や不明確なものについて筆者が精査し，64項目を得た。さらに協力者（研究者と大学院生5名）とともに，心理教育的援助サービス（石隈，1999）の分類にもとづいて成長促進的支援は一次的援助サービスの促進的援助に，予防的支援は一次的援助サービスの予防的援助と二次的援助サービスに相当すると思われる支援に，問題対処的支援は三次的援助サービスに相当する内容として分類し，全員一致をもって整理することで妥当性の確保を図った。その結果，成長促進支援6項目，予防的支援28項目，問題対処的支援11項目，合計45項目が得られた（表3-3）。

　45項目のうち，問題対処的支援や予防的支援としてあげられた項目の多くは，山本（2007）の11支援に類似している。山本（2007）の11の支援方法は不登校状態にある児童生徒への支援であるから問題対処的支援に相当するが，そのうちの10項目以上の支援方法が予防的支援28項目に含まれていた。これは，不登校状態の児童生徒に対する支援，つまり問題対処的支援が予防的支援としても行われている可能性があることを示すものである。

　また，予防的・成長促進的支援を含めた包括的な支援項目を作成したために，普段から不登校を心配して「学校生活の様子を注意深くみる」「家庭生活の様子を注意深くみる」「不登校気味の子どもの情報を得るためにいろいろな人から話を聞く」「いじめや差別は許さないという話をする」など，登校支援に限らない一般的な児童生徒理解や学級経営の側面をもった項目が含められている。

第3章 〔研究Ⅱ〕教師による登校支援の特徴

表3-3　登校支援項目

1. 欠席や遅刻早退などがなくても，子どもの学校生活の様子から不登校が心配になって注意深く様子をみることがある
2. 欠席や遅刻早退などがなくても，子どもの家庭生活の様子から不登校が心配になって注意深く様子をみることがある
3. 気がかりな子どもには積極的に声をかける
4. 欠席した子どもにはプリントや連絡帳などが必ず届くように，近所の子どもに依頼するなど配慮する
5. 保護者から欠席連絡があっても，必ず学校からも連絡して様子を聞く
6. 連続して数日欠席した場合は，家庭訪問をして様子を聞く
7. 欠席や遅刻早退が続いたりその回数が多くなったりしたときに，学年会で話題にしたり，他の教師に相談したりする
8. 欠席や遅刻早退が続いたりその回数が多くなったりしたときに，職員会で報告し全職員に事情を理解してもらう
9. 保護者から登校しぶりの情報が得られたときは，すぐに学年会や他の教師，相談員等に相談する
10. 保護者から「最近，学校へ行きたがらない」と聞かされたときは，すぐに保護者と面談し，よく話を聞くようにする
11. 不登校気味の子どもの情報を得るために，その子どものクラスや部活動の仲間から話を聞く
12. 不登校気味の子どもの情報を得るために，養護教諭や部活顧問，その他関係者から話を聞く
13. 不登校気味の子どもの様子を，学級の子どもたちにも必要に応じて説明する
14. 生活班や給食当番，清掃分担場所などを決めるときに，不登校気味の子どもがなじめるように友人関係などを配慮する
15. 不登校気味の子どもの興味や関心，得意なことなどを考慮して，学級の中で活躍できる場を設定する
16. 不登校気味の子どもと先生との関係を密にするために，交換日記や手紙，メールのやりとりなどをする
17. 不登校気味の子どもと先生との関係を密にするために，その子どもの興味や関心のある分野について勉強する
18. 学校へ行きたがらない（行けない）原因が，友人や教師との関係にあるとわかったときは，すぐに関係調整のための支援をする
19. 学校へ行きたがらない（行けない）原因が勉強の遅れ（学習困難）であるとわかったときは，個別に学習支援をする
20. 学校へ行きたがらない（行けない）原因が家庭にあるとわかったときは，家庭とよく話し合う

表 3-3　登校支援項目（つづき）

21. 学校へ行きたがらない（行けない）原因が家庭にあるとわかったときは，スクールカウンセラーや関係機関に相談する
22. 普段から子どもたちの不安や問題を把握するために，アンケート調査や相談（面接）を行う
23. 子どもたちと本音で話をしたり，相談を受けやすくしたりするために，共感的な態度に心がける
24. 子どもを不登校にしないために，学級内のけんかやトラブルがあったときにはきちんと解決する
25. 学級開きのときには，みんながなじめるように楽しい学級活動を取り入れる
26. 学級開きのときには，いじめや差別は許さないという話をする
27. 転入生があったときには，早くなじめるように人間関係に気を配る
28. 仲のよい学級集団にするために，構成的グループ・エンカウンターや対人関係ゲームなどを取り入れる
29. 学級活動は子どもたちが創意工夫できるものを考える
30. 遠足などの昼食時に，1人だけで食べる子どもがいないように配慮する
31. 子どもがはじめて眼鏡をかけてきたり髪を切ったりしたときに，からかいやいじめの対象にならないように配慮する
32. 不登校の子どもを出さないように，席替えのときに配慮する
33. 不登校の子どもを出さないように，係や当番を決めるときに配慮する
34. 休み時間や放課後には，子どもたちと遊んだり話をしたりして学級の様子を把握する
35. 朝の健康観察では，1人ひとり点呼して心身の状態を把握する
36. 授業ではどんな意見も言いやすいように，発言のさせ方を工夫する
37. 授業の中ではいろいろな友だちと関わるように，グループ学習やペア学習などを進める
38. 子どもたちの気持ちを交流させるために，授業の中で話し合い学習や表現学習を取り入れる
39. 不登校の子どもを減らすために，学校全体（職員会等）で情報交換をする
40. 不登校の子どもを減らすために，事例検討会や研修会に参加する
41. 普段から不登校等の学級内の出来事を，校長や副校長（教頭）などの管理職に相談する
42. 普段から不登校等の学級内の出来事を，養護教諭に相談する
43. 普段から不登校等の学級内の出来事を，教育相談担当者や生徒指導係などに相談する
44. 普段から不登校等の学級内の出来事を，特別支援教育コーディネーターに相談する
45. 普段から不登校等の学級内の出来事を，スクールカウンセラーや相談員等に相談する

3.3 本調査の方法

1）調査対象および調査手続き

　関東地方3県，中部地方の2県の小学校，中学校，高等学校，および特別支援学校の教師227名。その地方別分布は，表3-4に示すとおりである。

　内訳は，2009年8月に教員免許状認定講習会および教員免許状更新講習会に参加した教師に回答を依頼し，講習会終了後にその場で回答し回収したものが1県ずつ，筆者や筆者の知人から校長を通して依頼し，後日回収したものが3県である。

2）調査内容
（1）フェイスシート

　現在勤務校の校種，性別，年齢，経験年数，現在の職・校務分掌，これ

表3-4　調査協力者の構成

	小学校	中学校	高等学校	特別支援学校	男	女	20歳代	30歳代	40歳代	50歳代	合計
A県	82	9	0	29	32	88	21	52	42	5	120
B県	34	20	20	8	30	52	0	9	31	42	82
C県	8	0	0	0	2	6	2	1	3	2	8
D県	6	4	3	0	3	10	1	2	7	3	13
E県	4	0	0	0	2	2	0	1	3	0	4
合計	134	33	23	37	69	158	24	65	86	52	227

までに関わった不登校児童生徒数，不登校支援に関する研修の受講回数。
(2) 質問内容
①よく支援できたと思う事例とよく支援できなかったと思う事例の効果評定

　これまで経験した不登校支援を想定してもらい，「よく支援できた」事例と「よく支援できなかった」事例について，登校支援項目作成の際に用いられた不登校支援32項目を使用し，その支援の効果を4件法（4.「効果があった」〜1.「効果がなかった」）で回答を求めた。また，支援を行わなかった場合は，「行わなかった」の欄にチェックを求めた。さらに事例の概要を把握するために，それぞれ支援した児童生徒の学校段階，学年，性別，回答者の立場（学級担任，養護教諭等），不登校になった原因やきっかけと欠席の様子，そして支援後の児童生徒の様子について，自由記述で回答を求めた。

②不登校についての認識や経験

　これまでの不登校支援の経験や登校支援の取り組みを知るために，予備調査をもとに作成した登校支援の45項目についてについて，6件法（1.「全くない」〜6.「よくある」）で回答を求めた。

3.4 結果と考察

学校段階が無記入の7名と，その他（教育委員会勤務等）4名は対象から除外した。

3.4.1 学校段階の違いによる教師の登校支援

教師の登校支援に対する普段からの経験や取り組みを分析し，教師による登校支援が小学校，中学校，高等学校そして特別支援学校の学校段階や，教師特性などによってどのように異なるのかを，以下の観点から探索的に検討した。

(1) 学校段階（小学校，中学校，高等学校，特別支援学校）によって児童生徒の発達水準や学校のシステム（環境）が異なるので，教師が行う不登校の支援は異なるであろう。
(2) 不登校状態になってしまった児童生徒への支援に時間や労力がとられ，予防的支援や成長促進支援は，問題対処的支援ほどはあまり行われてはいないだろう。
(3) 教職経験年数や性別など，教師特性によって登校支援の内容は異なるだろう。

1）登校支援尺度の作成

まず今回調査で使用した，登校支援45項目について検討し，登校支援尺度を作成した。登校支援45項目のうち，30項目で平均値が5.0を超えており，分布に偏りが認められたが，因子構造を明らかにすることは意味があると考え，因子分析を行うこととした。本来ならば以降の分析の対

象から外すべきであるが，その多くの項目は学校教育現場の実情を知るうえでは重要と考え，分析から外すことはしなかった。

はじめに主因子法による因子分析を行った。初期の固有値は順に 13.28, 3.11, 2.33, 1.91, 1.84, 1.53, 1.46 であり，落差の大きい第5因子までの累積寄与率は 49.93％であった。内容的なまとまりを考慮して5因子構造が妥当であると考え，再度5因子を仮定して主因子法・プロマックス回転による因子分析を行った。因子負荷量の絶対値 0.4 を基準として，0.4 未満の 15 項目を削除した。残った 30 項目に対して再度主因子法・プロマックス回転による因子分析を行った。その結果，1 項目については因子負荷量の絶対値が 0.4 未満であったがそのまま採用した。プロマックス回転後の最終的な因子パターンと因子間相関，および項目ごとの平均値と標準偏差を表 3-5 に示す。

10 項目からなる第1因子は「授業の中での感情の交流」や「授業の中での友だちとの交流」などの授業づくりの面と，「集団づくりのためのエンカウンター」や「学級活動の創意工夫」などの学級づくりなどの面などに高い負荷量がみられた。これらは授業づくりや学級集団の育成，学級経営などに直接関わる内容であることから，「学級・授業づくり」因子と命名した。

7 項目からなる第2因子は，不登校の子どもを出さないように，あるいは不登校気味の子どもへの「係や当番決めのときの配慮」「不登校気味の子どもが活躍できる場の設定」などに高い負荷量がみられた。これらは子どもたちの様子に気を配り，適応に配慮する内容であることから「気になる子への配慮」因子と命名した。

5 項目からなる第3因子は，「スクールカウンセラーや相談員（関係機関）に相談する」「特別支援教育相談員に相談する」などに高い負荷量がみられた。これらは自分1人で問題を抱え込まないで，学校内の担当者や学校外の専門家に子どものことを話したり，援助を要請したりしていると考えられる。そこで，「専門家への相談」因子と命名した。

同じく5項目からなる第4因子は,「学年会や職員会での報告」「保護者との面談」「学校全体で情報交換」などに高い負荷量がみられた。学校内で相談や情報交換などで支援体制を構築したり,保護者と協力したりすることを意味している。そこで,「情報の共有」因子と命名した。

最後に3項目からなる第5因子は,「子どもの生活の様子を注意深くみる」「共感的な態度に心がける」などに高い負荷量がみられた。これらは普段からの教師としての不登校支援に対する高い意識や姿勢の問題であると考えられる。そこで,「注意深い配慮・態度」因子と命名した。

Cronbach の α 係数は,第1因子が.87,第2因子が.86,第3因子が.82,第4因子が.73,第5因子が.67であった。第5因子の値は高いとはいえないが,全体として内的整合性は高いと判断され,一応の信頼性が保証された。また,因子間相関をみてみると,第1因子と第2因子,第1因子と第4因子,第2因子と第4因子,それぞれの間に相関が認められ,第1因子と第2因子の間には.67という中程度の相関関係がみられた。

第1因子から第5因子までに採用された45の質問項目は,不登校状態にある児童生徒への問題対処的な支援だけでなく,不登校気味の子どもへの予防的な支援と集団適応を促進するための成長促進的な支援も含まれていた。そのため,山本(2007)が見出した不登校状態にある児童生徒への教師による有効な11の支援方法とは異なる分析結果となっている。例えば,第1因子の「学級・授業づくり」支援は,普段からの学級経営や授業の中で,学級活動等の集団体験を重視し,子ども同士の人間関係づくりを促進する内容が含まれている。また,教師自らが1人ひとりの子どもの様子に気を配り,学級の様子を把握しようとするなど,学級集団や人間関係の成長促進的な支援が中心になっている。

また,山本(2007)の支援方法には,他の教師に援助を求めたり(「相談担当や生徒指導担当に援助を求めた」等),専門機関と連携を図ったりするなどの支援(「児童相談所と連携を図った」等)は含まれているが,その多

表3-5 登校支援の因子分析結果

No.	[山本／3様相] ※	項　目
学級・授業づくり（α =.87）		
33	[　／成]	子どもたちの気持ちを交流させるために，授業の中で話し合いや表現学習を取り入れる。
24	[　／成]	仲のよい学級集団にするために，構成的グループエンカウンターや対人関係ゲームなどを取り入れる。
30	[　／予]	朝の健康観察では，1人ひとり点呼して，心身の状態を把握する。
32	[　／成]	授業の中ではいろいろな友だちと関わるように，グループ学習やペア学習などを進める。
3	[家／予]	欠席した子どもにはプリントや連絡帳などが必ず届くように，近所の子どもに依頼するなど配慮する。
21	[　／成]	学級開きのときにはみんながなじめるように，楽しい学級活動を取り入れる。
4	[家／予]	保護者から欠席連絡があっても，必ず学校から連絡をして様子を聞く。
25	[　／成]	学級活動は子どもたちが創意工夫できるものを考える。
29	[　／予]	休み時間や放課後には，子どもたちと遊んだり話をしたりして，学級の様子を把握する。
26	[　／予]	遠足などの昼食時に，1人だけで食べる子がいないように配慮する。
気になる子への配慮（α =.86）		
28b	[　／予]	不登校の子どもを出さないように，係や当番を決めるときに配慮する。
28a	[　／予]	不登校の子どもを出さないように，席替えのときに配慮する。
11	[登／予]	班や当番などを決めるときに，不登校気味の子どもがなじめるように友人関係などに配慮する。
12	[心／予]	不登校気味の子どもの興味や関心，得意なことなどを考慮して，学級の中で活躍できる場を設定する。
27	[　／予]	はじめて眼鏡をかけてきたり髪を切ったときに，からかいやいじめの対象にならないように配慮する。
10	[登／問]	不登校気味の子どもの様子を，学級の子どもたちにも必要に応じて説明する。
15	[指／問]	学校へ行きたがらない（行けない）原因が学習困難にあるとわかったときは個別に学習支援をする。

平均値 M	標準偏差 SD	因子				
		I	II	III	IV	V
4.83	1.14	.760	.068	－.037	－.192	.198
4.53	1.40	.696	.087	.112	－.018	－.057
4.92	1.58	.687	－.170	.080	－.234	.089
4.93	1.10	.667	.024	－.158	.029	.126
5.07	1.36	.572	－.111	－.127	.120	－.123
5.07	1.13	.567	.181	.052	.095	－.182
4.76	1.38	.535	－.085	－.007	.151	－.059
4.67	1.16	.522	.249	.138	.045	－.062
4.89	1.09	.487	－.023	－.092	.014	.234
5.52	0.89	.412	.269	－.009	.123	－.085
4.71	1.27	－.117	.955	.226	－.245	－.104
4.73	1.37	.061	.817	.162	－.251	－.112
5.14	1.14	.001	.667	－.178	.294	－.087
5.03	1.18	.049	.652	－.193	.144	.181
4.74	1.27	.103	.553	.053	－.022	.091
4.34	1.22	－.143	.444	－.097	.194	－.002
5.09	1.08	.105	.379	－.079	.192	.160

表3-5 登校支援の因子分析結果（つづき）

No.	[山本／3様相] ※	項目
専門家への相談（α =.82）		
35e	[組／予]	普段から不登校等の学級内の出来事を，スクールカウンセラーや相談員に相談する。
35d	[組／予]	普段から不登校等の学級内の出来事を，特別支援教育コーディネーターに相談する。
35c	[組／予]	普段から不登校等の学級内の出来事を，教育相談担当者や生徒指導係などに相談する。
34b	[組／予]	不登校の子どもを減らすために，事例検討会や研修会に参加する。
17	[専／問]	学校へ行きたがらない（行けない）原因が家庭にあるとわかった時は，スクールカウンセラーや関係機関に相談する。
情報の共有（α =.73）		
7	[組／予]	保護者から登校しぶりの情報が得られたときは，すぐに学年会や他の教師，相談員等に相談する。
6b	[組／問]	欠席や遅刻早退の回数が多くなったときには，職員会で報告し全職員に事情を理解してもらう。
8	[家／予]	保護者から「最近学校へ行きたがらない」と言われたときは，保護者と面談してよく話を聞く。
6a	[組／問]	欠席や遅刻早退の回数が多くなったときには，学年会で話題にしたり，他の教師に相談したりする。
34a	[／予]	不登校の子どもを減らすために，学校全体（職員会等）で情報交換をする。
注意深い配慮・態度（α =.67）		
1a	[／予]	欠席や遅刻早退などがなくても，不登校が心配になって，学校生活の様子を注意深くみることがある。
1b	[／予]	欠席や遅刻早退などがなくても，不登校が心配になって，家庭生活の様子を注意深くみることがある。
19	[心／予]	子どもたちと本音で話をしたり，相談を受けやすくするために，共感的な態度に心がける。

因子間相関

※ [ ] 内の斜線より左は山本（2007）による支援グループ。斜線より右は登校支援の3様相による分類を示す。略称は以下のとおり。
　山本による11支援方法の6グループ：家−家庭連携，組−組織的支援，心−心理的支援，登−登校支援，指−指導的支援，専−専門機関連携／

平均値 M	標準偏差 SD	因子				
		I	II	III	IV	V
3.94	1.68	−.219	.048	.739	.136	.137
4.06	1.70	.188	−.094	.717	.084	.039
4.85	1.26	−.178	.148	.629	.069	.151
4.38	1.40	.271	−.044	.498	.169	−.040
4.72	1.17	.000	−.020	.418	.186	.141
5.38	0.97	.038	−.040	.129	.727	−.094
4.72	1.32	−.011	−.092	.237	.651	−.080
5.34	1.01	.106	.009	.030	.609	−.053
5.52	0.85	−.121	−.040	.077	.584	.125
5.41	0.87	−.049	.142	.145	.507	−.007
5.17	0.83	−.015	.024	.180	−.077	.731
4.88	1.02	.071	−.152	.199	−.041	.650
5.22	0.91	.085	.216	−.078	.233	.401
II	.672					
III	.265	.278				
IV	.472	.453	.249			
V	.245	.211	.124	.313		

不登校支援の3様相による分類：成−成長促進的支援，予−予防的支援，問−問題対処的支援

くは不登校児童生徒やその家庭への直接的な支援が中心である。それに対して第4因子の「情報の共有」支援は、不登校が心配されるときのみならず、普段から不登校減少のために学年会や職員会で情報を共有して理解を得たり、保護者と面談したりするなど、学年会や学校全体が家庭と連携して組織的な対応に結びつく内容である。これは予防的・成長促進的な支援の項目を含めたことによって、回答者が組織的なチーム支援などを想起した結果であると思われる。

同様に第2因子の「気になる子への配慮」支援は、不登校気味の子どもに対していろいろなことに配慮するだけではなく、不登校の子どもを出さないように普段から配慮するといった、より積極的な予防的支援の内容となっている。つまり、「係や当番、席替えのときの配慮」(No.28a, 28b) や「はじめて眼鏡をかけてきたときの配慮」(No.27) などは学級集団づくりの基本ともいうべき項目で、成長促進的な支援に通じる内容といってもよい。第3因子の「専門家への相談」支援は、山本 (2007) の「校内援助源」「専門機関連携」に対応すると思われるが、内容的には「普段から不登校等の学級内の出来事」を専門家に相談するといった支援内容が多く、やはり予防的な支援が多くを占めている。第5因子の「注意深い配慮・態度」支援は「児童生徒支持」が対応しているが、普段から不登校支援を視野に入れての配慮や態度となっている。

2) 学校段階別の登校支援尺度の差異

実際に学校段階別にどのような支援が行われているかをみるために、作成された登校支援尺度を従属変数とし、学校段階（小学校、中学校、高等学校、特別支援学校）を独立変数とした1要因の分散分析を行った（表3-6）。その結果、第1因子尺度「学級・授業づくり」、第2因子尺度「気になる子への配慮」、第4因子尺度「情報の共有」において、4群間に有意な得点差が認められた（それぞれ、$F(3,183)=28.39$, $p<.001$；$F(3,193)=5.00$, $p<.01$；$F(3,204)=7.39$, $p<.001$）。

表3-6 学校段階ごとの登校支援尺度の平均値と分散分析結果

		全体平均 (N=185 – 212)	小学校 (N=112 – 127)	中学校 (N=26 – 30)	高等学校 (N=17 – 21)	特別支援学校 (N=3034)	F値	被験者間多重比較
Ⅰ	学級・授業づくり	4.93 (0.82)	5.19 (0.60)	4.54 (0.75)	3.69 (1.04)	5.03 (0.64)	28.39***	小＞中＞高 特＞高
Ⅱ	気になる子への配慮	4.83 (0.89)	4.90 (0.89)	4.75 (0.69)	4.09 (1.14)	5.03 (0.72)	5.00*	小・特＞高
Ⅲ	専門家への相談	4.40 (1.10)	4.39 (1.05)	4.74 (0.93)	3.92 (1.21)	4.44 (1.29)	2.24	
Ⅳ	情報の共有	5.29 (0.70)	5.39 (0.56)	5.47 (0.61)	4.71 (1.13)	5.12 (0.75)	7.39***	小・中＞高
Ⅴ	注意深い配慮・態度	5.08 (0.72)	5.12 (0.69)	5.08 (0.67)	4.86 (0.85)	5.05 (0.80)	0.81	

**p<.01　　***p<.001

　Tukey法による多重比較を行ったところ，「学級・授業づくり」得点では，小学校は中学校よりも有意に得点が高く，また，中学校が高等学校よりも有意に得点が高かった。一般的に学級担任制の小学校において最も学級集団づくりを意識した教育実践がなされており，学校段階が上がるにしたがって「学級・授業づくり」得点が下がっていくことは，学級担任制から教科担任制・コース制へと移行する学校現場の実態と一致した結果といえる。また，特別支援学校は高等学校よりも得点が有意に高く，さらに有意ではないが中学校よりも高いことから，障害等を有した子どもたちを集団で教育する場合には，「学級・授業づくり」を重視した実践がなされていることを示唆する。

　「気になる子への配慮」得点では，小学校が高等学校よりも有意に得点が高く，同様に特別支援学校が高等学校よりも有意に得点が高い。学級担任制の小学校では教育活動の大半を自分が受け持つクラスで行い，その中で気になる子への配慮を行わなければならない。また，1人ひとり異なる

障害に対応しながら子どもたちを集団として育てている特別支援学校では，すべての教育活動が気になる子への配慮を前提に行われているわけで，教科担任制・コース制等のシステムをとる高等学校とくらべて差があるのは当然の結果といえる。小学校も特別支援学校も中学校とは有意な差はなく，中学校でもそれなりの配慮をしていることが読みとれる。

「情報の共有」得点では，小・中学校が高等学校よりも有意に得点が高かった。「情報の共有」得点は，登校しぶりや欠席の情報によって，相談員への相談や保護者との面談，学年会での検討などを行うという内容であるので，義務教育ではない高等学校ではあまり行われていない支援なのであろう。しかしながら，近年では文部科学省が高等学校においても不登校生徒数を調査したり，中途退学の生徒数を減少させたりする取り組みを行うなど，生徒の学校適応に力を入れて支援をするようになってきている。また，大学における教員免許取得に必要な教職科目にも生徒指導科目が増えたのであるが，情報の共有という生徒指導や不登校支援では欠かせない支援が，高等学校においては義務教育学校ほどは行われておらず，高等学校の現場での今後の課題である。

「専門家への相談」得点と「注意深い配慮・態度」得点では，いずれも学校段階の間に有意な差は認められなかった。しかし，どの学校段階でも「専門家への相談」得点よりも「注意深い配慮・態度」得点の方が高い値を示している。

3) 教師特性による登校支援尺度得点の差異

次に教職経験年数と性による効果をみるために登校支援尺度を従属変数とし，教職経験年数（① 10年未満，② 10〜20年未満，③ 20〜30年未満，④ 30年以上）と性を独立変数とした2要因の分散分析を行った（表3-7）。その結果，第1因子尺度では経験年数と性差に有意な差がみられた。第3因子尺度と第4因子尺度では性差のみに有意な差がみられ，第2因子尺度と第5因子尺度では有意な差はみられなかった。

第 3 章 〔研究Ⅱ〕教師による登校支援の特徴

　「学級・授業づくり」において教職経験年数の 4 群間に有意な差が認められたので，Tukey 法による多重比較を行ったところ，経験年数①（10 年未満）と経験年数③（20 ～ 30 年未満）の間，および経験年数②（10 ～ 20 年未満）と経験年数③（20 ～ 30 年未満）の間に有意な差があった。中堅・ベテラン教師よりも経験年数の浅い若い教師の方が平均得点が有意に高かった。年代的にベテラン教師は学年主任や教務，研究主任等の学級担任以外の重要な校務に就いていることが考えられる。実際に，③（20 ～ 30 年未満）や④（30 年以上）のベテラン教師は，学級づくりや授業づくりに重点を置いた不登校支援よりも，「専門家への相談」得点において男女ともに一番高い値になっている。つまり，学校内外の専門家に相談するなどして，連携支援を大切に考えているように思われる。しかし一方で，河村（1999）は若い教師よりもベテラン教師の方が学級崩壊を起こしている割合は高いと指摘している。つまり，学級経営や授業づくりにそれほど力を入れなくても，ベテラン教師が新卒の頃の子どもたちは授業も学級も自然に成立していたが，今は児童の実態が変化し，かなり意図的に努力して学級集団づくりをしなければ，学級も授業も成立しないからである。こうした背景からベテラン教師ほど学級づくりや授業づくりには意欲的ではないことが推測され，ベテラン教師の若かった頃にはあまり問題にならなかった不登校児童生徒への支援においても，授業や学級づくりの得点が低いことが支持される結果となっている。

　なお，「学級・授業づくり」得点，「専門家への相談」得点，「情報の共有」得点において，女性教師の方が男性教師よりも有意に高い得点を示しており，これらの支援項目においては女性教師の方がより積極的に関わろうとしているようにみえる。

　しかし，学校段階による性別の偏りを分析したところ（表 3-8），高等学校にける男性の標準化残差が 2.3 と有意に高く，小学校の男性および高等学校の女性において標準化残差が低い傾向がみられた（$\chi^2=10.74$, df=3, $p<.05$）。このことから支援項目の性差は，学校段階の特性の違いなどによ

153

表 3-7　教職経験年数・性別による 2 要因分散分析結果

	男				女
	①	②	③	④	①
	N=22 − 23	N=11 − 12	N=23 − 24	N=11 − 13	N=41 − 45
	M (SD)	M (SD)	M (SD)	M (SD)	M (SD)
学級・授業づくり	5.04 (0.84)	5.17 (0.73)	4.50 (0.89)	4.35 (0.94)	5.17 (0.62)
気になる子への配慮	4.85 (0.79)	4.99 (0.63)	4.54 (0.80)	4.69 (0.75)	4.90 (0.82)
専門家への相談	3.87 (1.22)	4.20 (1.27)	4.08 (1.00)	4.52 (1.09)	4.29 (1.01)
情報の共有	5.06 (0.73)	4.95 (0.98)	5.14 (0.80)	5.25 (0.67)	5.26 (0.77)
注意深い配慮・態度	4.88 (0.89)	5.22 (0.77)	4.71 (0.72)	5.06 (0.68)	5.16 (0.64)

経験年数　① 10 年未満，② 10 〜 20 年未満，③ 20 〜 30 年未満，

るものとも考えられ，今後の課題としたい。

4）全体考察

　本章では，不登校状態にある児童生徒への問題対処的な支援だけでなく，不登校を視野に入れた子どもたちへの予防的支援や学級集団づくりなどを促進するためのより積極的な成長促進的支援を含んだ，包括的な登校支援の実態を明らかにしようと試みた。

　その結果，寄与率の最も高かった第 1 因子の「学級・授業づくり」には「授業の中での感情の交流」や「授業の中での友だちとの交流」などの

女			主効果			
②	③	④	経験年数	性別	交互作用	多重比較
N=19 - 30	N=40 - 47	N=19 - 23				
M（SD）	M（SD）	M（SD）	F値	F値	F値	
5.26 (0.67)	.85 (0.86)	5.04 (0.64)	5.32**	6.16*	1.01	①＞③，②＞③ 女＞男
4.95 (0.96)	4.83 (1.08)	4.95 (0.94)	0.81	1.02	0.34	
4.84 (0.77)	4.60 (1.12)	4.84 (0.94)	2.54	8.23**	0.14	女＞男
5.42 (0.57)	5.46 (0.56)	5.38 (0.77)	0.56	6.59*	0.38	女＞男
5.18 (0.71)	5.18 (0.71)	5.07 (0.60)	0.98	2.8	1.3	

④ 30年以上　　　　　　　　*p<.05　**p<.01

※多重比較では「学級・授業づくり」（①＞③，②＞③，女＞男），「専門家への相談」（女＞男），「情報の共有」（女＞男）のいずれも有意水準5％で差があった。

授業づくりの面と，「集団づくりのためのエンカウンター」や「学級活動の創意工夫」などの学級づくりの内容であることがわかった。これらは授業づくりや学級集団の育成，あるいは学級経営に直接関わる学校教育の基本的な内容であるといえる。その基本的な教育活動を不登校支援と意識して行っているとすれば，それは成長促進的な支援といってもよいのではないだろうか。子どもを取り巻く学校環境そのものを日常的に改善することによって，教師は子どもたちを不登校にしない，あるいは学校適応を促進しようとしていると考えることができる。学校現場では不登校状態の児童生徒への対応に追われ，成長促進的な支援は問題対処的な支援ほどには行

表 3-8　調査協力者の学校段階別男女構成

		性別		合計	χ^2値
		男性	女性		
小学校	度数	32	102	134	
	総和の%	14.1	44.9	59.0	
	標準化残差	− 1.4	.9		
中学校	度数	12	21	33	
	総和の%	5.3	9.3	14.5	
	標準化残差	.6	− .4		10.74 *
高等学校	度数	13	10	23	
	総和の%	5.7	4.4	10.1	
	標準化残差	2.3	− 1.5		
特別支援学校	度数	12	25	37	
	総和の%	5.3	11	16.3	
	標準化残差	.2	− .1		
全体	度数	69	158	227	
	総和の%	30.4	69.6	100	

*p<.05

われていないのではないかという予想に反する結果となった。

　また，第2因子の「気になる子への配慮」には不登校の子どもへの配慮だけでなく，不登校にしないための配慮といった内容を含み，第3因子の「専門家への相談」でも普段から不登校等の学級内の出来事を学校内外の専門家に相談するといった支援内容が多く，やはり予防的な支援の内容を含んでいる。こうした傾向は，残りの第4因子「情報の共有」，第5因子「注意深い配慮・態度」でも同様で，不登校支援尺度全体の傾向である。

　石隈（1999）は児童生徒の発達支援の枠組みとして，すべての子ども

を対象として学校生活に必要な基礎的な能力（対人関係スキル，学習スキル等）の開発を援助する促進的援助や，一日入学のように多くの子どもが出会う課題を予測して前もって援助する予防的援助を一次的援助サービスと位置づけている。また，生徒指導のあり方全般においても，困難を抱えた児童生徒への後追い的な指導・支援だけではなく，予防や開発（成長促進）を見越し，1人ひとりの援助ニーズに応じた対応が求められるようになってきている（飯野，2003；山口，2005）。

　こうした状況を考えると，不登校支援を成長促進・予防といった観点でとらえようとする，非常に望ましい傾向にあるといえるが，不登校児童生徒数の実態をみると，過去10年間は12万人前後で推移しており，けっして改善されているとは言い難い状態である。子どもたちを不登校にしない成長促進的支援や予防的支援は，教師の意識の中に浸透してきてはいるが，いまだ功を奏していない現状にある。ただし，予防的な支援はその内容をみると，不登校状態にある児童生徒への支援内容と同一のものが多く，予防的支援と問題対処的支援に明確な違いは見出しにくい。

　学校段階による登校支援尺度の差の検討では，「学級・授業づくり」支援，「気になる子への配慮」支援，「情報の共有」支援で学校段階の間に差がみられた。概して学校段階が上がるにしたがって，こうした支援の平均値が低くなる結果であったが，小学校，中学校，高等学校，特別支援学校それぞれの学校システムの実態を考えると，学校現場の現状をよく反映している。しかしながら，高等学校での不登校生徒数が5万人を超え，中途退学の問題とあわせて有効な対策を講じなければならない現状がある。学校段階が上がるにつれて教科担任制やコース制などのシステムが取り入れられ，教師による直接的介入による支援が行われにくい環境はあるにせよ，逆にそうしたシステムや環境が学級担任制をとる小学校ではできない不登校支援も可能になることがあるのではないか。例えば，自分の教室以外に居場所を求めたり，担任以外の教師に悩みごとを相談したりすることなどが考えられる。そこから多くの教師が連携して情報を共有し，多様な

支援を展開したり，小学校にはない支援体制をつくったりすることが可能になるだろう。

　教師の教職経験年数等よる支援の違いからは，年代の違いによって支援に対する考え方が違っていることがわかった。一般にベテラン教師ほど生徒指導上の課題に対して上手に対応していると思われがちであるが，若い教師ほど不登校の子どもを多く出しているとか，学級崩壊に陥っているという実態はない。特に予防的あるいは成長促進的な支援につながる学級づくりや授業づくりの内容は若い教師ほどよく取り組んでおり，最近の教師養成や研修などで子どもの学校適応について学ぶ機会が増えていることが関係していると考えられる。

　以上のように，学校心理学の考え方を参考にして問題対処・予防・成長促進といった観点から登校支援を分類し，教師の登校支援の実際をとらえようと試みた。しかし，同じ支援方法が予防的にも問題対処的にも行われていることや，日常の教育活動が不登校児童生徒への支援として意識されていることなどが明らかになったことから，登校支援を問題対処・予防・成長促進と分類することがどれほど意味あることなのかを再検討する必要がある。

　また，教師特性としてデモグラフィック的な要因だけで検討を行ったが，今後は登校支援についての教師の認知や信念，あるいは教師の対人関係能力や自己開放性などのパーソナリティを考慮した分析が必要になる。なぜなら成長促進的な支援である学級づくりや授業づくりといった日常的な教育活動は，教師の教育観や個性，得手不得手などが強く反映される教育活動だからである。

　そして，教師が1人ひとりの子どもの成長発達に合った援助ができる学校環境を整えていけば，結果的に不登校になる児童生徒は減っていくのではないかと考えられる。したがって，これまであまり語られることのなかった学級経営や授業づくりの視点から不登校問題を考え，子ども1人ひとりの成長を保証できる学校環境のあり方について考えていきたい。

なお，今回作成した登校支援尺度の妥当性については今後検討していきたい。

第4章

〔研究Ⅲ〕児童生徒の学校生活充実感を高める登校支援
——登校支援システムと学校適応を促進する集団体験

4.1 問題と目的および方法

4.1.1 問題と目的

　学力問題や生徒指導上の問題，あるいは学級崩壊等，学校が抱える問題が山積している現状において，不登校問題への対応にはそれらの問題とは違った困難がある。前者はどの教師にも関わる課題であるとともに社会的にも関心が高く，地域や保護者からも注目されやすい。それは教育委員会の関心事でもあり，その課題の解決はすぐに学校に対する要請となることが多い。したがって学校全体の課題として取り組みやすい面があり，全校研究の一環としてそれらの課題を位置づけて組織的に取り組みやすいのである。しかし不登校問題は，直接的には担任教師の責任に帰属しやすく，その解決には担任教師が学級の問題として個人的に取り組まれることが多い。つまり，自分の受け持ちの学級に不登校児童生徒がいない限り，他学級，他学年の出来事として直接的には関わりのない問題であり，地域や保護者の関心事にもなりにくい。不登校児童生徒の在籍小中学校合計の割合は58.0％（小学校44.3％，中学校85.8％）（文部科学省，2011）にも上り，どの学校でも大きな課題ではあるが，ほとんどすべてのクラスに在籍でもしていない限り，学校全体の課題として位置づけられることは少ないのである。

　しかし，受け持つクラスに不登校児童生徒を抱えた教師は，担任であるがゆえにその支援に多くの労力を費やすことが多く，自らが支えられることもないまま孤軍奮闘することになりかねない。あるいは逆に問題を子ども本人や家庭環境などに転嫁して，支援を行うことを避けてしまっても他の教師は介入できず，問題が放置されてしまうこともある。最近ではス

クールカウンセラー（以下，SC）や各種の相談員，あるいは支援員，ボランティアなど，教師以外に学校教育に関わる者が多くなり，TTや少人数学習など指導や支援の方法も多様化してきているが，教師同士が他学級に関与して直接的に不登校問題の対応に協力することは一般的ではない。逆に学級という枠を超えた協働による不登校支援を行いたいと思っても，それを阻む要因が学校の組織の中に存在するようである。

　淵上（1995）は，職務上の教師集団は疎結合システムであると説明している。つまり互いに働きかけられれば応えるが，普段は個々の孤立性と分離性が保たれていて，教師同士の結びつきは希薄な状態であるという。したがって教師集団は連携し協働するとか，チームによる指導・支援などは行いにくい特性をもっていることになる。また，八並・新井（2001）は，教師のバーンアウトの規定要因を分析した結果，教師の孤立性や管理職との葛藤という組織特性が強く作用していることを明らかにしている。こうした教師集団の特性は，学級担任がすべての権限と責任をもって教育活動を展開する日本の学校の特徴をよく説明している。しかし，特殊教育が特別支援教育に移行し，各学校には特別支援教育コーディネーター（以下，コーディネーター）が配置されるとともに，校内委員会も設置され，まさに協働による支援が始まり，学校内外で連携による支援が行われるようになってきている。不登校問題においても学級担任が1人で抱え込むことなく，教師同士が連携して組織として問題に対処する方法を考えなければならない。

　こうした連携による支援や協働による教育活動を可能にするには，教師が互いに援助を要請したり，援助を受けたりする協力関係が欠かせないが，疎結合システムの特性をもつ教師集団では，そうした援助関係をつくることは難しい。田村・石隈（2006）は中学校教師の被援助志向性（教師が同僚や専門家に援助をどの程度求めるかという認知的枠組み）を検討した結果から，教師の援助システムに必要なこととして，①援助関係に対する教師の抵抗感を低くすること，②援助関係に対する教師の抵抗感がある程度高く

ても,その教師を援助できるシステムを構築すること,の2点を強調している。このように連携して協力し合うときに大切なことは,同僚教師や専門家が一方的に介入して問題を抱えている教師を救うことではない。援助を依頼することと進んで援助に参加することによって協働関係が成立し,児童生徒への支援が展開できるのである。

　本章では,はじめに全校体制で組織として不登校問題に取り組んだ学校の事例を分析する。その過程における教師の意識の変容や教師集団の特性がどのように変革したのか,学校システムがどのように変わって登校支援となったのかを,学校心理学やカウンセリング心理学等の視点から分析し,学校全体として登校支援に取り組む意義について検討する。次に,その事例の中で学級集団づくりのために実践された対人関係ゲーム（田上,2003）の有効な活用の方法について検討し,学校適応を促進する登校支援のあり方としての可能性を探る。

4.1.2　方法

　研究3-1では筆者が勤めていたA小学校で取り組んだ登校支援の実践をまとめ直して,学校心理学やカウンセリング心理学等の視点から検討を加える。

　研究3-2では,A小学校の登校支援の一環として取り組まれた対人関係ゲームについて,学級の状態や児童生徒の課題等を詳しく整理し,ゲームを体験した児童や学級の様子がどのように変容したのかについて検討する。

　研究3-3では,これまで学会や文献等で発表されている対人関係ゲームの実践事例について分析し,そのプログラムが行われた文脈や集団の特性などとその効果について検討し,対人関係ゲームが登校支援として有効に働く条件を探索する。

4.2 すべての子どもの登校支援に取り組んだ学校の実践事例〔研究3-1〕

4.2.1 目的

　全校体制で組織として不登校問題に取り組んだ小学校の事例を，その過程における教師の意識や教師集団の特性が小学校における登校支援システムの構築にどのように作用したのかを明らかにする。

4.2.2 研究の背景

　この事例は，公立のA小学校が市の教育委員会から2年間の研究指定を受けて行われた学校での実践事例である。不登校児童への支援のあり方や，児童の学校適応を実践的に究明して，不登校児童数を減少させることが期待されていた。研究結果は研究指定の2年目に公開発表され，また実践報告（岸田，2008）として発表されているためある程度まとまってはいるが，今回あらためて当該校の許可を得たうえで記録を整理し直し，学校全体の実践事例としてまとめたものである。なお筆者は当時，A小学校に3年間在籍し，学校全体の研究主任として研究を推進する立場にあった。

4.2.3 研究の内容

1）A小学校の概要と登校支援の実態
（1）A小学校の概要
　地方都市の住宅街にあり，研究1年目（200X年）の児童数は765人，学級数26学級（各学年4学級，特別支援学級2学級）の比較的大規模校である。教職員数は41人でその内訳は校長，教頭，学級担任26人，専科教員2人（音楽，理科），養護教諭1人，少人数加配教員1人（算数の授業の他，課外活動のマーティングバンドを指導），学習習慣形成支援教員[1]3人（非常勤講師で低学年に配属），心の相談員1人（常勤で6時間／日），事務職員2人，庁務員2人，SC1人（4時間／月）である。コーディネーターは特別支援学級担任の1人が兼務していた。校区内には昔からの住人に加え新興住宅団地も多く，大学や鉄道の中核駅，文化会館などの文化文教施設，市役所や中央児童相談所等の行政・福祉施設も近い。また児童の転出入は比較的多く，年間10人ほどである。

（2）A小学校の不登校児童数と在籍比率の推移
　200X-1年には9人（在籍比率1.17％）の不登校児童が報告されており，200X年度の研究開始時にも休みがちな児童は多く，前年度を上回ることが懸念されていた。結果的には200X年度には不登校児童数は15人と急増し，この年の在籍比率は1.95％（全国平均0.34％，県平均0.47％）と非常に高くなった。過去の経緯をみると，200X-7年頃から在籍比率は全

---

[1] 学習習慣形成支援教員
　当該の県教育委員会が実施している活用方法選択型教師配置事業（選択型こまやか教育プラン）。校長がいくつかの事業メニューの中から選択し，市町村教育委員会の要望にもとづき配置が決められる。選択肢の1つとして学習習慣形成支援があり，児童数が30人を超える1・2年生の学級を対象に複数の教師を配置し，学級担任とのTTにより学習指導や生活指導，給食指導などを行うことを目的とする。

第 4 章 〔研究Ⅲ〕児童生徒の学校生活充実感を高める登校支援

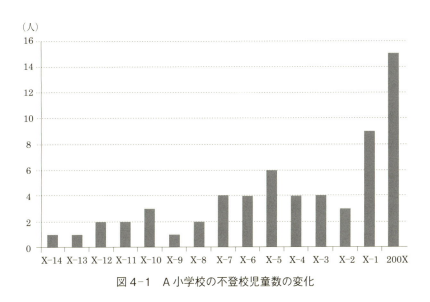

図 4-1　A 小学校の不登校児童数の変化

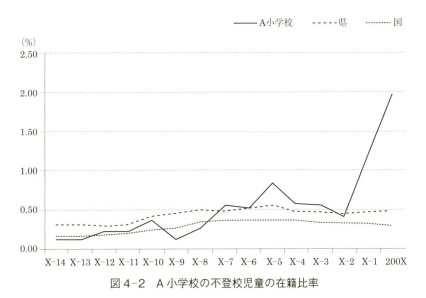

図 4-2　A 小学校の不登校児童の在籍比率

国平均を上回るようになり，200X-1年と200X年にかけて特に急増している（図4-1，4-2）。

(3) 登校支援の課題

A小学校では本研究が始まる4年前から，職員会においてコーディネーターが発達障害のある児童への支援の現状を報告していた。報告事例には発達障害だけではなく不登校や問題行動，不適応などの事例も含まれていた。また年度当初には1年生とクラス替えがあった4年生および担任が新しくなったクラスでスクリーニング・チェックリスト[2]により特別な援助を必要とする児童をピックアップしており，全学年で100人程度の児童がリストアップされていた。それを市教育相談センターの巡回相談員とコーディネーターによって精査し，担任が普段の生活の中で支援できる児童，心の相談員やSC，養護教諭等の校内の支援体制で対応ができる児童，学年会や支援会議[3]で検討したり，家庭や専門機関との連携が必要になったりする児童などに分類し，実際の支援に役立てていた。こうした情報の提供が普通にできていたのは，200X-3年からX-2年にかけて行われた，特別支援教育推進体制モデル事業[4]の指定校としての実績があったためと

2　スクリーニング・チェックリスト
　自律教育シリーズ第1集「LD・ADHD児等のための自律教育校内支援体制の手引き　みんなで支援　みんなが笑顔」（長野県教育委員会，2004）に収録されている，絞り込みのための一次精査用リスト。

3　支援会議
　不登校等の支援を要する児童を援助するための会議で，特別支援教育コーディネーターがコーディネーションを行う。担任，養護教諭，SC，相談員等の援助資源になりうる人がメンバーとなり，具体的な支援策を決め，役割分担して支援を行う。

4　特別支援教育推進体制モデル事業
　文部科学省が2003年から2年間にわたって行った47都道府県に対する委嘱事業。学習障害（LD）のある児童生徒に加え，注意欠陥／多動性障害（ADHD）や高機能自閉症のある児童生徒を含めた，総合的な支援体制の充実を図るためのモデル事業で，それらの児童生徒に対する指導のための体制整備を目的とした。

思われる。一方，学校全体の課題としては，授業が成立しないなどいわゆる崩壊状態の学級の立て直しを全校体制で行っていたり，校舎の改築工事が行われていたりと，なかなか落ち着かない実状を課題として抱えていた。

まず，登校支援研究委員会（以下，委員会）が中心になってA小学校の不登校児童への支援の課題を整理した。学年会で課題を出してもらうと同時に，管理職や事務職員を含むすべての教職員に対して個別にアンケート調査を行った。これをもとに，委員会で次の点が問題点してまとめられた。

〔登校支援および不登校児童生徒への支援の問題点〕
① 登校状態の把握の問題
  a. 不登校児童数がかなり多いと実感はしているが，過去の不登校児童数と中1ギャップの客観的な現状を把握していない。
  b. 児童がいつ，どのように欠席しているのかを一部の教師（養護教諭と管理職）だけしか知りえておらず，校内での情報の共有ができていない。
  c. 早期発見や予防的支援という意識が低く，不登校状態になってから職員会で報告されることが多く，後追い的な支援になっている。
  d. 家庭に大きな課題を抱えている児童が転入してくる事例が多く，転入前からの情報収集や受け入れ態勢の検討が大変である。
② 連携による支援体制と教師の意識に関する問題
  a. 小学校で支援できていた児童が中学校へ進学して不登校になる事例が多いのに，小中学校間で支援のための連携が全くできていない。
  b. 職員会では特別に支援が必要な児童の情報の提供はできているが，実際に誰がどのように支援しているのかわからず，学年会任せあるいはコーディネーター任せになっている。
  c. 情報を提供し合っているとはいえ，他学年，他学級の不登校問題には関心が向きにくい。
  d. 巡回相談員や，依頼によって来校する特別支援学校のコーディネーターなどの存在が全教職員に周知徹底されていないため，様々

な人的援助資源を全員で把握できておらず有効活用もできていない。
　e．コーディネーターが不登校事例までコーディネートしているが，A小学校のような大規模校では手が回らず悪戦苦闘している。
　f．学校全体として不登校などの児童に対して積極的に支援をしている雰囲気はあるが，担任によっては1人で抱え込んでいたり，保護者が担任に相談しづらくて他の教師に相談したりするなど，担任の取り組み方に温度差や食い違いがある。
③不登校問題に対する認識の問題
　a．不登校状態の子どもを支援することが不登校問題の解決と考えている教師が多く，不登校にしないために何をしなければならないかという予防的な考えが少ない。
　b．学級集団づくりを大切に考えて学級活動や人間関係づくりなどに力を注いでいる教師もいるが，そうした活動がその教師の学級経営上の個人的な考えによる取り組みに終わっている。

2）仮説

整理された問題点から，次の仮説を立てた。
(1)児童の不登校問題の現状（不登校，遅刻早退欠席，別室登校，中1ギャップ）を共通認識することで，問題の深刻さが理解でき，教師の登校支援意識が向上するだろう。
(2)チーム支援が軌道に乗って，互いに情報を共有するだけの連携から，互いに役割を担って行動する連携が可能な支援体制ができれば，担任の抱え込みが減少するとともに教師の被援助志向性も高まるだろう。
(3)関わりや協力，折り合いなどを目標とした意味のある集団体験を大切にした学級集団づくりに取り組むことで，教師の「不登校状態にある児童を支援する」という考え方が，「すべての児童の登校を支援する」という考え方に変化して，その結果，児童の学校適応が促進されるだろう。

(4) (1), (2), (3)の取り組みを促進するために, 集団づくりや集団アセスメントの研修を充実させることで, 児童の登校を支援する教師の資質が高まるだろう。

3) 実践研究の視点
(1) 児童の登校の様子の明確化
①すべての児童の欠席・遅刻早退・別室登校等の状態を明らかにする。
②現在支援している事例の原因や支援方法を精査する。
③不登校児童数の経年変化と卒業した児童の中学校での適応状態（中1ギャップの実態）を明らかにする。

(2) 支援のための組織的なシステムづくり
①日々の欠席状況を全職員が把握できるようにする。
②現在支援している事例を共通理解する（誰がどんな支援をしているのか）とともに, 各教職員の関わり方（特に自分はどう接したらよいのか）を明確にする。
③職員会でコーディネーターが情報提供するのではなく, 学級担任から児童の欠席状況を報告して共通理解する。
④連携支援を促進する（小中学校間の連携促進, 特別支援教育の分野で行っていたチーム支援を不登校支援でも行う）。

(3) 援助資源の有効活用
①援助資源の洗い出しと, その活用方法について検討する（人的資源の連携による有効活用, 物的・環境的資源の整備と活用）。
②様々な援助者のつながりをつくる。

(4) 校内教師研修や評価の充実
①登校支援の実践を振り返り評価する。
②集団と個のアセスメントの方法について研修する。
③学級集団づくりのための技法について研修する。

4）実践研究1年時の取り組みと反省

（1）研究のための組織づくり

　1年目はコーディネーターを兼務している特別支援学級担任1名，6学年の担任1名，養護教諭1名，そして筆者（2年生担任，研究全体の研究委員長を兼務）の4名という少人数で登校支援委員会が組織された。不登校問題や登校支援はすべての教師が関わる問題なので，研究メンバーの充実を図りたいところであったが，この年の研究の柱は図工（視覚放送研究全県大会），算数（教育課程研究），体育（A小学校独自の研究課題），人権同和教育（市教委指定）と重要な指定研究が多く，すべての教職員が複数の研究に関わることは事実上困難であったために，研究委員会の1つとして登校支援委員会が設置されることになった。

（2）不登校等，特別な支援が必要な児童の実態把握

　全く登校できない児童は3名（内1人は適応指導教室に通う），休みがちな不登校傾向の児童が6名，遅刻早退が多い児童が3名，別室登校（リソースルーム）2名。その他，学級になじめず他学級で授業を受け，学校生活の大半をそこで過ごしている児童や，教室を飛び出してしまう児童などが数名。不登校児童3名のうち1人は母親との関係に課題（赤ちゃん返り）があり，もう1人は怠学的な傾向をもち姉も中学校で不登校状態，そして適応指導教室に通う児童は，学習困難と怠学傾向があった。この3人の内の2名は，不登校のきっかけが風邪等の理由で1週間ほど欠席したことによる。学校を休んだという体験が，その後の長期欠席を誘引していたと考えられた。このように対人関係や家庭の問題に起因する不適応など，生徒指導上の困難を抱えた児童が多くいた。

（3）不登校児童数の経年変化と中1ギャップの実態把握

　過去14年間のA小学校の不登校児童数（年間30日以上の欠席）と在籍比率は図4-1，4-2のとおりである。一般的に学校独自の不登校児童の統計調査を行うことはなく，教職員は「大規模校だから不登校児童も多いのだろう」という程度の認識でいたと思われる。在籍比率の経年変化を知

り，あらためて不登校児童が多いことを確認した。

　いわゆる中 1 ギャップについては進学先の公立中学校の協力を得て，A 小学校の出身者全員について調査した（国立大学附属中学校へ進学したごく一部の児童は除く）。国立教育政策研究所の調査（2005）[5] によれば，中学 1 年時に不登校になった生徒の 51.3％は，小学校高学年時に長期欠席を経験しており，中学 1 年で休みがちなグレーゾーンの生徒を含めると約 70％の生徒が小学校時に長期欠席の経験者であった。この調査結果を参考にして，中学校では各学年の在校生と卒業した高校 1 年生の合計 4 学年について中学の欠席状況を調査し，小学校ではその 4 学年の生徒全員の小学校時代の 6 年間について欠席状況を調査した。調査は指導要録の出欠欄を参考にして行われ，対象児童は 500 人超であった。6 年間の欠席日数を記録するとともに，一度でも不登校になった児童をピックアップした。中学校からの情報と小学校での調査結果を照合したところ，中学校 1 年時に不登校になった 14 人の生徒のうち，8 人が小学校高学年時に長期欠席を経験しており，その割合は 57.0％であった（表 4-1）。国の調査をやや上回る結果であり，中学校との情報の共有や協力・連携した支援が必要であるという認識になった。この調査をしたことによって，中学校の校長，コーディネーター，生徒指導担当者，養護教諭などと日常的に連絡を取り合うことができるようになり，不登校問題に一緒に取り組んでいく素地ができた。

5　国立教育政策研究所の調査
　国立教育政策研究所生徒指導研究センターが，不登校生徒数が中学校 1 年時に急増することに着目して，その未然防止を図るために行った研究調査。2003（平成 15）年 8 月に『中 1 不登校生徒調査（中間報告）［平成 14 年 12 月実施分］——不登校の未然防止に取り組むために』を公表し，中学校 1 年時に不登校となった生徒の半数以上は小学校時に「不登校相当」の経験があったことなどを指摘するとともに，小学校や中学校で取り組める未然防止のための具体的な提案を行った。また，2004（平成 16）年 3 月には『不登校の未然防止に取り組むために——中 1 不登校生徒調査からわかったこと』（パンフレット）を作成し各学校に配布された。

表4-1　中学1年生で不登校になった卒業生別（過去4年間）の欠席状況

学年(調査時)	No.	欠席日数（小学校）						小学校時の状況	欠席日数（中学校）		
		1年	2年	3年	4年	5年	6年		1年	2年	3年
高校1年生	1	3	3	1	7	5	128	不調	128	152	167
	2	不登校状況なし							30	114	54
	3								105	177	192
中学3年生	4	11	6	8	14	35	84	不調	87	137	41
	5	不登校状況なし						体調不良	144	138	32
	6							心臓病・学力不振	133	137	76
中学2年生	7	11	32	11	21	100	84	体調不良	53	31	
	8	2	17	32	74	78	27	体調不良	76	13	
	9	16	31	75	33	19	48	原因不特定	157	104	
	10	5	15	21	40	50	14	原因不特定	59	47	
	11	不登校状況なし							52	35	
	12								63	25	
中学1年生	13	1	3	0	4	9	169	不調	101		
	14	4	3	10	17	9	47	不調	62		

※当該年の9月末現在の数値。

（4）支援者のつながりをつくる

　学校外の専門機関の協力が必要な事例が多く，連携支援を日頃から心がけてはきたが，これまでの連携支援の問題点に気づかされる事例があった。

　養護施設で育ち，小学2年からはじめて母親と同居するのにともないA小学校に転入してきたI子が，学校を休みがちになり，母親との関係づくりも難しくなってきた。母親は担任を信頼してはじめての子育ての相談をしてきたが，I子にとっては母親と生活を始めるとともに転校を余儀なくされ，非常に不安定な状態であった。児童相談所を通してI子が以前入

第4章 〔研究Ⅲ〕児童生徒の学校生活充実感を高める登校支援

表4-2 I子の支援のために開催された要保護児童対策地域協議会（参加者）

参集機関	学校 （7名）	公的な福祉保健機関 （6名）	民間機関 （2名）
参加者の内訳 （合計15名）	校長，担任，SC，巡回相談員（特別支援学校コーディネーター），特別支援教育コーディネーター，登校支援研究委員長（筆者）	児童養護施設指導員2名 児童相談所相談員1名 市児童福祉課の担当者（要保護家庭の支援）とカウンセラー各1名 保健所の保健師1名	母親がかかっている民間病院（精神科医）のカウンセラーと巡回看護師各1名

所していた児童養護施設の指導員に協力を依頼したところ，児童相談所の相談員から要保護児童対策地域協議会[6]を開催することを提案された。どんな機関や人が関わっているのか当日までわからなかったが，総勢15名の関係者がI子と母親のために関わっていることがわかった（表4-2）。身内や友だちなども含めて支援の様子をまとめたのが図4-3のリソースマップである。

　学校だけではなく，福祉関係や保健関係そして行政と民間の病院までも含め，多くの支援者がいたことを互いにあらためて認識し，児童相談所を

6　要保護児童対策地域協議会
　児童福祉法改正法（2004）により策定された，虐待や非行児童等，保護を要する児童を地域の関係者が連携して支援するための協議会。本協議会においては，地域の関係機関等が子どもやその家庭に関する情報や考え方を共有し，適切な連携のもとで対応していくこととなるため，以下のような利点があるとされている。
　①要保護児童等の早期発見，②迅速な支援，③各関係機関等の連携による情報の共有化，④関係機関の間で役割分担についての共通理解の促進，⑤それぞれの機関の責任者の明確化等。その他，関係機関が同一の認識のもとに役割分担しながら支援を行うため，支援を受ける家庭にとってよりよい支援が受けられやすくなり，それぞれの機関の限界や大変さを分かち合うことができる。協議会の設置主体は都道府県および市町村であり，その構成は福祉，保健医療，教育，警察司法，人権擁護その他，ボランティア団体，NPO，民間団体と幅広い。2007（平成19）年段階で85％の市町村に設置されたが（厚生労働省），その運用は自治体によって温度差がある。文部科学省事業とは異なり，教育委員会や学校においては協議会の存在自体が周知されていない場合も多いようである。

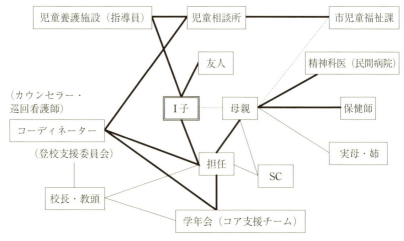

図4-3 I子の支援のための人的リソースマップ

除いては，それぞれの支援者（機関）が全く互いの存在を知らなかったことに驚かされた。そこでまず，それぞれの立場とどのようにI子親子と関わっていて，どのような困難な状況を支援しているのかを情報交換した。その際，それぞれの立場の権限や可能な支援などについても確認し合った。

この事例では，各機関がそれぞれの立場で懸命にI子親子を支援していることはよく理解できたが，最も大きな課題は支援全体をとりまとめるキーパーソンがいないことであった。つまり，母親はそのときどきの事情や気分で都合のよいところに相談に行っていたのである。そこで，家庭に最も介入できる保健師がキーパーソンになって，これからの支援のコーディネーター役を担うことになった。しかし，保健師がこれだけの機関とつながることは困難であり，何をどのように連絡調整するか限定的に決めることになった。この事例がきっかけになって，学校内および関係機関との顔の見える関係づくりの必要性を認識した。そこで，あらためてA小学校の登校支援に資することのできる人材（人的援助資源）を洗い出

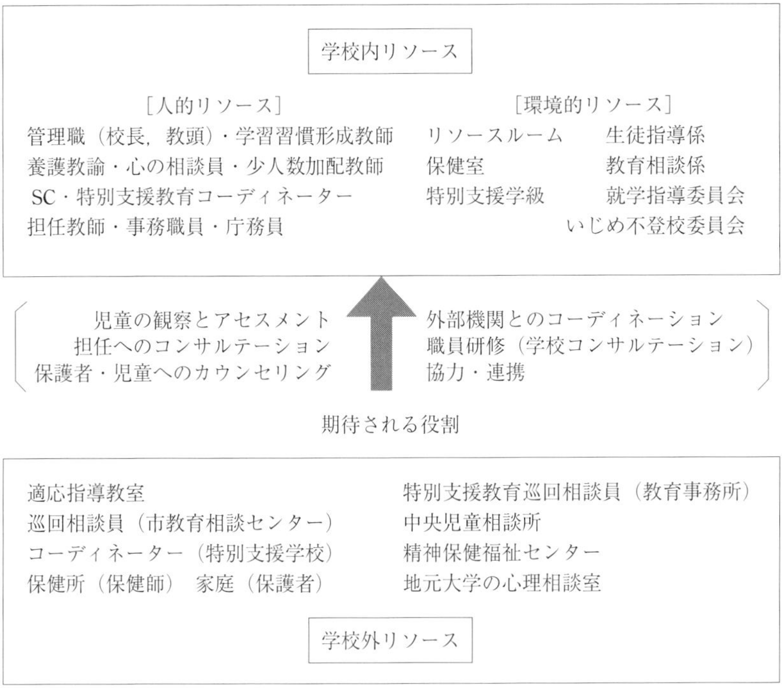

第4章　〔研究Ⅲ〕児童生徒の学校生活充実感を高める登校支援

```
┌─────────────────────────────────────────────────────┐
│                    学校内リソース                      │
│     ［人的リソース］              ［環境的リソース］      │
│ 管理職（校長，教頭）・学習習慣形成教師  リソースルーム   生徒指導係  │
│ 養護教諭・心の相談員・少人数加配教師    保健室        教育相談係   │
│ SC・特別支援教育コーディネーター       特別支援学級     就学指導委員会 │
│ 担任教師・事務職員・庁務員                        いじめ不登校委員会 │
└─────────────────────────────────────────────────────┘
  ⎰ 児童の観察とアセスメント      外部機関とのコーディネーション ⎱
  ⎱ 担任へのコンサルテーション    職員研修（学校コンサルテーション）⎰
    保護者・児童へのカウンセリング  協力・連携
                    期待される役割

┌─────────────────────────────────────────────────────┐
│ 適応指導教室              特別支援教育巡回相談員（教育事務所） │
│ 巡回相談員（市教育相談センター）   中央児童相談所                │
│ コーディネーター（特別支援学校）   精神保健福祉センター          │
│ 保健所（保健師）　家庭（保護者）   地元大学の心理相談室          │
│                 学校外リソース                        │
└─────────────────────────────────────────────────────┘
```

図4-4　A小学校における登校支援の援助資源

し（図4-4），関係者が一堂に会するA小学校登校支援連絡会を年に2回行うことになった。それによって，これまではコーディネーターや直接的に支援を受けている担任教師しか知らなかった巡回相談員や適応指導教室の指導員，スクールカウンセラーなどがA小学校の教職員に知れわたり，支援がやりやすくなった。また，学校に関わっている各種支援者を児童や保護者に周知することで，学校の登校支援能力が向上することが期待された。具体的には全校集会における児童への紹介，リソースルームだよりの発行，学校だよりや保健室だよりでの紹介，PTA新聞や研修会での講演などが活用された。また，SC（半日／月）や巡回相談員（1日／週）などは，それまでは来校しても該当の児童や教師に関わるだけだったので，少

しでも時間があれば，職員室で教職員と一緒にお茶を飲んで歓談したり，時にはクラスに入って給食を一緒に食べたりして，顔の見える関係づくりに務めた。

(5) 欠席状況の把握と共通理解

① WEB 保健板の活用

　　毎日の欠席状況や健康状態は学級担任から養護教諭へ伝えられ，養護教諭が全校をとりまとめて教頭と校長に報告していた。学級担任は1校時開始までに保健室に紙ベースの保健板（欠席，遅刻早退，健康観察の確認記録表）を届け，養護教諭は数値だけをまとめて報告するシステムであった。しかし，全校体制で登校支援を行うには児童の登校状況に対する教師の意識を高めることが必要であり（岸田，2008），このシステムでは全校教職員が登校状況を確認することができないため，教職員が全校の児童の登校状況に関心をもつことは少なかった。また，保健板がすぐに集まらないと昼頃まで集計ができないことも多く，効率的なシステムではなかった。そこで，すべての教職員が児童の登校状況を知ることが可能なWEB保健板[7]の導入を検討した。そこで，各教室に1台のPCを常備することで，いつでも欠席等の入力ができるようになり，誰もがすべてのクラスの1人ひとりの登校状態をチェックすることができるようになった。なお，このシステムは指導要録の様式にも対応しており，学級，学年，全校の欠席，遅刻，早退はもちろん，インフルエンザ等の罹患者数を市内の学校ごとにチェックすることも可能であった。欠席者数をグラフ化して職員会で配布するなどの活用も行われた。

7　WEB 保健板

　　毎日の児童生徒の出欠席や遅刻早退あるいは健康状態のチェックする表を，A小学校の地域では保健板と呼んでいる。毎朝，学級担任がチェックを行い，保健室で養護教諭が集約し，全校の出欠や健康状態をまとめて管理職に報告するシステムである。これを市教育委員会のサーバー上に置かれた電子保健板（WEB保健板）で市内のすべての小中学校が情報を共有するように整備されていたが，当時はまだあまり活用されていなかった。

②連続3日欠席の確認と報告

　欠席状況を誰もが把握できるシステムができたので、欠席についての報告・連絡・相談を有効に行うことが必要になってきた。欠席状況を把握する意味は、欠席日数の確認だけではなく、休み方の規則性（週明けはよく休む、五月雨的に休むなど）の発見と休み始めに気づくためであると考え、「連続3日欠席したら学年主任に報告し、学年主任はコーディネーターに報告する」ように担任教師に要請した。欠席の理由の如何を問わずに、3日連続の欠席がポイントであると考えた。

③早期発見と情報の共有

　職員会では協議に入る前に生徒指導報告の時間を設け、すべてのクラスから連続3日欠席の児童、長期欠席児童、個別の支援を行っている児童等の報告を行うことになった。委員会が特に重要と考えたことは、「連続3日欠席したら学年主任に報告し、学年主任はコーディネーターに報告する」というシステムを登校支援のために有効に活用することである。ここで大切なことは、「欠席は理由の如何を問わない」ということである。これまでの不登校の支援では、「風邪で休んでいるだけだから不登校ではない」という思い込みが教職員の中にあり、報告が遅れることがあった。学校を休むという経験が不登校につながりうるという認識をもつことで、予防的な支援につなげたいと考えた。

　職員会での報告時に教師各自がPC上で各クラスの保健板を確認することと、やはりサーバー上にある学級ガイダンス写真で当該児童の顔を写真で確認して、様々な情報を交換するようにした。

(6) 学級集団アセスメント「Q-U」の活用

　学級の1人ひとりの児童が学級集団にどのように適応しているかをみるために、「学級集団アセスメント　Q-U」[8]アンケートを導入し、年2回

8　Q-U（Questionnaire-Utilities）
　「いごこちのよいクラスにするためのアンケート（学級満足度尺度）」と「やる気のあるクラスをつくるためのアンケート（学校生活意欲尺度）」の2つの尺度からなる心

（5月と11月）実施した。このテストは簡単に行うことができるが，その結果を有効に活かすことが難しい。よい結果が得られないと，その数値だけから学級経営に対して自信をなくしかねない。また，担任の指導力が問われる面もあるので，実施しても互いに公表しづらいことが懸念された。そこで，Q-Uの活用法についての研修会を行い，結果をその後の学級経営や生徒指導に活かすこととした。

（7）登校支援シートの開発と活用

　事例検討に必要な情報を蓄積するための登校支援シートを開発した。担任や学年会，委員会などで支援が必要と判断された児童のシートは必ず作成され，学校のサーバー上に管理された。よって，A小学校の教職員はいつでも誰でもが見ることができ，児童の情報を確認したり，支援会議や学年会などで活用されたりした。また，活用にあたっては情報の漏洩等に気をつけるとともに，知り得た個人の情報を学校の外に漏らしてはならないという，集団守秘義務の徹底を図った。シートの内容で特徴的なことは，以下のとおりである。

①登校状態の記録は月ごとの欠席日数に加え，遅刻・早退と別室登校（適応指導教室や保健室など）も記録した。遅刻，早退，別室登校は欠席日数0.5日としてカウントされ，全欠席日数に加えられた。学校にちょっとでも来れば不登校にカウントされないという，手続き上では見過ごされがちな欠席状態をより正確に把握しようとするものである。

②クリーニング・チェックリストやQ-U，知能テスト等のアセスメント情報を記入した。

③本人の特性を理解するための21項目（「こだわりがある」「コミュニケーションが苦手」など）を掲げ，選択式で簡単にチェックするようにした。

理検査。子どもたち1人ひとりについての学級適応や学級集団全体の状態が理解でき，その結果を活用して学級経営の方針をつかむことができる。

④本人の自助資源を活用するために，興味関心やできていることなどの情報を必ず記入した。

⑤記入の負担を軽減するために，指導記録の欄は学期ごとに記入するようにして，各学期末に記入するだけとした。

また，日々の支援の記録ができるようエクセル形式のこのシートには，記録シートも附属しており，任意で活用することができ，さらに学級ガイダンス写真も同ファイル上にあるため，学級担任以外でも本人照合がすぐ可能になった。

(8) 援助資源チェックシートと援助チームシートの活用

市販の「援助資源チェックシート」と「援助チームシート」[9]を購入してサーバー上に置き，実際の支援会議や学年会での検討のときに活用した。援助資源を多面的に探索できること，支援の方針や支援チームメンバーの役割を明確にすることができ，A小学校の登校支援の実践方針に合致していた。

(9) 1年時の反省と課題

様々なシステムや支援アイテムの導入を試みたが，教師には説明を丁寧に行ったことと，実際に利用しながら導入していったので，非常にわかりやすく受けとめられたことで，大きな抵抗や反発もなく導入が可能であった。しかし，すでに欠席しがちな状態であった10数名の児童への支援は困難であり，新しくつくりつつあったシステムがすぐに功を奏することはなかった。肝心なことはシステムをつくることではなく，そのシステムを具体的な支援にどのように活用して，より有効的な支援を行うかということである。ただ，委員会を研究の柱の1つに位置づけたことで，毎週行

---

9 「援助資源チェックシート」と「援助チームシート」
　『石隈・田村式援助シートによるチーム援助入門　学校心理学・実践編』に紹介されている，チーム援助を行うためのシート。援助を必要とする児童生徒の情報を共有したり，これまでの取り組みを整理したりして，これからの援助の目標と具体的な援助方法を決定するために活用される。

われる研究会の機会が確実に保障され,委員会メンバーの間では様々な情報交換と支援策の検討を行い,いわゆる特別支援教育で行われるところの校内委員会としての機能を果たすことができた。しかし同時に,他の研究委員会が開催されているため,本委員会以外のメンバーはその時間に検討会に参加できず,実質的な検討は別の日に行われる学年会に委員が参加して行われることが多かった。

5) 実践研究2年時の取り組みと反省
(1) 実践方法の修正
1年時の反省と課題から,2年時は次のような具体的な実践が必要であることが確認され,職員会で報告された。

①不登校状態にある児童については必ず支援チームを立ち上げ,チームメンバーが具体的な支援策を役割分担して取り組むこと。また,定期的に支援会議を行うこと。

②新しいシステムは児童の登校を支援する,成長促進的あるいは予防的な側面が強いが,いわゆる不登校状態にある児童への支援にどう活用するか検討すること。

③児童の「欠席」に敏感になって,立ち上げたシステムを有効に活用して情報の共有を進めること。特に毎週行われる学年会では児童の様子を報告する機会を必ずとること。

④支援会議を有効に行うために,アセスメントを重視した事例検討会の方法研修を行うこと。そこには登校支援アイテムとしての各シートやQ-Uの研修会を含めること。

⑤すべての児童の登校を支援するために,日常的な教育活動(授業,特別活動,学級経営等)における集団体験を大切に考えた実践を行うこと。

職員会全体での確認をもとに,研究2年時の課題を次の2点に整理した。

①新しいシステムやアイテムを活用した不登校児童への効果的な支援の取り組み。
②学校適応を促進するための予防的・成長促進的支援の探求と実践。
なお，2年時の委員会メンバーは各学年から1名が必ず入ったため，全学年の情報が入りやすくなった。そこにコーディネーターと養護教諭が入って，8名で構成された。

(2) ネットワークによる支援体制
①ヒューマンネットワーク
　発達障害や不登校，その他生徒指導上の問題の取り組みをコーディネーターが中心になって支援会議を開いてきたが，欠席しがちな児童がいても担任が黙っていれば実態を把握することが難しく，実態が明るみに出ても担任が問題意識をもたなければ同僚教師が問題として取り上げることは難しい状況があった。しかし，問題の把握は学年会や職員会での報告の他，WEB保健板や登校支援シートなどで誰もがどのクラスの情報も得ることができるようになったことで，予防的な対応が話題になることが多くなってきた。実際の支援でも，担任以外の教職員が役割を担ったりして，協力することも多くなってきた。しかし，問題を抱えた教師の中には学年会でもあまり児童の様子を語ろうとしない様子がうかがえ，引け目を感じたり問題を指摘されたりすることを気にかけているのではないかということが懸念された。
　そこで，委員会メンバーが中心になってどの教師にも声かけを展開することにした。ねらいは「どのクラスの児童でもみんなが気にかけている」「1人で抱え込まなくてもいい」というメッセージを伝えること，そして必要に応じて実際に支援チームを結成して解決に乗り出すこと，チーム支援をやってよかったという体験を実感してもらうことであった。教職員同士が助け助けられる関係でつながり合えるヒューマンネットワークづくりをめざした。具体的には，「先生のクラスの○○君，最近欠席が多いようだけど，どうなの？」「○○さんは，その後元気に登

校しているようだね。リソースルームが気に入っているのかな」といった具合である。委員会のメンバーが自分のクラスの情報を学年会や職員会に進んで出して支援の協力を要請するなどして，チーム支援の雰囲気づくりを展開した。実際に，筆者を含む委員会メンバー自身が自分の学級のQ-Uの結果を公表して学級集団づくりの意見を求めたり，授業を公開して多くの同僚教師に参観してもらったりした。こうした活動を展開することで，同僚や管理職，専門家などに援助を求めることは悪いことではなく，教師としての評価を下げるものでもないこと，支援を要請できることがチーム支援では大切であることなどについて，理解してもらうことがねらいだった。こうした活動によって，教職員の被援助志向性は徐々に高まっていったと思われる。

②複合型コーディネーション

学年4クラス，特別支援学級を含めると全校で26学級もある大規模校のコーディネーション活動を1人のコーディネーターが行うことは不可能に近い。委員会の中には各学年の代表者がいるので，その中から低学年，中学年，高学年のサブ・コーディネーターを選出し，もともとのコーディネーターはチーフとして全校を統括する役割とした（図4-5）。統括の実質的な仕事は委員会で行われた。委員会は研究委員会として位置づけられているので，一般の校務分掌（生徒指導委員会など）と違って，毎週必ず時間が確保されており，かなり有効な運営方法となった。

また，これまでは支援チームといってもそのメンバーは，担任と養護教諭とか，担任と学年主任と巡回相談員といった少人数でのチーム（コア・支援チーム）であったが，必要に応じて学年会全体とそこに教頭が入ったり，養護教諭やSCが関わったりする拡大支援チームができるようになった。また，専門機関や保護者がメンバーになるネットワーク型の支援チームなども結成されることが可能になった（図4-6）。前出の要保護児童対策地域協議会などは，ネットワーク型の支援チームといっ

第4章 〔研究Ⅲ〕児童生徒の学校生活充実感を高める登校支援

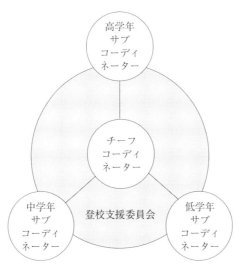

図4-5　複合型コーディネート

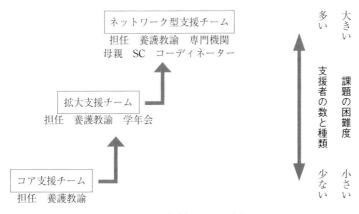

図4-6　支援チームの例

てよいだろう。つまり，ネットワーク型とは1つの事例について学校内でのチームと専門機関内のチーム，家庭でのチームなど，複数のチームが連携している状態である。あるいは学校内であっても不登校の児童に対する支援チーム（担任，養護教諭，学年主任等）とその保護者に対する支援チーム（SC，担任，教頭等）が合同で支援を行うなど，多様なかたちが行われるようになった。

(3) 集団づくりを促す成長促進的支援

委員会ではどの子にも居場所，生きがい，存在感が感じられる学級集団づくりが登校支援の基本であるという考えのもと，人間関係を促進するための個へのアプローチ，集団へのアプローチそして個と集団との関係へのアプローチについて整理した。基本的な考え方は子ども同士の関係，子どもと教師の関係の改善である。日常的な取り組みを見直したところ，個へのアプローチとして教育相談の充実（児童や保護者への対応），友人関係への丁寧な介入（交流，協力，役割分担，折り合い等），教師と児童のリレーションづくり（声かけ，遊び，日記，給食や清掃等の活動）を，また学級集団へのアプローチとして授業でのグループ体験や交流（対話や討論のある授業展開，学び会い，認め合い），学級活動の充実（人間関係づくりを意図した活動，集団の目標・役割・ルール・心の交流を意図した活動の展開），そして集団づくり技法の活用（対人関係ゲーム，構成的グループエンカウンター）などが課題として浮かび上がってきた。

委員会を中心にこれらの課題を話し合ったところ，特に大切にしたのが日々の授業を人間関係づくりの視点から見直したことである。不登校児童が教室にいないことを前提に授業を展開するのではなく，いることを想定して授業を進めることで『先生は〇〇君のことを忘れてはいない』というメッセージをクラス全体に伝えることになり，不登校児童も学級集団に位置づけられ，疎外されることがなくなるはずであると考えた。具体的には配布するプリントを全員分用意して，不登校児童のプリントは隣の児童がきちんと机にしまう。グループ学習で机を寄せるときは不登校児童の机も

一緒に寄せる。教師が発問したときに「〇〇さん（不登校児童）なら，何て答えるだろうね」などと，たまに全員に投げかけてみることなどである。また，対話（話し合い）や討論の授業を多く仕組むことで子ども同士の交流を図り，「論は否定しても人は否定しない」こと，アサーティブな対応を徹底すること，グループ活動を取り入れた授業を展開して交流，協力，助け合い，折り合い，認め合いといった，良好な関係の育成に必要な対人関係スキルを授業の中で育むことなどが議論された。

(4) 対人関係ゲームの研修会と実践

　構成的グループエンカウンター（國分，1992）や対人関係ゲーム（田上，2003）を学級集団づくりのために実践している教師が何人かいたので，その教師を講師にして集団づくりについて職員研修会を全体で2回，有志で数回実施した。また，研究授業としても取り組んだり，11月に行われた人権教育月間の参観日では，多くのクラスで対人関係ゲームの実践を行うなどした。こうした学級集団づくりはすべての子どもを対象にした成長促進的支援であり，その支援レベルは一次的支援であることを確認し合った。また，学級が集団として成立する条件として，①組織全体の目標があること，②ルールがあること，③全員に役割分担があること，④児童の間（担任も含めて）に感情の交流があることの4つを共通理解した。

　特に対人関係ゲームは，運動反応（運動，声出しなど）と情動反応（嬉しい，楽しい，ワクワクドキドキなど）をあわせもつ「遊び」によって，それらの反応と両立しない不安や緊張を低減しようとする楽しい集団体験（ゲーム）である。対人場面や集団場面で不安や緊張が高いとうまく人と関われず，自分はだめだ，できないという思いになってしまう。それは集団になじめない特定の子どもの問題だけではなく，そういう子どもを迎え入れる集団（仲間）の問題でもある。つまり，「久しぶりの登校は緊張する（不登校児童）」「久しぶりに登校した仲間とどう接すればよいかわからない（学級の仲間）」という不安な気持ちが双方に起きるのである。したがって，対人関係ゲームは基本的にワクワク・ドキドキして楽しい遊びを

通して,「関わることができた」「一緒に活動できた」, そして「楽しかった」「友だちの役に立てた」という意味のある体験によって,集団適応を図ろうとするものである。

(5) 学級集団アセスメント「Q-U」の解釈と活用の研修会

Q-Uは「楽しい学級生活を送るためのアンケート」と「学級生活を充実させるためのアンケート」からなり,特に前者は児童がそれに答えることによって承認得点と被侵害得点を縦軸,横軸にとり,その得点によって「満足群」「非承認群」「侵害行為認知群」「不満足群」のいずれかにプロットされるものである。1人ひとりの学級適応状態がわかるとともに,児童同士の関わり方がわかり,それを学級経営に役立てることができる。Q-Uは以前から一部の学年で実施していたが,登校支援研究の一環として200X年から全校で行うことになったものである。しかし,実施するのは簡単であるが,結果だけをみて一喜一憂したり,自分の学級経営に自信をなくしたりする教師が多かったため,解釈と活用の仕方について研修が必要であった。研修を通してその有効性が理解できると同時に,実施することへの抵抗感がなくなっていったようである。

(6) リソース探しと有効活用

支援会議や学年会では,原因追及よりもその児童ができていること,やれていることに注目した。また,その児童を支援できる人は誰か,どのような場面で支援できるのか,あるいはどのような環境（場所等）なら登校できるのかといった,本人の自助資源,周囲の人的資源,環境資源に注目して,「どこでも,誰でもリソース」を合い言葉にして支援策を考えた。リソース探しには「援助資源チェックシート」や「登校支援シート」を活用し,支援対象の児童それぞれのリソースマップ（図4-3参照）を作成した。それによって,誰でもがどのような援助資源をもっていて,それがどの程度有効なのかがわかるとともに,どこに支援不足があるのかもわかるようになった。また,原因追及よりもリソースの考え方が浸透してくると,「あれもできない,これもできない」という思いが,「これなら支援で

きるかも」という考え方に変わることが多かった。また，隣のクラスの先生にはなついていて抵抗なくそのクラスに入れる状況なら，そのクラスの先生に面倒をみてもらうことも許容できる雰囲気ができつつあった。実際に，給食以外は隣のクラスで授業を受け，生活して，卒業まで登校を続けた児童がいた。このようにリソースに着目することで，支援の考え方の幅を広げ，これまでにない支援が展開されるようになった。

（7）全クラスの授業公開と対人関係ゲームによる研究発表会

200X＋1年11月に2年間の研究発表会が行われた。授業研究会ではないので，どのような発表内容にするか検討が必要であった。委員会では全校の教職員の負担を軽減しようとして，委員長が研究発表をするという提案をしたが，多くの教師の意見によって全クラスの授業公開をすることになった。つまり，日常的な教育活動，特に授業における登校支援が大切なのだから，普段の授業の中でどのような登校支援を行っているかをみてもらうという趣旨である。そこで，全クラスが普段の授業を2時間公開した。例えば，算数の授業でグループ学習のときに休んでいる仲間の机も並べる姿，いじめられていた児童が先生に支えられて発言する姿，仲間とのコミュニケーションがとりづらい児童が，言葉を必要としないゲームで上手に友だちと関わる姿などを，意図的に授業の中で行ったわけである。また，4年生の1クラスが学級活動で対人関係ゲームを行い，それを全校公開研究授業とした。発達障害で特別支援学級に入級している子や，ちょっと人と変わった行動をすることが多く，場の雰囲気を察することが苦手な子，あるいはすぐに手が出てしまい，やや暴力的でけむたがられている子などが本時では研究の対象児となった。終了後の研究会では，ゲームを通じて友だちと関わる楽しさを味わい，関わることに自信をもった姿や，折り合いをつけたり協力や連携をしたりするなど，多くの意味ある集団体験の場面が見受けられたことが報告された。研究の対象になった子どもにとってだけではなく，その子たちを受け入れているクラスの仲間たちにとっても，関わり方を学ぶよい機会になったのである。

4.2.4 全体考察

1) 不登校問題の現状理解と教師の登校支援意識について

　A小学校の過去の不登校児童数や中1ギャップの客観的データを調査して全教職員で共有したことで，不登校児童の多さや，急増している現実を理解できた。また，児童の欠席に敏感になって共通理解すること，中学進学後の学校適応の状況に関心をもち，中学校と連絡をとりやすくなったことなどは，大きな前進であった。また支援会議を経験することで，学級担任が1人で抱え込まないで，支援メンバーが役割分担して支援をすること，協力することの意味を理解し，多くの教師の被援助志向性も向上していった。

　例えば，学級担任が通勤途中で不登校児童の家庭を訪問する際に，どうしても朝の学級活動に遅れてしまうので，同学年の隣のクラスの担任にちょっと指導に入ってもらうとか，担任は母親とどうしてもそりが合わずに面談が難しいときに，養護教諭に母親対応を依頼するなど，支援チームのメンバーがそれぞれの支援の役割を分担して協力し合うことが普通に行われるようになった。他学級で過ごしていた児童についても，その状態が仕方のないものとしてとらえるのではなく，他学級での生活や学習を教職員も学級の児童も保護者もみんなが認めることで，登校支援になっているという前向きなとらえ方になったのである。保護者の間にもこうした学校の支援システムやその姿勢は理解されるようになり，例えば夕方に相談に来た父親が，担任がすでに退勤した後であることを知ると，「私でよければうかがいます」と申し出た同学年の他の教師に相談をし，その教師もきちんと面談内容を担任に引き継ぐことができたという事例がある。教職員の中で最も多く聞かれた声は，コーディネーターや学年の先生に相談しやすくなったという感想である。委員会としても明らかに教職員の集団の質がよい方向に変化していることを実感できたのである。特に，研究発表

会の内容を職員会で検討し，全クラスの授業公開にしたことは教職員の登校支援意識が向上した結果である。こうした変容は支援会議だけの効果ではなく，3日連続の欠席は報告するとか，ネットワーク型のコーディネーション，各種の登校支援アイテム（登校支援シート，援助資源チェックシート，WEB保健板等）の開発や活用により，不登校児童をどのように支援したらよいのかが具体的にわかるとともに，すべての子どもの登校を支援する方法とその意味が共通認識されたためである。

また，A小学校に関わっている教職員，SC，心の相談員，巡回相談員らと学校以外の専門機関との実質的な連携支援が動き出したことは大きな成果であった。特に要保護児童対策地域協議会の開催を機に始まった，A小学校登校支援連絡協議会の定期的な開催によって，すべての支援者が顔を合わせて支援できるようになり，それぞれの役割を理解しながら，連携がとりやすくなった。

2）学級集団づくりと登校支援

対人関係ゲームの実践事例や職員研修会での体験，さらには研究授業での実践などから，学級集団づくりへの意識が高まるとともに，集団づくりを通して児童の学校適応が図られて，それが登校支援につながることがわかった。この実践が，取り立てて集団体験の授業を行うだけではなく，普段の授業の改善によって不適応を起こしやすい児童や不登校になっている児童も，学級集団に位置づけることができるという共通認識になったことは大きな成果であった。対人関係ゲームの実践や職員研修会での体験が，教職員同士のつながりを強めることにもなり，そこに委員会メンバーが意識して同僚に声かけをしていったことで，教職員間に連帯や信頼の意識が育ったためである。

3）登校支援委員会の位置づけ

登校支援委員会は校内研究委員会の1つとして位置づけられたが，全

校体制を築いていくためには，単なる一委員会では難しいのではないかと思われた。特に全教職員が関わるシステムづくりのためには，職員会で同意を得る必要もあり，全校の情報を集めたり，強い意志決定をしたりするためには，管理職がメンバーに入るべきではないかという意見もあった。こうした危惧があったにもかかわらず，何とか全校体制が構築できたのは，次の2点が考えられる。

　①登校支援委員会が特別支援教育で求められている校内委員会の機能を果たしたこと。つまり，委員会では実際の不登校児童の支援について検討し，必要に応じて支援チームにアドバイスしたり，委員会から学年会に働きかけて，学年会中心の拡大支援チームを結成したり，外部の機関との連携においてその実務を担ったりしたことが，すべての教職員から支持を得た要因だと考えられる。

　②登校支援のシステムづくりだけでなく，学級集団づくりのための推進役を担ったこと。これにはQ-Uや援助資源チェックシートなどの具体的なアイテムの活用を呼びかけ，その有効性を感じてもらったことが効果的であった。また，実際に対人関係ゲーム等の集団体験の方法を学級で活用してもらうために研修会を開催したが，それが教師同士のリレーションづくりも意図していたので，教師同士の温かな人間関係づくりに役立ったのである。

4）支援システムと教師集団の変容

これまでの不登校問題への対応のあり方を検証して，新しいシステムを開発するとともに，それが活用できるように教職員の登校支援意識を高めたことが，実践研究の成果である。したがって2年間を通して，登校支援システムは開発から活用へ，支援の内容は不登校状態の児童だけを支援するのではなく，予防的に開発的に支援することの意識が定着した。また，登校支援のレベルで考えると初期は問題対処的支援が中心であったのが，予防的・成長促進的にも支援を行うようになってきたので，特定の子

第4章 〔研究Ⅲ〕児童生徒の学校生活充実感を高める登校支援

どもへの配慮である三次的支援から，一部の子どもへの配慮である二次的支援，そしてすべての子どもを対象にした一次的支援の比重が高まっていった。しかし，三次的支援が減少したわけではなく，問題対処的な支援が必要な児童が多くいることには変わりなかった。また教師集団の特性としては，教師1人ひとりの被援助志向性が高まった結果，互いに援助を依頼しやすい環境に変わり，実際に協力し合って他学級の支援にも加わることができるようになった。研究の内容を図式的にまとめたのが図4-7である。また，200X＋1年後の不登校児童数とその在籍比率の変化は図

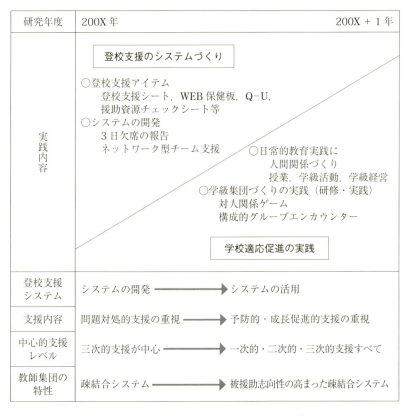

図4-7　A小学校の登校支援研究の全体像

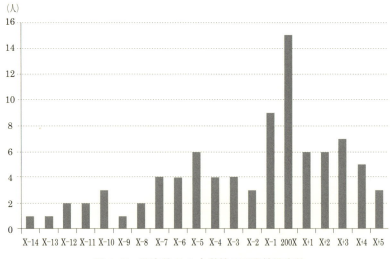

図4-8 研究後のA小学校の不登校児童数

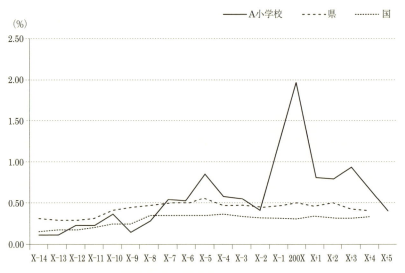

図4-9 研究後の不登校児童の在籍比率の経年変化

4-8，4-9のとおりである。

　A小学校では2年間の実践的な研究の取り組みによって，不登校児童数がその後6人程度から5年後には3人にまで減少（在籍比率は0.39％）した。不登校児童を支援することから，すべての児童の登校を支援するという発想の転換は，疎結合システムといわれる教師集団を，協力体制のとりやすい教師集団に変容することができた。また，登校支援が日常的な教育活動，特に日頃の授業改善や学級集団づくり，学級経営の工夫によって可能であることが示唆された。

4.3 学校適応を促進する「遊び」の集団体験
〔研究3-2〕——対人関係ゲームによる登校支援の可能性

4.3.1 目的

　A小学校での実践のように，学級集団づくりのために構成的グループエンカウンター（國分，1992）や対人関係ゲーム（田上，2003）など，いわゆる集団づくりのためのカウンセリング技法を取り入れた実践が増えてきている。A小学校では学級集団づくりを「すべての子どもを対象にした成長促進的支援であり，その支援レベルは一次的支援である」と位置づけてその一環としてこれらのカウンセリング技法を活用してきた一方で，予防的支援あるいは問題対処的支援としても活用されてきた。一般的には，例えば特別な教育的支援を必要とする児童のいる学級集団の育成（松澤・高橋，2011）とか，対人関係ゲームプログラムによる不登校児の指導（西澤・田上 2001）など，学級集団におけるいじめや不登校，特別な支援の必要な子どもと集団との関係など，生徒指導上あるいは学級経営上の課題を解決するための活用や，新入生オリエンテーションにおける実践（内田，2010）や，キャリア教育での活用（高坂，2010）など，いわゆる集団適応をめざす実践など多岐にわたって実践されている。

　しかし，集団アセスメントも確たる目標もなく実践だけが一人歩きしてしまい，そのためかえって集団内の人間関係が険悪になってしまったり，実践はしてみたが思ったよりもよい効果が得られなかったりすることも多く，安易な活用を指摘する声もある（岸田，2005）。その実践が学級活動のどのような文脈の中で行われたのか，リーダーはどのようなインストラ

クションを行ったのか、あるいは体験する集団がどのような特性をもっているのかなど、実際の体験内容を決定する要因は単純ではない。実際にエクササイズ後のシェアリングでは、リーダーが期待していたこととは異なる体験内容が語られることも多い。例えば、筆者が講師を務めた教職員研修会では、「他者理解」を意図して行ったエクササイズが、実際には「自己理解」の促進にも大きく寄与していたという体験がある。

そこで、A小学校で主に取り組まれた対人関係ゲームを活用した学級集団づくりについて、研究発表会で研究授業として行われた実践を中心に分析する。そして、全校で取り組んだ実践が人間関係づくりにどのように役立ち、なぜ児童の登校支援になりえたのかを検討する。

4.3.2 対人関係ゲームの理論と実践

1）対人関係ゲームとは

対人関係ゲームは、人と人をつなぎ質の高い集団を実現するカウンセリング技法である。田上（2003）は児童期に発生するギャング集団の体験が、最近では不足していると指摘し、そのギャング集団こそが人としての成長の鍵を握る「群れ」[10]を学ぶ場としての働きをしていたという。「群れ」として機能する学級集団をつくるために開発されたのが「対人関係ゲーム」である。対人関係ゲームは、それに参加することによっていろいろな人間関係を経験することができる「ゲーム＝遊び」のことである。期待できる経験には2つの側面があり、1つは集団活動に参加することで

---

[10] 「群れ」

「群れ」ている集団の特徴は、①リーダーの下で目標を達成する、②リーダーが（場面場面で）次々に出てくる、③リーダーを支えるメンバーがいる、④メンバーに役割が意識されている、⑤すべてのメンバーが必要とされている、⑥達成をともに経験している、⑦集団との一体感（居場所の実感）がある、⑧仲間であることをともに喜んでいる、である。

対人関係ゲームにおけるめざすべき学級集団の姿として大切な概念の1つである。

人と交流し，役割分担して連携する，あるいは人の役に立つという表4-3の縦方向の集団形成プロセスであり，もう1つは人と関係することから始まり，他者に心をかけたり自分の持ち味を認められたりするという横方向のプロセスである。以下，田上（2010）による対人関係ゲームの理論的背景を説明する。

2）理論的背景

　対人関係ゲームには仲間と競いながら勝敗を決める遊びが含まれている。また，ワクワクドキドキするようなゲーム性の高いおもしろい遊びも多い。しかし，対人関係ゲームは人と競い合うことや，社会的に成功することを目的とするような「社会的パワー志向」をめざしているのではない。また，物づくりや趣味で行うスポーツのように，活動そのもののおもしろさを体験するだけの「活動志向」でもない。「群れ」として機能する学級集団をつくるためのカウンセリング技法であるので，仲間と関わり仲間の役に立ち，人と一緒に楽しむことを志向する「人とともに志向」の理念をもつのが対人関係ゲームである（第2章〔研究Ⅰ〕図2-4参照）。

　体験の順番としては，集団活動を始めるために，人と交流し関係をつくることが必要である。不安や緊張が高いと心を開いて人と関わることができない。そこで，身体を動かしたり声を出したりするなど，緊張を緩和する反応（拮抗制止）を活用する（図4-10）。不安や緊張で身体が固まってしまうと，人と話したり一緒に活動したりすることができにくくなるので，身体を動かすことから始める。同時に声を出したりして気持ちがリラックスして，遊びや活動に集中して楽しくなると，不安や緊張を感じなくなる。つまり，人と交流して集団活動が可能になってくるのである。

　不安を拮抗制止することから始めた集団活動は，次に協力したり，助けたり助けられたりする集団体験を重ねる。そのためには，協力するゲームと役割分担し連携するゲームが必要になる。協力するゲームで，人との駆け引きや人と協力する楽しさを実感し，集団との一体感を経験する。そし

表4-3　対人関係ゲームの特性

	関係をつける　→　他者に心をかける／よさを認められる	
人と交流する　↓　役割分担し連携する／人の役に立つ	[交流するゲーム] ①運動反応や発声などの反応で不安や緊張を拮抗制止。 ②個別に行動しているが，結果として多くの人と交流。 ③本人は消極的にしていても人が関わってくる。 ④みんなが一緒に活動した経験となる。 ゲーム例 ひたすらじゃんけん・探偵ごっこ・じゃんけんボーリング・木とリス　等	[心をかよわすゲーム] ①相手に心をかけるという2人の世界を経験。 ②自分のよさを人からフィードバックしてもらう。 ゲーム例 わたしの木・ユアーストーン・別れの花束・いいとこさがし　等
	[協力するゲーム] ①人と楽しむ経験を積む。 ②助け助けられ，協力し合う経験を積む。 ゲーム例 凍り鬼・あいこじゃんけん・人間知恵の輪・スクイグル・6むし・カモーン　等	[折り合うゲーム] ①他者の考えを尊重し，自分の気持ちも大切にする。 ②人と折り合いながら自分とも折り合い，協力して目標を達成する。 ゲーム例 新聞紙タワー・ストロータワー・集団絵画・2人でコラージュ・みんなでコラージュ　等
	[役割分担し連携するゲーム] ①目標達成のプロセスで一翼を担う。 ②仲間の役に立つ・人に必要とされる体験を積む。 ゲーム例 くまがり・とっつあんとルパン・4面ドッチボール・2人で缶けり　等	

出典：『実践グループカウンセリング』（田上，2010）

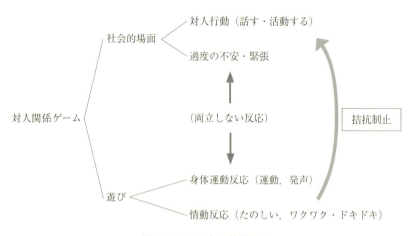

図4-10 不安の拮抗制止

て夢中になって楽しむ経験を積み重ねるうちに，ゲーム参加の認知が変化してくる。参加者の体験を聞くと，「勝って嬉しかった」「負けて悔しかった」という思いから，「負けたけど楽しかった」「みんなと協力できておもしろかった」などという感想に変化する。さらに役割分担し連携するゲームを繰り返すことで，集団や集団活動についての理解が進み，参加者は自分で課題を立てて集団活動に挑戦的になっていく。つまり役割行動の工夫や自分の持ち味を活かした創造的役割活動が始まり，全体の状況を把握しながら仲間との連携と共同活動を行うようになる。このように，うまく集団に参加できているという実感がもてると，人とよい関係をつくることができ，上手に集団活動ができるという自信につながるのである。対人行動や集団参加の自己効力感を高めることで，人と交流する不安や緊張がなくなっていくのである。

　対人関係ゲームのもう1つの重要な側面は，他者に関心をもち人に心をかけることである。心をかよわすゲームでは，2人であるいは数人でグループになり，相手のよさを言葉にして伝える。伝えられる人は，注目されて自分のよいところや自分の持ち味を人から伝えられるのである。人か

ら受け入れられていることが実感できると,自尊感情が高まり自己受容が進む。しかし集団では,メンバーそれぞれが勝手にしたいことをするわけにはいかない。譲り合い,折り合いながら協力しなければ集団としての活動にはならない。この折り合いの体験では,人と折り合うだけではなく,自分と折り合うことも大切になる。つまり,みんなで決めた目標と自分の意見とが食い違ったときに,その溝をどのように埋めるかが課題になる。対人関係ゲームでは,「目標は違うけど,人との活動を楽しもう」「自分の考えとは違うけど,一緒にやれば楽しいかもしれない」と,自分の気持ちを切り替えるための自分との折り合いを大切に考える。これができないとわだかまりなく集団活動に関与し,みんなと協力することができないのである。

　不安や緊張から解放され,集団のなかでみんなと楽しく,充実感をもって生活ができるようになると,ゲームの中で体験した交流や協力,役割分担し連携する,心かよわす,そして折り合うといった対人関係スキルが,日常の学校生活でも行うことができるようになり,「群れ」としての特性をもった学級集団が形成されるのである。

3）対人関係ゲームの実施方法

　行動観察や質問紙などを活用して学級集団の状態をよく観察する。集団の中で孤立している子どもはどのような行動をとっているのか,またその子に対して周囲の子どもたちはどのように対応しているかなどを観察するとともに,集団全体の様子を観察する必要がある。協力の様子,連携の仕方の様子,小集団の様子,リーダーシップをとる子と周囲の子どもとの関係など,多角的に観察して学級集団の課題を明確にすることが大切である。

　援助計画を立てるときに大切なことは,全体としての援助や指導の方法があり,その中で対人関係ゲームの活用があることだと,田上（2010）は述べている。学級集団にはその集団の特性と同時に様々な課題があるが,対人関係ゲームを実施すればそれらの課題が解決するわけではない。日頃

から行っている学級活動をはじめとする特別活動や，日常的な授業を通しての指導や援助があって，その中で効果的な対人関係ゲームの活用を考えなければならないわけである。学級集団の課題には人間関係がうまくいかない課題が多いが，その原因にはソーシャルスキル不足，人に対する過度の不安，人からの評価懸念，対人関係の経験不足，本音の交流の不足などの個人の要因と，人との関係をつくることが苦手な子どもを受け入れることのできない集団の問題の両方がある。こうした問題に対しては，ソーシャルスキル・トレーニング（SST），アサーション・トレーニング（AT），ピア・サポート，そして構成的グループ・エンカウンター（SGE）などがあるが，対人関係ゲームは人間関係を苦手としている子どもの持ち味を活かしながら，子どもと集団をつなげるグループカウンセリングであり，活動を楽しみ人と楽しむ体験によって，人に関わろうとする動機を高める働きがある。また，集団の側が人を受け入れる方法が改善され，個の変化と同時に個を受け入れる集団の質を高めるところに特徴がある。

　また，対人関係ゲームが活用される場面は大きく分けて3つある。1つは，人間関係の強い不安が長く続いている場合の不安解消プログラムで，不登校や学級崩壊，いじめなどの課題に対応する。2つめは，人間関係が疎遠になっている場合に使われる仲間づくりプログラムで，学級活動の停滞や，発達障害をもつ子どもの集団不適応などに有効である。そして3つめは，協力し合って目標を達成するための人間関係づくりとして使われる達成集団づくりプログラムである。これは学級によい人間関係があって，達成感がもてて，仲間との生活や活動が楽しいという学級を育て，みんなで目標を達成しようとする，より質の高い集団づくりをめざすプログラムである。

4.3.3　A小学校における対人関係ゲームの実践事例

　A小学校の研究発表会で行われた対人関係ゲームの実践事例を振り返り，登校支援の観点から分析する。なお，筆者は研究主任として全校研究の対象となった4年B組の取り組みを支援してきた。特に集団になじめない数人の児童と学級集団との関係を見立て，対人関係ゲームのプログラムづくりや展開の仕方などについて担任のC先生にスーパーバイズをしてきた。また個人的にも，C先生とは対人関係ゲームを実践し合う仲間として関わってきた。

1）学級集団の状態を把握する
(1) 4年B組の集団特性と支援の必要な児童

　対人関係ゲームを実践したのは4年生のB組（仮名）で，男子16名，女子15名，計31名のクラスである。ゲームのリーダーを務めたのは担任のC先生（20代後半，男性）。このクラスは4年進級時にクラス替えがあり，この年，新編成の仲間で学級をスタートさせた。C先生は3学年のときもこの学年の1クラスを担任していたので，B組の何人かは引き続きC先生が担任ということになる。C先生は前年度から対人関係ゲームを学び始めたところで，体育や学級の時間に身体を使うゲームや協調性を必要とするゲームを行ってきた。それは，クラスが新しくなって，仲間づくりが必要だと考えたことと，発達障害のあるD児（男）や友だちの気持ちを察することが苦手なE児（男），友だちへの接し方がきつくて孤立しがちなF児（女），仲間に信頼されながらもストレスをためやすく，学校を休みがちなG児（女）などが，うまく集団になじめるようにとの配慮から行ってきたものである。また，総合的な学習では「昔ながらの食べ物を調べよう」というテーマのもと，年間を通じて梅干しづくりに取り組んだり，百人一首を学級活動に取り入れてトーナメント戦を行ったりして，

男女がわだかまりなく関われるような活動を仕組むなど、学級活動には意欲的であった。

　4年B組は2学期に入り運動会や音楽会などの大きな行事に前向きに取り組みながらも、あわただしい日課の中でちょっとしたトラブルが起きたり、友だちにきつい言葉をかけたりするなど、人間関係にほころびが目立ち始めた。その原因をC先生は、人間関係の固定化や友だちへの偏った見方が進み、互いによい面を見出せなくなってきて、豊かな交流がなくなってきたからと考えた。また、年に2回行われた学級集団アセスメント「Q-U」の結果では、6月には学級全体の60％の子どもが満足群に属していたが、11月には54.8％に減り、逆に不満足群の子どもは10％から22.6％に増加していた。非承認群も6.7％から9.7％に増加したが、侵害行為認知群は23.3％から12.9％に減少していた。行動観察やQ-Uの結果から、学級内でいやなことをされたりトラブルを抱えたりしていた子どもたち（主に、侵害行為認知群）が、6月まではそれでも不満足には感じないで、学級生活が送れていたものが、11月には不満足群に属してしまった子が多かったのではないかと推測されたのである。本研究授業の対象児としたE児、F児、G児はいずれも侵害行為認知群（あるいは侵害行為認知群と不満足群との境界）から不満足群に移行し、D児は満足群から非承認群へ移行していた。

(2) 気にかけたい児童（研究対象児）の様子とC先生の願い
① D児（男）
　情緒障害による集団不適応のため特別支援学級に入級。国語の学習では漢字の学習に意欲的で、音読ではしっかりと読むことができる。理科、体育、総合的な学習では仲間のサポートがあり、一緒に活動できている。学級活動では金魚の餌やりやウサギ当番の役割は自分で自覚して取り組めている。このように決められた活動ややり方がはっきりとわかっている活動では、しっかりと取り組むことができるが、全体行動ではなかなかなじめないことも多い。Q-Uの結果は、満足群（6月）から非承認

群（11月）へ移動した。

C先生の願い：今回の対人関係ゲーム・プログラムにおいて，D児は自分のペースで参加しつつも，助けたり助けられたりする関わりをたくさん経験して，仲間と一緒にゲームを楽しんでほしい。

② E児（男）

優しい面もあるがその場にふさわしくない言動も多く，身辺整理が非常に苦手である。そのために周囲の仲間が引いてしまう場面も多く，周囲の仲間からは必要以上にE児に対して厳しく注意されることもあった。女子の中には清掃時にE児の机を運ぼうとしないということもあり，クラス全体への指導をしてきた。休み時間には読書をしていることが多いが，担任が誘って友だちと一緒に遊ぶこともあった。Q-Uの結果は，侵害行為認知群（6月）から不満足群（11月）へ移動した。

C先生の願い：周囲から疎外されることなく，たくさんの友だちから関わりを受け，ゲームを一緒に楽しんでほしい。

③ F児（女）

特に仲のよい友だちがおらず，孤立しがちである。自分にも友だちにも何かと厳しい評価をしてしまい，友だちには時折きつい対応が目立った。学力は高く，係等の活動にはまじめで，合唱部に所属してがんばっている。友だちから疎外されているとまではいえないが，さらに優しい友だちづきあいが必要である。Q-Uの結果は，侵害行為認知群と不満足群の境界（6月）から不満足群（11月）へ移動した。

C先生の願い：助け，助けられるという関係性の中で，ゲームを楽しみながらクラスの友だちに対して，肯定的なとらえ方ができるようになってほしい。

④ G児（女）

体調を崩しやすく，欠席が目立つ。常に控えめで自分から目立つような行動はしない。よく気が利いて，面倒見がよく，女子からは特に信頼されている。我慢強い反面，ストレスもたくさん抱えている。Q-Uの

結果は,侵害行為認知群と不満足群の境界(6月)から不満足群(9月)へ移動した。

　C先生の願い:たくさんの友だちから助けてもらうことで,友だちへの信頼感を高め,自らも積極的に関わりをもつことで,ゲームを楽しんでほしい。

2) 4年B組の対人関係ゲーム・プログラム

1回45分,全5回のプログラムを考えた(表4-4)。プログラムの実施期間は9月下旬から10月末までの約4週間。学級活動,道徳の時間を

表4-4　4年B組の対人関係ゲーム・プログラム

セッション	ゲーム名 △ウオーミングアップ ○メインのゲーム	関わりの段階	ねらい
第1回	△ひたすらジャンケン ○ジャンケンボーリング	運動量が多く,不安や緊張を感じにくい 自由度が高い,個の関わりがもてる	交流する,関係をつける
第2回	△ひたすらジャンケン ○凍り鬼	個との関わりが増える 助け,助けられる体験	交流する,関係をつける,協力する
第3回	△木とリス ○チーム対抗凍り鬼	チーム意識,役割意識,協力 集団との関わりがもてる	交流する,関わって協力する(役割分担,連携)
第4回 (本時)	△ひたすらジャンケン ○チーム対抗凍り鬼	チーム意識,役割意識,協力 集団との関わりがもてる	関わって協力する(役割分担,連携)
第5回	△ひたすらジャンケン ○探偵会社ゲーム	運動量が少なく,協力や言葉による関わりが多い 集団全体との関わりができる	関係をつける(関わって協力する)

活用した。このプログラムでは「ひたすらじゃんけん」や「ジャンケンボーリング」などの運動量が多くて，参加の自由度が高いものをはじめに配置し，不安や緊張を低減させるように配慮した。「ジャンケンボーリング」は子どもたちにとってやり方やルールがわかりやすく，ジャンケンなので偶然性があり，勝ち抜いて誰でもヒーローになることができる。参加の度合いは個人が調整できるが，暇な時間は少なくそれなりに誰もが参加させられてしまう特徴がある。友だちとわだかまりなく交流でき，軽い身体接触も期待できる。様々な要素を含んだ期待できるゲームである。また，2回目からは交流が促進するように「凍り鬼」を中心にして，そこにチーム戦を取り入れるなどしてゲーム性を高めることで，助け助けられる関係以外に，勝敗のおもしろさを加味した。最後には運動量を減らして「探偵会社ゲーム」を配置して，自己理解や他者理解を促進するように考えた。

3）本時までの経過
(1) 第1時「みんなでジャンケンボーリングをしよう」
男女間でもよく関わりがもて，雰囲気もよくみんないっしょうけんめいに取り組んで楽しめた。排斥される児童の姿はなかった。D児はとても楽しそうに参加し，得点を上げて仲間から認められる場面があった。E児，F児，G児もそれなりによく参加し，全体として楽しい雰囲気で展開できた。

(2) 第2時「みんなで凍り鬼をしよう」
思い切り走り回り，「もう1回やろう」「またやりたい」という声が多く，とても楽しんで活動できた。お助けカードを使った凍り鬼ははじめてで，はじめは使い方やその楽しみ方がわからずに，戸惑うような雰囲気もあったが，助けてもらったコメントをカードに書いて交換すると，とても喜んでいた。振り返りの場面では，女子から「男子が意外とたくさん助けてくれて，嬉しかった」とか，「普段あまり話さない人が助けてくれた」という意見がたくさん出された。たくさんの関わりがもて，交流できたこ

とを多くの子どもたちが満足したようだった。

(3) 第3時「みんなでチーム凍り鬼をしよう」

普通の凍り鬼は鬼の子どもが他の子どもたちを捕まえるルールだが，チーム凍り鬼では2チームに分かれて，それぞれにいる数名の鬼が相手チームの子どもたちを捕まえるというルールである。1回目は各チームから3人ずつ鬼を出したところ，開始まもなくして片方のチームが全員凍らされてゲームが終了となった。あまりに早く決着がついてしまったので，2回目は鬼の数を減らそうということになり，2人ずつ出させた。しかし，今度は凍らせてもすぐに仲間に助けられてしまい，盛り上がりに欠けた。まだ慣れていないこともあって，誰に助けられ，誰を助けることができるのか，混乱する場面もあった。しかし，仲間を助けたいという思いが強い子どもが多く，助けることに楽しみを見出しているようであった。また，チーム戦にしたことで勝ち負けにこだわる姿もみられ，勝敗決定後には雰囲気が悪くなる場面もあった。

振り返りでは，「次に普通の凍り鬼と，チーム凍り鬼のどっちをやりたいか」と聞いたところ，ちょうど半数に意見が分かれた。また，これまでのお助けカードを大事にとっている児童がほとんどだったので，このカードを貼りつけて「ありがとうの木」にしようという意見が出たので，返してもらったお助けカードを模造紙に貼りつけていくことにした。

(4) 第4時（本時）に向けて

第3時までの子どもたちの様子から，本時ではシンプルなルールで勝ち負けのない「凍り鬼」で，助け，助けられる楽しさを十分に味わうことを中心にして，チーム凍り鬼の楽しさを感じている子どももいることから，普通の凍り鬼とチーム凍り鬼の両方を実施する方針を決めた。

(5) これまでの対象児の様子と本時におけるC先生の願い

① D児（男）

第3時まではあまり激しく走り回ることはなかったが，自分のペースを保ちつつ，カードを渡したりもらったりしながら，楽しそうな表情

で活動していた。本時では多くの参観者の中で緊張することなく、ルールをきちんと把握して満足感を感じてほしい。

② E児（男）

第2時では助けてもらったのは嬉しかったが、「助けて」と叫んでも来てもらえないこともあり、「悲しかった」と感想を残した。第2時では鬼に立候補し、張り切って捕まえようとしていた。また、鬼でないときは、「3回助けてもらって嬉しかった」と振り返りで発表していた。本時では周囲から疎外されることはないと思うが、たくさん関わりをもってほしい。

③ F児（女）

第2時では「一度もつかまらなかったよ」と、喜んでC先生に報告に来た。第3時では鬼になる経験もして、一度もカードを使うことなく終わってしまった。本人も「カードを全然使えなかった」と少し残念がっているようで、助け、助けられる楽しさが味わえないでいる。本時ではカードを使ってこれまでとは違う楽しさを味わってほしい。その体験から、仲間に対して肯定的なとらえ方ができるようになってほしい。

④ G児（女）

第3時までは自分のペースで周りをよく見みながら楽しめていた。フィーリングシートには「とても楽しかった」「またやりたい」と書いている。本時では友だちから助けられることで、友だちへの信頼感を高めるとともに、自ら助けて充実感をもってゲームに参加してほしい。

4）本時の学習指導案（前時までの活動の様子をふまえて、当日出された修正本時案）

(1) 主題名

「みんなでチーム凍り鬼をしよう」

(2) 本時のねらい

ジャンケンボーリング、凍り鬼等の対人関係ゲームの経験を重ねること

で，クラスの仲間と楽しく関わる経験を積んできた子どもたちが，動きがわかりやすい「凍り鬼ゲーム」や，チーム意識をもって助けたり，助けられたりする「チーム凍り鬼ゲーム」をすることを通して，みんなでゲームを楽しみながら，クラスの仲間とより心をかよわせながら関わることができる。

(3) 本時の位置

5時間扱い中　第4時

(4) 指導上の留意点

①走り回るゲームなので，夢中になってけがをしないように注意を促す。
②医者から激しい運動を禁止されているH児も一緒に楽しめるよう，ルール面で考慮するとともに，本人が走り出さないように声かけ等で注意する。

(5) 展開

表4-5参照。

(6) 授業の観点

①子どもたちが凍り鬼ゲームを通して，クラスの仲間と十分に関わり合いながら，ゲームを楽しめているか。ゲーム中に何を感じて，何を体験しているか（ゲーム中の活動と振り返りの様子）。
②自分の気持ちに気づけて，お互いの気持ちや体験したこことを理解し合えたか（フィーリングシートや振り返りの様子）。

5) 第4時（本時）の様子

　D児，E児，F児，G児の本時中の詳しい様子を，登校支援委員会のメンバー4名がそれぞれ分担して記録した（表4-6）。振り返りの様子からは，D児はかなり満足した様子がうかがえる。E児は「とても楽しかった。またやりたい」「たくさんの人に助けてもらった」「敵に助けられてびっくりした」「○○君が助けてくれた」などと書いた。また，発言ではたくさんの人が助けてくれたことをみんなの前で発表している。F児は「とても

表4-5 展開

		活動の内容	予想される児童の反応	指導・支援・留意点	時間	備考
導入	1	ひたすらジャンケン。	・今日はたくさん勝ちたい。	○子どもたちの参加の様子をよくみて、うまく活動に入れない児童をさりげなくサポートする。	5分	
	2	あいこジャンケン。	・あいこになって、嬉しい。			
展開	3	凍り鬼ゲームをする。	・まずは普通の凍り鬼だから、簡単でいいなあ。 ・鬼になってたくさんつかまえたい。 ・うまく逃げてたくさん助けたい。 ・走れないH君も一緒に楽しむには、どんなルールがいいかなあ。	○お助けカードは事前に配布し、丁寧に記名させておく。 ○H児の特別ルール（H児はお助け島になる。H児につかまっている間は休憩できる）。 ○ゲームは3分程度行う。	30分	お助けカード 引き用具の準備をさせる ルール説明のためのカード お助けカード
	4	お助けカードに一言記入して、助けてくれた相手に返す。	・カード全部使ったよ。 ・たくさん助けてもらって嬉しかった。			
	5	チーム凍り鬼ゲームのルールを聞いて、理解する。	・ルールはわかっても、うまく逃げたり助けたりできるかなあ。 ・鬼になってチームとして勝ちたいなあ。	○ルールを簡潔に説明する。 ○鬼、逃げる役、助ける役と多くの体験ができるように配慮する。特に鬼決めではチーム内で対立が起きそうなので、仲介に入る。 ○児童の動きをよく観察し、3分程度で終了する。		
	6	チームに分かれて鬼を決めるとともに、チーム名と作戦を考える。	・チームみんなでがんばろう。			
	7	チーム凍り鬼ゲームをする。	・仲間が凍っているから助けよう。 ・誰か助けてくれないかなあ。 ・自分のチームが勝てそうだぞ。			
	8	お助けカードに一言記入して、助けてくれた相手に返す。	・お助けカードは全部使ったよ。 ・助けてもらって嬉しかった。	○お助けカードで気持ちを伝えるように指導する。		
終末	9	フィーリングシートに記入して、感想を発表する。	・あのときに○○君に助けてもらって嬉しかった。 ・チームが勝てて（負けて）嬉しかった（悔しかった）。 ・チームは負けたけど、みんなで楽しめたからよかった。 ・けっこう自分も活躍できた。 ・なかなか助けてもらえなくて寂しかった。 ・はじめての人にカードにありがとうって書いてもらって、嬉しかった。	○フィーリングシートを書くときは、気持ちを落ち着かせて、友だちと話をしないように指示し、広がって好きな場所で各々に指導する。 ○出された意見に対して、他の児童にも問い返すなどして、お互いの気持ちを共有できるように配慮する。	10分	フィーリングシート

楽しかった」「またやりたい」「男の子も助けてくれた」と嬉しそうであった。G児は発言はなかったが，「たくさんの人を助けて楽しかった」と，スリルを味わいながらも，助けた楽しさを書いている。驚いたこととして「鬼をやったら，みんな足が速くて追いつけなかった」ことを書いている。発見したことでは「鬼のときに，後ろからそっと近づいていくと気づかれないでつかまえられた」と書いている。

全体としては，チーム凍り鬼も2回目なので混乱なく，ルールに則って楽しめたようである。チームの勝ち負けを口にする子どもはあまりなく，みんなでやって楽しかったという感想が多かった。また，「○○君がつかまっていてびっくりした」とか「○○さんが鬼をしていてびっくり」といった，友だちの姿にこれまでみられなかった意外な姿をみて，それが楽しかったという感想もあった。

6) クラス集団と対象児の変容

今回の実践後，C先生の印象では，クラスの雰囲気は穏和な感じでよくなったという。それまで頻繁に起こっていたトラブルが3学期には起こらなくなり，親和的な関係が育ってきたようである。その後も対人関係ゲームを何度か繰り返し，子どもたち自ら休み時間にゲームを楽しむ姿もみられた。

7) 考察

研究授業後に登校支援委員会において対象児の変容をまとめたのが表4-7である。D児はルールややり方がわかれば，集団と一緒に活動ができることを対人関係ゲームを通じて体験し，またクラスの仲間のD児への接し方も根気強く変わってきた。E児は身辺の整理が苦手であることに変わりはなかったが，その場にふさわしくない行動が少しずつ減って，周りの友だちからも遊びに誘われるなど仲間との関わりが増えていった。F児は助け助けられる体験がとても役立ったようで，その後は友だちへの厳し

い言動が減っていった。G児はまじめで常に控えめで，そのためにストレスが高そうだったが，後ろから隠れてつかまえるという姑息な手段を示すG児のこれまで見せなかった一面をみんなが認めたようであった。田上（2010）が指摘するその子のユニークさがゲームによって発揮され，それまでの「まじめなおもしろくない子」という周囲の評価が，「意外とおもしろい子」という評価に変わったのではないかと思われる。

　4年B組は学級編制替え直後から体育や学級活動の時間にゲームを体験してきており，今回のプログラムでも子どもたちはこれまでの活動と同じように受け入れている。つまり，とってつけたような学級活動ではなく，これまでの学級経営の延長線上に本プログラムが展開されたという点がよかったと思われる。そして，決められたルールを先生の指示どおりに行うのではなく，自分たちでより楽しくするためのルールや実施方法を話し合いで改善してきている。例えば，「凍り鬼」をチーム対抗にしたとき，もう一度やりたいという意見ともとの凍り鬼がいいという意見が半数ずつだったときに，次の時間は両方やってみようと，自分たちで決めてプログラムを修正している。また，走ることを医者から止められているH児を見捨てることなく，どうしたら一緒に楽しめるかという発想で，新しいルールを設定したのである。H児は「お助け島」の役割として，自分で場所を決め，両チームの疲れた仲間を一次的に休憩させる役割を担ったのである。そして，お助け島につかまって休んでいられる時間も自分たちで設定し，その時間は休んでいる子どもが自ら声に出して数えるというルールであった。これによって，ハンディを背負った子も同じゲームの中で活かされ，一緒に楽しむだけでなく，ゲームの新たな楽しい要素が加わったのである。実際にH児が回復した後も「お助け島」はゲームの中で存在し，いろいろな子どもがその役をやることになったのである。

　このように，対人関係ゲームは子どもたちの学校生活の中で，どのような取り入れ方をし，子どもたち自身がゲームを楽しむだけではなく，ゲームをつくり出して，みんなで楽しむ体験をすることができるのである。4

表4-6 本時におけるD児, E児, F児, G児の様子

	全体の流れ	教師の動き	D児
1	ウォーミングアップ 「ひたすらじゃんけん」 「あいこじゃんけん」	・カードは5枚。残しておいても次は使えないので, 全部使い切るように告げる。 ・激しい運動を禁止されているS児も一緒に楽しめるようにルールを確認する。	・うれしそうにしているが, 誰とじゃんけんをしていいのか迷っているようだ。誰にしようか探しているが, 見つからない様子も見受けられた。 ・友だちと長くじゃんけんが続くと, とても喜んで飛び跳ねていた。握手も気持ちよくしている姿があった。
2	凍り鬼 ・説明 ・ゲーム ・お助けカードへの記入と返却	・カードは5枚。残しておいても次は使えないので, 全部使い切るように告げる。 ・激しい運動を禁止されているS児も一緒に楽しめるように, ルールを確認する。	・「助けて」と先生と一緒に大きく手を振っていた。とても嬉しそうな顔をして, 4番の子と一緒に走っていた。はしゃいでいる。 ・友だちにもカードをあげていた。3枚あげた後, ひと休みでなかなかカードをあげる人が見つからなかった。その後, 持っているすべてのカードを友だちにあげることができた。1枚カードが残っていたのか, 終了した後も持っていた。 ・カードを記入した後, 友だちからのカードが1枚足りないと言って探していた。

第4章 〔研究Ⅲ〕児童生徒の学校生活充実感を高める登校支援

E児	F児	G児
・最初からにこにこしている。先生の指示にすばやく反応し，立つことができる。 ・自分からは動けないが，21番や女子が来ると嬉しそうに反応し，楽しんでいる。 ・あいこじゃんけんでは，すぐには相手がいないが，21番とできる。女子とは握手しない。終了時，18番と言葉をかわす。	・すぐ隣の友だちから始める。 ・1人の友だちを探し回る。 ・表情，明るい。 ・じゃんけんが終わるのを待って，自分から相手に呼びかけてじゃんけんする姿もあった。 ・女子が多い。	・ひたすらじゃんけんでは，10人の友だちに挑戦。積極的に助けている。教師の「10人に勝ったよ，という人」で，手をあげた子どもに，気持ちよく拍手。 ・あいこじゃんけんでも，10人の友だちに挑戦。あいこのときは両手で握手している。素直に嬉しそうな表情をしている。途中，2番とじゃんけんをし，あいこでないのに一方的にあいこと勘違いをし，喜んで握手する姿も。9人の友だちに挑戦した後，しばらく相手が見つからない様子。
・カードをすぐ見る，やる気がかなりある。 ・25番と言葉をかわす。 ・声を上げて笑いながら，壁際を背にみんなの方を見ながら逃げている。26番に「凍っているの」と聞かれ，「違う」というそぶりをする。 ・壁際で左右に動くがつかまり，24番に助けられる。嬉しかったのか，大きな動きに。 ・22番を助けにいきたそうにする。 ・カードには「先生が側に行く」と書き始める。 ・ゲームとゲームの間に友だちと体がふれ合ったり話したりする様子がみられる。	・立候補をして鬼になる。 ・30人あまりにタッチするが，男子は1/4ほど。女子が多い。近くに来ても当てない相手もいる。 ・23番，24番に4回チャレンジ。 ・終了後，鬼の1人と握手をする。他の鬼や近くの友だちと話をする。高揚している様子。 ・カードの準備をテキパキとして次の指示を待つ。	・まわりにいる先生方が気になる様子で，あたりを見回している。「鬼をやりたい人」に手をあげるが，「1回もやっていない人」という指示で手をおろす。 ・すぐにつかまるが，すぐに助けられる。終了の合図に「やったあ」と手をあげる。 ・カードには「サンキュー」など，助けてくれた人すべてに書こうとし，全体の動きが先に進もうとしても，カードに記入したり渡そうとしたりしている姿。整列しても，その姿。

表4-6 本時におけるD児，E児，F児，G児の様子（つづき）

	全体の流れ	教師の動き	D児
3	チーム凍り鬼 ・チーム分けと鬼決め ・ゲーム ・お助けカードへの記入と返却	・鬼を3人決めて，各チームで簡単な作戦を立てることを告げる。 ・前回の感想に「チームワークが大切」とあったことを告げ，意識づける。	・前回鬼をやった人の輪に入っている。作戦の話し合いの中には積極的に入っていない。動いたらすぐにつかまるかもと言っていた。 ・ゲームが開始され，あちこちと逃げていたがまもなくつかまってしまった。手を口に当て，「助けて」と大きな声を出して助けを待っていた。28番にカードをもらう。 ・友だちも助けてあげて全部のカードを渡すことができた。終了のときは自分は凍っていた。
4	振り返り ・振り返りカードへの記入 ・話し合い	・友だちと距離をとって，1人で書くように告げる。 ・嬉しかったこと，驚いたこと，発見したこと，悲しかったことについて発表させる。 ・悲しかったことについて受けとめ，次回気をつけようと話す。	・友だちと少し離れたところで一緒に記入している（7，5，2，8番）。みんなが終わった後も1人で書いていた。友だち同士での会話はあまりなかった。 ・友だちがカードを返しに来て，何枚返ってきたかを気にして数えていた。 ・反省では，「とても楽しくまたやりたい」「男の子も助けてくれた」「動かなくてもタッチされなかった」とカードに記入されていた。
			〔児童の感想〕21．たくさんの人に助けてもらった。他6人挙手。25．前半のとき，鬼になっていっぱいつかまて嬉しかった。5．前よりもいっぱい助けた。19．いっぱい助けた。1．前はカードが残ったけ↗

E児	F児	G児
・鬼決めの様子をみている。25番が鬼になれず残念がっているのをにっこりして見ている。 ・周りにいる知っている先生に話しかける。 ・先生を盾にして逃げる。 ・先生に言われて友だちを助ける。 ・カードの受け渡しが思うようにはいかないが友だちに助けられる。	・作戦中，23番や他の友だちと話す。 ・前半，作戦中は話を聞いてはいるが自分から話すことはない。後半，近所の友だちと何か話し合う。 ・助ける，助けられる，男女関係なく。23番を助けたり，助けられたり。 ・カード内容……「助けてくれてありがとう。またよろしくね」 ・渡し終わり，23番と踊る。	・教師の説明中も前のゲームのお礼を書いていて，赤チームの友だちにカードを渡しに行く。作戦会議中も話し合いには参加していない。 ・ある教師の後ろに隠れるとつかまりにくいと気づき，しばらく壁際にいる。やがてつかまり助けられるの繰り返し。助けてほしいというアピール度は低い。 ・カードには「おになんかやっつけろ」「助かったぜー」などと記入。鉛筆を拾って渡そうとしている友だちに気づかない。
・1人で考えているが，周りに来る先生たちに気が行っている。遊びに満足している様子。後で聞くと，「おもしろかったよ。まあまあだったな」とのこと。	・発言はなし。 ・振り返りカード内容……（1）楽しくできたか「とても楽しかった」，（2）またやりたいか「またやりたい」，（3）①うれしかったこと「たくさんの人を助けられてうれしかった」，②驚いたこと「鬼をやってみて，みんな逃げ足が速くて追いつけない人が多かった」，③発見したこと「鬼で後ろからそっと近寄っていくと気がつかれないでタッチできる！！と思った」，④悲しかったこと「特になし」	・ゼッケンのひもが気になっている様子で教師の補助で落ち着いて教師の話に耳を傾ける。 ・振り返りカード内容……（1）楽しくできたか「とても楽しかった」，（2）またやりたいか「またやりたい」，（3）①うれしかったこと「たくさんの人に助けてもらった」，②驚いたこと「敵に助けられてびっくりした。先生の裏にいたら通り過ぎていったこと」，③発見したこと「K君が助けてくれた」，④悲しかったこと「未記入」 ・自ら挙手し，「たくさんの人に助けてもらった」と発言。その後，驚いたことも発言。

ど，今度は全部渡せた。11．いつもよりたくさんの人に助けてもらえた。他多数。15．いっぱいつかまったけど，カードがたくさんもらえた。17．5枚もらえた。私がタッチされたら，みんながパッと持ってきてくれた。8．いっぱい話した分，助けてもらえた。29．赤チームの鬼が速かった。5．ぶつかっちゃったとき，すぐ謝ってくれた。21．先生の裏にいたら，つかまらなかった。11．普段，話さない人も助けてくれた。25．両手でつかまえられた。4．はさみうちされた。18．助けてもらったのは嬉しかったけど，カードに名前がなかった。15．「助けて！」と言っても，知らんぷりで悲しかった。

表 4-7　対象児の変容

	プログラム実施前	プログラム中	プログラム後
D児	決められた活動ややり方がはっきりとわかっている活動では，しっかりと取り組むことができるが，全体行動ではなかなかなじめないことも多い。Q-Uの結果は満足群（6月）から非承認群（11月）へ移動。	第3時まではあまり激しく走り回ることはなかったが，自分のペースを保ちつつ，カードを渡したりもらったりしながら，楽しそうな表情で活動していた。	全体行動が苦手であったが，対人関係ゲーム体験でルールややり方がわかれば，集団と一緒に活動ができることを自覚し，またクラスの仲間のD児への接し方も根気強く変わってきた。
E児	その場にふさわしくない言動が多く，身辺整理が非常に苦手。周囲の仲間が引いてしまう場面も多く，仲間からは必要以上にE児に対して厳しく注意することもあった。E児の机を運ぼうとしない仲間もいた。Q-Uの結果は侵害行為認知群（6月）から不満足群（11月）へ移動。	第2時では助けてもらったのは嬉しかったが，「助けて」と叫んでも来てもらえないこともあり，「悲しかった」と感想を残した。第2時では鬼に立候補し，張り切って捕まえようとしていた。また，鬼でないときは，「3回助けてもらって嬉しかった」と振り返りで発表していた。	友だちに何かをしてもらう体験が少なかったので，ゲームは楽しかったようだ。友だちによるE児に対する厳しい対応が減ってきた。自ら鬼に立候補する体験は本人にとって意味あることだったと思われる。
F児	孤立しがちである。自分にも友だちにも何かと厳しい評価をしてしまい，友だちには時折きつい対応が目立った。Q-Uの結果は侵害行為認知群と不満足群の境界（6月）から不満足群（11月）へ移動。	第2時では「一度もつかまらなかったよ」と，喜んでC先生に報告に来た。第3時では鬼になる経験をして，一度もカードを使うことなく終わってしまった。本人も「カードを全然使えなかった」と少し残念がっているようで，助け，助けられる楽しさが味わえないでいる。本時では全部のカードを使って助けることができて，大変満足そうであった。	前時，全く助けることができずにいたが，本時では助ける楽しさ，助けることで人から受け入れられる嬉しさを味わったようである。生活の中でも友だちへの厳しい言動はみられなくなり，一緒にゲームをして遊ぼうとする姿が多くなってきた。
G児	体調を崩しやすく，欠席が目立つ。常に控えめで自分から目立つような行動はしない。よく気が利いて，面倒見がよく，女子からは特に信頼されている。我慢強い反面，ストレスもたくさん抱えている。Q-Uの結果は侵害行為認知群と不満足群の境界（6月）から不満足群（11月）へ移動。	第3時までは自分のペースで周りをよく見ながら楽しめていた。フィーリングシートには「とても楽しかった」「またやりたい」と書いている。	後ろから隠れてつかまえるというG児らしくない姑息な鬼を体験したことを，本人はおもしろく感じ，友だちもそれに対して非難するわけでなく，おもしろい作戦だと受け入れた。その体験でG児が劇的に何か変わったわけではないが，自他ともにこれまでなかった新たなG児を発見したようである。欠席は少なくなり元気に登校している。

年B組の子どもたちはこのような「遊び」を通して,楽しい集団体験を繰り返し,日常の人間関係や集団の中での自分のありようを学んでいったのではないだろうか。

4.4 人間関係を促進する対人関係ゲームと学級活動〔研究3-3〕——対人関係ゲームの実践事例の分析から

4.4.1 目的

　A小学校では学級集団づくりを「すべての子どもを対象にした不登校の予防的，成長促進的支援であり，その支援レベルは一次的または二次的支援である」と位置づけ，その一環として集団を対象としたカウンセリング技法である対人関係ゲームを活用してきた。しかし，対人関係ゲームは問題対処的支援として活用するケースも多い。例えば，特別な教育的支援を必要とする児童のいる学級集団の育成（松澤・高橋，2011）とか，対人関係ゲームプログラムによる不登校児の指導（西澤・田上 2001）など，学級集団におけるいじめや不登校，特別な支援の必要な子どもと集団との関係など，生徒指導上あるいは学級経営上の課題を解決するための活用（井澤，2010）や，選択性緘黙児への支援の実践（沢宮・田上，2003）など，その内容は多岐にわたっている。

　A小学校4年B組の実践からは，C先生による学級経営の基本的な方針と学級活動を中心とした学級集団づくりの実践のうえで，対人関係ゲームが上手に取り入れられていることがわかった。子どもたちの日常の生活のリズムを壊したり，これまでの人間関係や生活のパターンに逆ったりすることなく，対人関係ゲームが取り入れられていたのである。田上（2010）も対人関係ゲームの活用の仕方について，「全体としての援助や指導の方法があり，その中で対人関係ゲームの活用がある」と述べている。しかし，対人関係ゲームを子どもたちの生活や人間関係の文脈の中に取り

入れることは簡単ではない。例えば，集団を対象にした同様のカウンセリング技法である構成的グループ・エンカウンターについての研究では，同じ文脈，同じ意図で行うことである程度は参加者が同じような体験をすると考えられるが，文脈やリーダーの力量，リーダーの意図，参加者の特性などによって，同じ内容のエクササイズであっても異なる体験が得られる場合があり，リーダーは明確な目標をもってエクササイズを展開するとともに，実際に参加者がどのような体験をしたかについてシェアリングや感想文等によって常に確認する必要があることが示唆されている（岸田，2000）。対人関係ゲームを展開する場合も，学級集団のその時々の課題に対して何らかの指導や援助を行いながら活用している。本項では，その全体としての指導・援助と対人関係ゲーム・プログラムの関係について分析し，どのような学級生活の文脈（特に学級担任による全体の指導や援助）の中で行われたのか，また学級担任と子どもたちとの関係性や活用のタイミングなどの観点から，対人関係ゲームが学級集団づくりや登校支援等に功奏するための条件を探索する。

4.4.2 方法

これまで刊行されている対人関係ゲーム関連の書籍や学会で発表された研究などから，主に不登校児童生徒への支援や二次的な障害として学級集団に適応しづらい事例などを選択する。選択された事例を，学級の困難な状況やプログラムとその特徴，学級集団の変容の様子などの観点から分析する。

1）事例の選択

対人関係ゲーム関連の書籍はこれまでに3冊刊行されており，それぞれに多くの実践事例が掲載されている。まず『対人関係ゲームによる仲間づくり——学級担任にできるカウンセリング』（田上不二夫編著，金子書房

2003）には，小学生や中学生，あるいは専門学校生や大学生を対象とした事例10編が掲載されている。『特別支援教育コーディネーターのための対人関係ゲーム活用マニュアル』（田上不二夫・今田里佳・岸田優代編，東洋館出版社　2007）には，小学校での事例12編が掲載されている。『実践グループカウンセリング──子どもが育ちあう学級集団づくり』（田上不二夫編著　金子書房　2010）には，幼稚園生，小中学校生，高校生や大学生，その他保護者や教職員を対象にした事例，27編が掲載されている。これらの合計49編の事例は，それぞれ不登校，学習困難，コミュニケーション問題，いじめ，学級崩壊，選択性緘黙，発達障害等の問題の症例でまとめられている事例と，宿泊学習，キャリア教育，職員研修，家庭や地域との連携などの活用方法でまとめられている事例がある。

　また「対人関係ゲーム」をキーワードにして，CiNiiを活用した検索では，事例も含めて16件が得られた。その内容は学会誌への掲載論文4編，学会発表論文1編，大学紀要3編，その他雑誌論文が8編である。また，対人関係ゲーム関係の論文が比較的多く掲載されている日本カウンセリング学会の大会発表論文集からは，157件の事例等が検索された。同学会の学会誌「カウンセリング研究」には2件掲載されているが，これはCiNiiと重複していた。

　以上，対人関係ゲーム関連の書籍に掲載されている事例や，対人関係ゲームの語句がタイトルに含まれている論文等合計222件のうち，事例としてその実践の経過や児童生徒の変容などが詳しく理解できるもの，対象となっている課題が不登校，もしくは二次的な障害として不登校や学級集団への不適応，さらにそうした課題を抱えた学級集団づくりの事例を選んだ。また，対象は小学校と中学校に限定し，10編の事例を選択した。

2）分析の観点

　「困難な状況」と「支援の方向」をわかる範囲でまとめ，実践された対人関係ゲームのプログラムと学級指導や生徒指導として行っている支援・

指導を「支援の実際と対人関係ゲーム・プログラム」に記述した。さらに「プログラムの特徴」として，その対人関係ゲーム・プログラムやプログラムと学級指導との関連などがどのような特徴をもっているかを明らかにし，「結果とポイント」には対象の児童生徒や学級集団がどのように変容したのか，変容を可能にしたポイントは何かを考察して記述した（事例ごとの分析は資料2を参照）。

4.4.3 結果と考察

1）各事例における学級への指導の全体像と対人関係ゲーム

10事例の特徴とその分析を対人関係ゲームと学級課題との関連でまとめたのが表4-8である。

事例①では，情緒障害のために特別支援学級に入級している児童（小5）が，クラス替えがあったために原学級になじめず，対人関係ゲームが活用された。本人が原学級に心を向きかけたときに実施したことと，特別支援学級担任が対人関係ゲームに精通しており，ゲームのリーダーを務めた原学級担任と協力して取り組んだことが効果的だった。原学級担任が思春期の子どもたちを理解しようと，時には一緒にゲームに参加するなど，子どもたちともリレーションづくりに積極的であった。また，1年後の臨海教室では本人の不安と緊張が高かったため不適応が予想され，その予防的な対策として対人関係ゲームが実施されている。こうした取り組みによって，教師と子どもたちとの信頼関係が築かれていった。

事例②は，崩壊状態の6年生のクラスを立て直した事例。「みんなで楽しむ活動経験が少なく，交流を促進したい」という担任の願いから，「くまがり」が楽しめるクラスづくりをめざした。担任は以前からゲームの好きな先生として子どもたちに知れわたっており，子どもたちも期待感をもっていた。学校や学級の行事と関連づけてゲームを実施し，試行錯誤的ではあるが，集団の状態に臨機応変に対応した。またゲームを楽しむだけ

表4-8　対人関係ゲームと学級課題

事例	学年	学級経営等の課題 (全体の指導・援助)	集団の様子
①	小5	クラス替えがあり，なじめない児童と集団の適応	新しい仲間づくり・思春期の難しい課題
②	小6	崩壊学級の立直し，卒業学年になじめない児童と集団の適応	学級崩壊状態
③	小1	登校しぶりと仲間づくり	特に問題ない
④	中2	部活の人間関係のほころびクラス替えによる仲間づくり	部活動で対立する2グループが争う険悪な集団
⑤	中3	不登校生徒とまとまらない学級集団・卒業学年	担任は「クラスがまとまらない」と認識している
⑥	小1	発達障害児3人を抱えての学級集団づくり	授業の成立が難しい
⑦	小2	特別支援学級の友だちを受け入れられる学級集団づくり	不適切な行動をとるアスペルガー症候群の友だちを敬遠する
⑧	小4	アスペルガー症候群の子どもと集団の関わり	勝手な行動にクラス全体が騒然とする状態
⑨	小4	ルールとリレーションの回復（崩壊状態からの回復）	規制が効かずルール無視の状態
⑩	小6	いじめは解決したが，しこりを取り除き卒業を迎える	いじめがあり，緊張高く親和度が低い

第4章 〔研究Ⅲ〕児童生徒の学校生活充実感を高める登校支援

学校生活と対人関係ゲームの関連	教師と子どもの関係
行事とゲームを関連させた	子どもの理解に努めた 教師同士のよい連携（モデル）
行事とゲームを関連させた 日常的に実施する	子どもが教師に期待感をもった 保護者の理解を得た
日常的に実施する ゲームが学級文化・学級経営の柱	細かな配慮により良好であった
部活の練習にゲームを取り入れた 学級，学年で計画的にゲームを行った	SC，養護教諭，担任，部活顧問の連携がよかった 養護教諭が本人たちを受け入れた
居場所を確保した 授業に出られるようになってから計画的にゲームを実施した	適応指導教室や，親しみのある先生の授業に出た 担任，学年教師，相談担当教師らが声がけを積極的に行った
日常的に実施したゲームが学級経営の柱になった	発達障害児のユニークさをゲームの中で位置づけた
学級活動など一緒に参加している授業時間を活用した 特別支援学級でのSSTを原学級でのゲームに活かした	特別支援学級担任が子どもへの接し方のモデルとなり，原学級担任と協力した トラブルはクラス全体の問題と認識した
朝の会，学級活動や道徳でも実施 本人，SC，担任で定期的に指導し，授業を軌道に乗せてゲームを実施	SCと担任の協力，子どもと担任の関係づくりのゲームを取り入れた ゲームで認められる場面を設定した
体育，道徳，学級活動等で計画的にゲームを実施した	荒れている子どもが悪いというとらえではなく，集団との関係が悪いと認識した
卒業に向けてのプロジェクトに関連させてゲームを実施した	生徒指導（いじめ）後の仲間づくりで担任への信頼が高まった

でなく，子ども自らが活動をつくり上げる力（企画・運営の力）を，ゲームを通して育成した点が，教師と子どもの信頼関係づくりに有効であった。

事例③では，登校しぶりの子ども（小1）と学級集団との関係づくりが課題であった。入学当初から対人関係ゲームを日常的に行い，本人の不安や緊張を軽減した。子どもたちのお気に入りのゲームを繰り返し行い，楽しい集団体験が学級文化になっていった。同時に仲間づくりにも役立った。担任はきめ細やかな配慮で子どもから信頼されていった。

事例④は，部活で対立していた仲間がクラス替えで同級生になり，その不安から不登校になった（中2）。保健室に居場所を確保し，仲間との本音の話し合い（つなぎ援助）の後，対人関係ゲームを実施した。クラスや学年でもゲームを実施し，部活動でも実施するなど広く展開した。ギクシャクした関係の修復に介入し，その後，クラス，学年，部活動で仲間づくりを進めている。コーディネートしたSCと学級担任，養護教諭との連携がよい。

事例⑤は，父親に敷かれたレールに乗って私立中学へ不本意入学した中学3年生。目的なく無気力状態。好きな先生とつながりその先生の授業に出て，学習支援が可能になった。その後，友だちとのつながりを目的に対人関係ゲームを実施した。まとまらない学級集団づくりと本人の生き方支援を目的としている点において対人関係ゲームの位置づけが明確である。

事例⑥では，発達障害の子ども3人（小1）を抱えて学級経営に苦戦している。日常的にゲームを実施して，その中でルールや対人関係スキルを身につけさせている。発達障害の子どものユニークさがゲームの中で活かされる場面を見逃さず，それを子どもたちの中で認め，集団との関係を改善していった。

事例⑦では，アスペルガー症候群で特別支援学級に入級している仲間（小2）が，原学級になじめないことから，原学級担任と特別支援学級担任が協力してゲームを実施した。特別支援学級でソーシャルスキル・トレーニングを受け，そのスキルを原学級でのゲームなどに活かせるように

工夫している。また，学級担任が障害のある子どもへの接し方のモデルを示している。

事例⑧では，アスペルガー症候群の子ども（小4）への対応で学級が荒れてしまい，保護者との関係も悪化。スクールカウンセラーと担任による指導によってルールが身につき，パニックもなくなってきた。その後，学級の仲間づくりの支援としてゲームを日常的に行い，仲間づくりを進めた。結果的に保護者の信頼をも得ることができた。

事例⑨では高圧的な学級経営で押さえつけられていた子どもたち（小4）が，担任が変わって一気にルールが崩壊し，いじめなども起き出した。それらに対処しながら，日常的にゲームを実施し，ルールとリレーションの回復に努めた。

事例⑩では，いじめが起きた小6の学級で，生徒指導的な対応によって問題は解決したが，その後の学級集団は緊張感漂い，わだかまりもなくなっていなかった。ゲームによって交流し関わりがもてるようになってから，構成的グループ・エンカウンターにより本音の謝罪の場を設定し，温かな人間関係を回復した。

表4-9には，対人関係ゲームの活用方法（仲間づくり，集団の立て直し等）や学校生活の中での位置づけ，活用のタイミング等について，それぞれの事例を分類したものである。このうち「指導の全体像」では，いじめや発達障害，不登校等の指導や支援が必要な子どもへの対応を「個への支援」とした。また，学級が「群れ」として機能するよう，より質を高めようとする実践を「仲間づくり」とした。さらにルールやリレーションが崩壊した集団の建て直しを「集団の立て直し」とした。「学校生活とゲーム」の項目では，プログラムを一定の期間，学級活動の時間などを活用して特別に設定して実施した事例が「計画的実施」，朝の会や授業の空き時間，休み時間などを利用して日常的に行ったものを「日常的実施」とした。あるいは，ときどき変容する学級集団の様子から，そのときどきに計画して1つずつゲームを長期的に実施した場合も「日常的実施」に含めた。「活

表4-9 対人関係ゲーム活用の様子

事例	学級集団と指導の全体像	学校生活とゲーム	活用のタイミング	教師と子どもの関係	特記
①	個への支援+仲間づくり	行事と関連	学校復帰時	子どもに寄り添い信頼構築	
②	個への支援+集団の立て直し	行事と関連+日常的実施			卒業学年
③	個への支援+仲間づくり	日常的実施			入学
④	個への支援+仲間づくり	日常的実施	生徒指導後		部活動+学級
⑤	個への支援+仲間づくり		学校復帰時	教師とつながりゲームへ	卒業年度
⑥	個への支援+仲間づくり	日常的実施			
⑦	個への支援+仲間づくり	計画的実施	SST後		特支学級+原学級
⑧	個への支援+集団の立て直し	日常的実施	生徒指導後		
⑨	集団の立て直し	日常的実施			
⑩	個への支援+集団の立て直し	日常的実施	生徒指導後		卒業年度

用のタイミング」では，支援の必要な子どもの状態などとの関連から，実施の前提となる指導や支援を明記した。特記欄には対人関係ゲームを実施した集団の特別な状態（卒業を控えていた，部活と学級の関係等）を記した。

まず「指導の全体像」では，多くの事例で不登校や発達障害，いじめ問題など，発達上の困難や生徒指導上の課題を抱えた個人への支援のために，あるいはその支援の発展として仲間づくりの対人関係ゲームが行われている。事例⑩では，いじめ問題は生徒指導としては解決しているが，担任は学級の硬い雰囲気を察して，まだ払拭し切れていないわだかまりの解消のために対人関係ゲームを実施している。さらに学級の親和度が高まったと

ころで，構成的グループ・エンカウンターの手法を取り入れていじめ問題の当事者に介入し，本音で謝罪する場を設定した。これによって本当に仲間づくりが促進されて，晴れ晴れと卒業式を迎えることができた事例である。事例⑨のように，学級集団そのものの立て直しを目的とした事例もあるが，崩壊した学級では必ず中心になって問題を起こす子どもがいるものである。したがって，この事例でも個への支援は行われていたと推測するのが妥当だと思われる。このように，対人関係ゲームは特定の子どもが抱えている課題や困難に焦点を当て，その子どもと学級集団との関係に注目し，集団適応を図るとともに，集団の質そのものを高めようとするところに特徴があり，ほとんどの事例で「個への支援」と「仲間づくり」，あるいは「個への支援」と「集団の立て直し」が組み合わされている。

次に「学校生活とゲーム」では，日常的に実施している事例が多い。なかにはゲームをすることが自分たちのリチュアル（その集団特有の行動様式）であるかのような学級もある。あるいは，学級経営の中心的課題としてゲームが設定されているということであろう。対人関係ゲームを学級経営の中核に据えることができるということは，集団を形成する条件（岸田，2003）である「目標」「ルール」「役割」，そして「感情の交流」の要素がすべてそろっているということになる。

「活用のタイミング」では，不登校の子どもがいよいよ学校に再登校するときとか，生徒指導上の問題が解決した後などに実施された事例が半数である。対人関係ゲームは，出会い集団ではなく日常集団で行われ，日常集団の特質そのものの変容をめざすために，多くの子どもが関わりがもてることが前提となる。そのため，まだ関わりがもてない場合や学級が荒れたままの状態ではすぐに実施することはできない。したがって，生徒指導や個別の支援などと合わせて実施することになる。また，SSTを実施して，その後で対人関係ゲームというある程度構成された場でスキルを活用することで，その後の日常生活の中での般化を試みるなどの活用もある。この場合は対人関係ゲームが日常の学級集団で行われるために，普段の生活の

中で周囲の子どもたちとの関係の中で習得したスキルを実践しやすいというメリットがある。このように集団や集団と個との関係の状態を見極めて，実施のタイミングを図ることが必要である。

　さらに対人関係ゲームが有効に機能するためには，特記事項にあるように，学校生活全体の流れの中で卒業を間近に控えた時期にどう実施するか，部活動と学級活動という複数の教育活動にまたがってどのように実施するかなど，まさに学級のマネジメントを考慮して実践が行われる必要がある。特に入学や卒業などは単に学校の行事というだけでなく，子どもたちにとっては，新しい人生のスタートや終了をどう迎えるかという重大な時期である。つまり，大きなライフイベントの中での対人関係ゲームの体験であることを忘れてはならない。

4.5　本章のまとめ

　研究3-1では，A小学校が不登校問題に取り組んだ事例をまとめ，登校支援委員会が中心になって児童の登校状態を共通理解したり，不登校状態を見立てて学級担任や学年集団とともに実際に支援に乗り出したりすることで，教職員の不登校問題に取り組もうとする意識が向上した。また援助資源チェックシートや登校支援シート，WEB保健版などのアイテムの開発や活用と，3日連続欠席したら報告するといったシステムの徹底により，取り組むべき行動が具体的に理解できたことも意識の向上に有効であった。さらにA小学校登校支援連絡協議会が発足したことで，SCや児童相談所，巡回相談員，適応指導教室などの専門職と顔の見える関係ができ，あわせて対人関係ゲーム等の集団づくりの職員研修会が教職員同士の人間関係をより親密にすることができた。その結果，問題対処的支援中心から予防的支援や成長促進的支援も積極的に行われるようになり，教職員間では互いに援助を求め合うことができるようになったのである。また，全国平均の6倍程度あった不登校児童の在籍比率が，全国平均並みになり，その後5年間その傾向は維持されている。

　研究3-2では，A小学校の登校支援の一環として行われた対人関係ゲームの実践を，具体的な児童や学級集団の姿を通して分析し，登校支援としての効果を検討した。研究の対象になった集団になじめない児童の特性や集団との関係性を吟味して，全5回のプログラムを約4週間で実践した。その結果，対象とした子どもたちの，場にふさわしくない行動が減り，それまで評価されなかったユニークさがおもしろいと認められるなど，個と集団の関係がよい方向に変化した。またその実践が効果的だったのは，担任の先生が学級の課題に対して普段から指導している内容と違和感がな

く，児童にとっては教師の学級経営の延長線上で自然なかたちで遊びを通して楽しい集団体験を積みながら，取り組むことができたことである。

　そこで，対人関係ゲームが，学級経営の中の全体の指導・支援とどのような関係にあるときに登校支援として効果的であるのかを検討した（研究3-3）。これまで書籍や学会発表等で公開されている222事例から不登校や集団不適応等の内容の事例を選択し，その中から学級への全体指導や支援の様子と実践の経過が詳しくわかる10事例を選んで，「困難な状況」「支援の方向」「プログラムの特徴」等の観点を設定して分析した。その結果，効果的な実践では困難を抱えた子どもとその子どもを取り巻く集団との関係に焦点を当て，教師との信頼関係を前提にして普段からの学級指導の文脈の中で対人関係ゲームが展開されていることがわかった。

　このように1つの学校での登校支援の取り組み全体を分析するとともに，そこで行われた集団づくりの意味とその効果的な方法を考えてみたい。A小学校の教師は，研究を始めた段階では不登校状態にある児童を支援しようとする発想が強かった。確かに不登校児童が急増しており，その対応に苦慮しながらチーム支援を軌道に乗せることが精一杯な状態であった。しかし不登校の予備軍は後を絶たず，いかにして不登校にしないかという予防的な対応に多くの関心が向き出した。その効果的な手立ての1つが集団づくりのためのカウンセリング技法（対人関係ゲーム等）であった。また，不登校は人間関係の中で起き，その解決も人間関係にヒントがあることが理解でき，カウンセリング技法だけではなく，授業や学級活動などの日常的な教育活動が大切であることに気づいていったのである。その結果として不登校児童への支援から，すべての子どもの登校を支援するという発想が生まれてきている。A小学校では外部の専門家が研究をコンサルテーションしたり，アドバイスしたりするのではなく，教師自らが実践を重ねることで登校支援の大切さに気づいていった。そこには教師だからできる支援，教師にしかできない支援を模索した結果が現れている。そして様々な登校支援システムを構築して，あわせていくつもの使えるアイ

第4章 〔研究Ⅲ〕児童生徒の学校生活充実感を高める登校支援

テムが開発された。

　これらの研究を推進したのは教師自身であり，少人数で始まった研究がどうして成果を上げることができたのか。その背景には教師集団の特性の変化が考えられる。疎結合システムであった教師集団が，その構成メンバーである教師1人ひとりの被援助志向性を高め，互いに助けを求め合える関係に変化したのである。これこそが，協力関係を構築してチーム支援を可能にした一番の要因である。

　では，なぜ教師の被援助志向性が高まったのか。3つの理由が考えられる。1つは登校支援委員会が研究だけではなく，1つひとつの事例に対してコンサルテーションを行ったことである。同僚が困っている事例を，委員会が客観的に研究の対象としていただけなら，委員会そのものへの協力が得られずに，登校支援システムもできなかったに違いない。事例に介入して学級担任らと一緒に解決策を考え，時にはアドバイスして，支援に乗り出したことが信頼を得ることになり，チーム支援のモデルになったことも確かである。2つめの理由は，対人関係ゲームの実践が研究授業や授業公開などで教師間に認知され，実践する教師が増えたことである。時には合同授業で行ったり，学年全体や全校体育集会などでも行われたりするようになった。さらには学級PTAなどでも活用されたクラスもあり，学級懇談会が普段とは違って保護者同士の関係促進になったと好評であった。そして，対人関係ゲームの職員研修会が実は同僚の人間関係を親密にしたと考えられる。研修会というかたちで参加しても，実は内容は参加者の交流を促進し，関わりや心の交流も深まっているからである。実際に研修会終了後は普段の役割としての関係（ソーシャル・リレーション）の雰囲気が，個人的な人としてのつながり（パーソナル・リレーション）の雰囲気に変わるのである。3つめは登校支援システムの構築によって，各クラスの登校状況や集団の特性などが，誰の目にもさらされるようになったことである。小学校の学級担任制は担任教師が学級経営のいっさいの権限をもち，すべての教育活動を行っているために，時には学級王国などといわれることも

ある。他の教師は口出しのできない世界ができ上がるのである。それは他の教師が援助したくても手を出せないと同時に，援助してほしい学級担任がいても，周りの教師は援助をためらいがちな組織になっているということである。

　さて，登校支援を促進した対人関係ゲームなどの技法は確かに有効ではあったが，学級の集団特性を理解することや，教師の学級に対する指導や支援の全体像を理解したうえで，こうした技法を活用することの大切さが示唆された。特に対人関係ゲームは日常の学級集団そのものの特性を直接的に変容させる働きがあり，子どもたちの学校適応を促進させる手立てとしては大変有効である。また，対人関係ゲームは「遊び」による集団体験であるので，学校で子どもたちが取り組むことには違和感がなく，どの教師にも活用しやすいという利点がある。しかし，その実践には学級経営としての全体の指導や援助が十分に行われていることが重要であることが示唆された。また，その指導や援助が有効に働くための条件として，学校生活の中でのタイミングや，組み合わせる教育活動との関係，子どものライフイベントとしての重大な意味をもつ学校行事との有機的な関連を考慮すべきであることがわかった。

第5章

総括

5.1 研究のまとめ

　本書では，教師による不登校児童生徒への支援のあり方を検討するとともに，児童生徒の登校を促すための登校支援のあり方について考察を行った。

　第1章では，子どもたちが学校を休む事象について，学校恐怖症といわれていた時代から，登校拒否そして現在，不登校といわれるに至るまでの経緯について概観した。また，それにともなって文部科学省がとってきた不登校問題の施策や不登校についてのとらえ方とその変遷を振り返り，不登校児童生徒への支援を含めた「登校支援」の概念を整理した。登校支援は教育臨床の観点から考えると，児童生徒の登校を促進する魅力ある学級づくりに他ならず，具体的には教師が日々取り組んでいる学級経営や学級活動等の実践に集約できるものと考えた。本書の目的は，不登校児童生徒への支援も含めた，教師による「登校支援」の実態と，それを支える学校の支援システムを明らかにすることであった。

　第2章（研究Ⅰ）では，インタビュー調査によって教師や保護者の不登校児童生徒への支援の様子を知り，不登校の経験者の体験もあわせて聞きとることで，不登校の当事者や支援者の体験の内容を検討した。
　まず研究1-1では，同一の不登校事例における教師と母親，そして中学時代に不登校を経験した当事者（高校生）の具体的な体験を明らかにし，支援する者とされる者の関係やそれぞれが体験した内容を検討した。また当事者である高校生は，なぜ不登校になってしまったのか，そのときにどのような支援を望み，どのような過程を経て再登校できたのかをくわし

第5章 総括

く検討した。教師は自分が担任を務める学級での生徒との関係や，教師集団の中でも孤立しがちであった。学校全体の支援体制も整っておらず，支援ははかどらなかった。母親は夫婦関係や家族との関係，また不登校の子どもとの関係の中で孤軍奮闘していた。不登校の当事者は学校と家庭の両方の環境が登校を促すには非常に困難であったが，それとは別に塾やよく話のできる釣具屋のおじさんなど，いわゆるボランティアヘルパーに支えられている環境があったことがわかった。しかし，ボランティアヘルパーの存在は学校や家庭では認識されていなかった。これらのことから，不登校支援では不登校の当事者が置かれている環境と，支援する教師や保護者を取り巻く環境を整えることが必要であることが示唆された。そのうえで，何が援助資源になるかを考えたり，環境と折り合いをつける方法を探したりする，いわゆる見立て（アセスメント）が大切であることがわかった。また，この教師は具体的現実的な支援ができていないが，メール等でのつながりによって，自らの発達課題を乗り越えようとする不登校生本人の心の支えになっていたことは確かで，その関係性自体が登校支援の基盤になっていた。その基盤とは，支援する教師と不登校の当事者が人間関係を築きながら，興味関心を共通にした世界をできるだけ多くもち合うことであると示唆された。

　このように1つの不登校事例の関係者にインタビューを試みたことで，援助者─被援助者の関係や，援助者同士の関係などから，互いの認識の違いや，その違いが支援のあり方に影響を及ぼしていることが理解できたが，多くの援助資源が有効に活用されることもなく，教師による一般的な不登校支援の様子を示した事例ではなかった。

　そこで研究1-2では，18名の教師へのインタビューによって，支援する教師が周囲の環境の中でどのような不登校支援を行い，どのような理由でその支援策を選択，決定しているのかを調査した。学校のデモグラフィック的な要因だけでなく，教師の特性や特徴なども詳細に検討した。効果があった支援だけでなく効果がなかった支援も含めて，行われた支

援を山本（2007）の「不登校状態に有効な教師による11の支援方法」により分類したうえで，教師の個性や当時の学校の環境なども含めて総合的に検討して，教師が不登校支援策を選択して決定する視点を，「教師の認知・信念」「教師の個性」「学校環境」「事例の固有性」の4つに分類することができた。

さらに研究1-3では，その調査協力者の内，5人の小学校教師に対して再度インタビューを行い，支援策の決定の背景や考え方などについて4視点から詳しく検討したところ，支援策の選択，決定の過程にはパターン化された図式は見出されず，4つの視点が複合的に関係していること，各視点の内容が豊富か否か，あるいは資源として有効かどうかによって関連の度合いや様相が異なることなどがわかった。また4つの視点のうち，「教師の認知・信念」が基底概念となってそこに他の3視点が関連していることがわかった。つまり，教師が不登校支援を行うときには教師自身のもつ不登校に対する信念や考え方（ビリーフ）が大きく影響していることが示唆された。

第3章（研究Ⅱ）では，登校を促進するために教師が行っている魅力ある学級づくりを視野に入れ，不登校児童生徒への「登校支援」について調査した。小学校，中学校，高等学校，特別支援学校の教師227名を対象にアンケート調査を行い，登校支援を問題対処的支援，予防的支援，成長促進的支援に分類し，登校支援の様相を検討した。

まず，教師が行っている登校支援の内容から，因子分析によって「学級・授業づくり」「気になる子への配慮」「専門家への相談」「情報の共有」「注意深い配慮」の5つの因子を抽出し，登校支援尺度を作成した。その結果，第1因子として「学級・授業づくり」因子が確認されるなど，教師は不登校状態にある児童生徒への問題対処的な支援のみならず，成長促進的な支援や予防的な支援にも重点を置いていることがわかった。しかし児童生徒の学級適応を図り，1人ひとりが居場所や存在感が感じられる学

級集団づくりをめざす成長促進的な登校支援が行われているにもかかわらず，登校できない児童生徒が減少しない現状から，それらの実践が功を奏していないのではないかと推測した。また，小学校，中学校，高等学校と学校段階が上がるにしたがって「学級・授業づくり」「気になる子への配慮」「情報の共有」の各支援の平均値が低くなることが明らかになった。また，予防的な支援と問題対処的な支援には明確な違いがないことや，学校段階によってその異なるシステムをもっと有効に活用した不登校支援が可能であることなども示唆された。

次に，教師が行った不登校支援の中で，よく支援できたと思う事例（成功事例）と，うまく支援できなかったと思う事例（失敗事例）について，どのような支援を行ったのかを質問した。その結果，成功事例でも失敗事例でも各支援の実施率に違いはなかった。不登校状態は児童生徒の様子はもとより，その原因やきっかけなども様々である。したがって，個に応じた支援が必要となるが，成功事例でも失敗事例でも実施率に差がないということは，どのような事例でも見立てを十分に行わず，見通しがもてないまま同じような支援をしている可能性が示唆された。

さらに不登校になったきっかけを分類したところ，きっかけは「学校に係る状況」「家庭に係る状況」「本人に係る状況」の順に多かったが，全体的には「複合的状況」の割合が高く，不登校のきっかけは単純ではなかった。こうした傾向は成功事例と失敗事例の間の差，あるいは学校段階の違いによる差はほとんどなかった。また，不登校を経験した児童生徒を対象にしたいくつかの調査結果と比べると，教師は学校の外（家庭，保護者，本人等）に，児童生徒は学校の中（友人関係，教師との関係等）に不登校のきっかけを見出す傾向があることがわかった。したがって，教師は自分の学級経営や学級集団づくり，あるいは子どもたちとの信頼関係づくりがうまくいっていない結果として，不登校児童生徒を生んでいるという認識が低いとも考えられた。

第4章（研究Ⅲ）では，研究Ⅰ，研究Ⅱで明らかになった教師による登校支援が，学校組織全体としてどのように取り組まれているのかを探るために，全校体制で2年間にわたって取り組まれた登校支援の事例を報告した。また，そこでの取り組みの一環として行われた集団づくりの方法についてその効果を検討した。

　研究3-1では，不登校児童が急増していたA小学校の取り組みを，登校支援のシステムづくりと学校適応促進の実践の2面から分析した。実践研究を始めた段階では，不登校状態にある児童を支援すればよいという考え方が強く，急増する不登校児童に苦慮しながらチーム支援を軌道に乗せることが精一杯であった。しかし，不登校の予備軍は後を絶たず，いかにして不登校にしないかという予防的な対応に多くの関心が向き出した。その効果的な手立ての1つが，集団づくりのためのカウンセリング技法（対人関係ゲーム等）であった。また，不登校は人間関係の中で起き，その解決も人間関係にヒントがあることが理解でき，カウンセリング技法だけではなく，授業や学級活動などの日常的な教育活動が大切であることに気づいていったのである。その結果，教師は不登校児童への支援（三次的支援）から，すべての子どもの登校を支援する（一次的支援）という考え方に変わり，研究後には不登校児童の在籍比率は全国平均並みに減少した。A小学校では外部の研究者や専門家が研究をコンサルテーションしたり，アドバイスしたりするのではなく，教師自らが実践を重ねることで登校支援の大切さに気づいていった。そこには教師だからできる支援，教師にしかできない支援を模索した結果が現れている。そして様々な登校支援システムを構築して，あわせていくつもの使えるアイテムが開発された。それらを有効に活用した結果，支援内容は問題対処的支援の重視から予防的・成長促進的支援の重視に変わり，三次的支援が中心だったのが，一次的支援，二次的支援も含めてすべてのレベルが重要視されるようになった。また，研究推進の中心的役割を担った登校支援委員会が，実質的な校内委員会の役割を果たしたことで，各教師の被援助志向性が高まり，疎結合シス

第 5 章 総 括

テムといわれる教師集団が，意思疎通が図られ，協働体制が可能になる集団に変容していった。

　また，登校支援の手段としてA小学校で実践された対人関係ゲームの有効性について検討した（研究3-2）。児童生徒の登校を促すための集団づくりとは，学級の中に友だちと信頼できる先生がいて，安心して過ごせてやる気の出る居場所がある学級づくりのことである。魅力ある学級づくりはすべての子どもを対象にした登校支援であり，不登校に限らずいじめの解消や発達障害の児童生徒の対応に必要不可欠な教師の役割である。そうした学級づくりができれば，その学級に所属していることで学校への登校が促進されるはずである。しかし，これらのカウンセリング技法を活用すればどの教師がやっても子どもたちは同じ体験をして，同じ効果が得られるわけではない。A小学校の登校支援の一環として行われた対人関係ゲームが，担任教師による学級指導や集団になじみにくい児童たちと集団との関係づくりにどのように取り入れられ展開されたのかを詳細に分析した。その結果，学級集団の様子，特に集団になじみにくい子どもたちと集団との関係の様子をしっかりと見立てたうえで，子どもたちとともにゲームのプログラムをつくり上げていったことが，集団や1人ひとりの子どもたちのよりよい変容につながったのである。

　そこで研究3-3では，対人関係ゲームが集団づくりや不登校支援，発達障害をもつ児童生徒と集団との関係改善などに効果的に活用された事例を文献から整理し，プログラムの特徴や教師による学級経営・学級活動などの全体の指導との関連を分析した。その結果，学級経営としての全体の指導や援助が十分に行われていること，そして対人関係ゲームとその指導や援助が有効に働くための条件として，学校生活の中でゲームを活用するタイミングや，組み合わせる教育活動（学級活動や行事等）のあり方，そしてその基本として教師と子どもたちとの信頼関係が築かれていることが必要であることが示唆された。

研究Ⅰ，Ⅱ，Ⅲの結果を次のようにまとめることができる。

(1)教師による不登校児童生徒への支援では，成功事例でも失敗事例でも各支援の実施率に差はなった。また不登校のきっかけを教師は学校の外（家庭，保護者，本人等）に求め，児童生徒は学校の中（友人関係，教師との関係等）に見出していることから，不登校児童生徒の見立て（アセスメント）が十分であるとは言い難い。したがって学校教育現場では十分な見立てを行い，効果的な支援計画を立てるために，事例検討を行う体制が必要である。

(2)多くの教師は不登校児童生徒との関係づくりを大切にしていることから，支援する教師と不登校児童生徒が人間関係を築きながら，興味関心を共通にした世界をできるだけ多くもち合うことが不登校支援の基本であると考えられる。

(3)教師が不登校支援策を選択して決定する4視点は「教師の認知・信念（ビリーフ）」「教師の個性」「学校環境」「事例の固有性」である。なかでも「教師の認知・信念」が基底概念となり，他の3視点と関連しており不登校支援に大きく影響している。強いイラショナル・ビリーフは修正が必要であるが，3視点（自身の個性や学校環境，事例の固有性）を柔軟に活用することが大切である。

(4)授業や学級活動などの日常的な教育活動（学級経営）が児童生徒の登校を促進し，成長促進的，予防的，問題対処的支援を支えている。それは，教師だからできる支援，教師にしかできない支援であり，教師の専門性の1つである。

(5)成長促進的な支援としての対人関係ゲームでは，対人関係スキルとして意味のある集団体験が期待できる。それは，よりよい集団活動を通して人間関係を築くという特別活動の理念と一致する。また，対人関係ゲームが学級集団づくりに有効に働くためには，学級生活の中での学級活動や行事等の特別活動の実態と，教師が学級の課題に対して指導している内容（生徒指導）が，その流れ（文脈）の中で齟齬を来し

ていないこと。そして，その基本として教師と子どもたちとの信頼関係が築かれていることが必要である。

(6) 不登校児童生徒の減少のためには，教師の登校支援を有効に機能させるための支援システムが必要である。システムとは登校支援シートやWEB保健版など，学校の実情に合ったアイテムの活用と，それが効果的に利用されるための教職員間の良好な人間関係である。教師集団は情報を共通理解するだけでなく，互いに助け助けられる関係を築くことで幅の広い登校支援が可能になる。

5.2 総合的考察

5.2.1 登校支援を可能にする学級経営

研究2-1では，登校支援尺度で第1因子として「学級・授業づくり」因子が見出された。その項目には，「構成的グループ・エンカウンターや対人関係ゲーム」の実践や「学級活動の創意工夫」「グループづくりの配慮」などが含まれており，教師が学級で日々行っていることが登校支援として考えられていることがわかった。

しかし，日常の教育活動を日々こなし，数十人の子どもたちを相手に授業をすることが中心の任務である教師が，1人の不登校児童生徒の支援に多くのエネルギーを注ぐことは難しい。教師は不登校状態にある児童生徒に対してだけではなく，普段の授業や学級づくりなどの一般的な教育活動でも不登校問題を意識した取り組みを行っており，心理教育的援助サービスの視点からは，一次的支援，二次的支援，三次的支援がきちんと行われていた。

だが，登校支援の観点からすると，不登校を前提にしない普通の教育活動が子どもたちの登校を促していると考えると，そうした活動は〇次的な支援といえるかもしれない。また学校臨床の観点からいえば，〇次的な支援が問題解決的支援や予防的支援，成長促進的支援を支える基本ではないだろうか。その基本は子どもたちが授業で学び（学力向上），先生や仲間とつながり（人間関係づくり），生活をしていく場を居心地のよいものにすること（環境適応）に他ならない。こうした学校環境を学級という制度的な枠組みの中で整えていく一連の教育活動を「学級経営」と考えると，学級経営のあり方が登校支援になるという認識が必要になる（図5-1）。

第5章 総 括

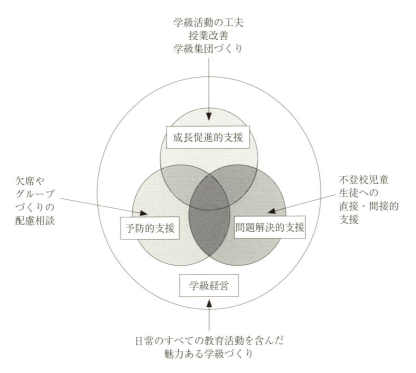

図5-1 登校支援と学級経営の概念図

　そこで，研究Ⅲで示唆された学級経営の基本になる学級集団の育成の仕方が大切になる。そのための方法として対人関係ゲームの活用の有効性が検討された。その結果，有効だった活用方法では教師による生徒指導や学級活動などの全体としての指導，支援と組み合わされてこうしたカウンセリング技法が活用されることが重要であることがわかった。生徒指導や学級活動（特別活動）は指導する教師が意識するしないにかかわらず，学級経営と密接に関連しているので，登校支援の視点から考えると，学級経営は教師にしかできない支援であり，教師だからこそ行うべき支援といえる。
　つまり，不登校問題を考えるときは，学級経営，特に学級活動等の特別活動や生徒指導などの分野における日常的な教育活動の見直しと，同時に

学級経営が児童生徒の登校を促している要因として問題解決的支援や予防的支援，そして成長促進的支援を支える基盤をともなっていることを認識することが大切である。

5.2.2　学級経営を支える校内研究システムの必要性

　教科，道徳などの教育課程や学級活動を中心とする特別活動などの集団体験，そして生徒指導などによって，学力の向上とよりよい集団形成をめざす一連の教育活動に，学級事務やPTA活動などを含めて，全体として子どもたちの豊かな学校生活を，学級という枠組みの中で運営していくことを学級経営という。

　いじめや不登校，学級崩壊，そして発達障害をもつ児童生徒の集団不適応などが大きな教育課題となっている昨今，学級経営の基本となる集団の形成は困難を極めている。学級集団の形成過程をたどると，学級は子どもたちが任意にあるいは制度的に集められた「群衆」ともいうべき，人間関係のない単なる集合体から始まる。年度初日にはじめて学級が動き出した直後に，目標（学級目標や生活のめあて等）とルール（学習や生活の決まり等），そして役割（クラス役員や当番，係等）を与えられることによって「組織」のように動き出す。目標とルールと役割を集団づくりの基本の3条件とすると，それは何かを成し遂げようとする目的をもった組織（会社，NPO，官公庁等）を形成するのに必要な条件ではあるが，子どもたちの学校生活満足感を高めるには，それに加えて4つめの条件が必要になる。それは，子どもたちの間に信頼感に満ちた温かな人間関係があることである。その人間関係づくりに欠かせないのが気持ちや思いを本音で伝え合い，分かち合うこと，つまり「感情の交流」である（図5-2）。授業や学級活動の中で感情の交流が豊かに行われることで，目標やルール，役割が機能するのである。河村（2003）は，集団づくりの基本条件を「ルール」と「リレーション」であると定義している。河村のいう「ルール」は

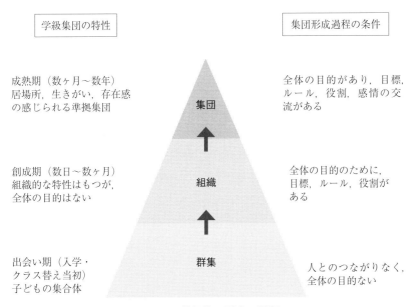

図5-2　学級集団形成の過程

前述した3条件の「目標」「ルール」「役割」を包括した概念であり,「リレーション」は4つめの条件「感情の交流」に当てはめて考えることができる。組織になることは目的ではなく,ある目標を達成するための手段である。しかし,学級集団は集団になること自体が目的になる。つまり,自分の所属する学級に居場所や生きがい,存在感があり,1人ひとりが行動や価値,態度などを決定する際の拠りどころとなる集団,いわゆる準拠集団として1人ひとりの成長発達に関与するのである。そこに,学級経営が学校教育の中で重要な位置を占める教育的な意義がある。

　学級集団の形成過程を教師の指導の観点から考えると,基本の3条件は教師の指導や学級会などの話し合いによって合意形成すればよいので,教師にとっては統制可能な領域である。それに対して子どもたちの感情を交流させることは,指導する教師にとって統制が非常に難しい。コミュニケーション能力が低下して,関係づくりが苦手といわれる最近の子どもた

ちにとっては，本音で感情を交流させ，分かち合い，様々な対人関係スキルを駆使してよりよい人間関係を築いていくことはとても難しいのである。したがって，意図的で専門的な教育の営みとしての学級集団づくりが求められるのである。
　ところが，この「感情の交流」を基本とする学級経営や学級集団づくりの具体的で専門的な指導は，担任教師の一存に委ねられているのが現状である。担任教師が学級の課題にそって指導し，また教師自身の得意とする教育活動や関心のある事柄，子どもたちの興味関心などを題材として，学級活動等を展開して学級を運営していくのである。教科学習や道徳のように，学習指導要領によって指導する内容が決められているわけではないので，教師にとっては大変な努力を要する一方，教師のやりがいにもなるのである。
　また，授業（教科，道徳，外国語活動，総合的な学習）では，毎年行われる研究授業などによって，教師がその専門性を高める制度がある。研究授業は，どの教師にも科せられた日本独特の教師の専門性を高めるシステムである。学校単位でテーマを決めて研究を推進する他，市町村や県，あるいは国（文部科学省等）からの委託研究（指定校研究）としての研究授業もあれば，任意団体からの要請（指定）による研究授業もある。研究授業を行えば必ず授業研究会（評議会）が行われ，授業者にとっては自分の授業実践を客観的に振り返ることができ，よい勉強の機会となっている。このように，教師は一生涯を通じて教授法や授業のあり方を研究し，キャリアアップしていくのである。
　一方，学級経営についてはこうした研究システムはない。年度当初に学級経営案を作成し，職員会議で短時間概要を説明するにとどまる。そして年度末には誰に評価されることもなく，学級経営の反省を発表して終わるのである。学級が崩壊状態にでもなるか，あるいは自ら求めない限り，他の教師から介入されることはない。これは学級経営と深く関連している生徒指導や教育相談などでも同様であり，次の2点において大きな課題

であると考えられる。1つは，教師同士が互いに評価し批正し合うことがないということである。それは，教師が学級経営や生徒指導ではキャリアアップするシステムがないことを意味する。もちろん教育委員会等での研修の機会は与えられてはいるが，一番身近で学び合う場である学校の中に，そのシステムが存在しないのである。学習指導と生徒指導は学校教育を支える両輪であるといわれるように，学級経営面でのキャリアアップが研修のみに頼っていては，不登校対応は教師個人の資質の問題から脱することはできない。もう1つは，個々の教師のキャリアアップが望めないだけではなく，学校としての教育力が高まらないことである。つまり，評価し合い批正し合うことで互いの実践に学び，なかなかうかがい知ることができない他の教師の学級の様子を知るだけでも意義のあることである。同じ学校教育目標の具現をめざしながらも，異なる方法を学び合うことは，学校全体としての教育力の向上につながるはずである。

学級経営に研究システムがないのは，学級経営が他の教師による介入が禁じられているかのような伝統的な習慣があるだけではなく，学習指導要領のように指導内容やその方法を客観的に議論できるための指標と方法がないからである。

この2点の課題を解決するためには，学校内に教師同士が互いの学級経営や学級集団づくりを研究し合えるシステムを構築する必要がある。近年，学級集団の様子を客観的にとらえ，共通理解するための学級集団アセスメントテストや学級満足度テストなどが開発され，学校で広く実施されるようになってきた。せっかく実施したそれらの調査等を活かすためにも，図5-3に示すような授業研究システムと学級経営研究システムの2本柱が必要なのである。

まず，研究の対象となる教育課題としては，授業研究システムでは教育課程や学力問題，授業の指導法などであるのに対して，学級経営研究システムでは，学級経営にとって大切な問題である学級崩壊，いじめ，不登校等の生徒指導上の問題や，発達障害をもつ児童生徒の支援や適応，その他，

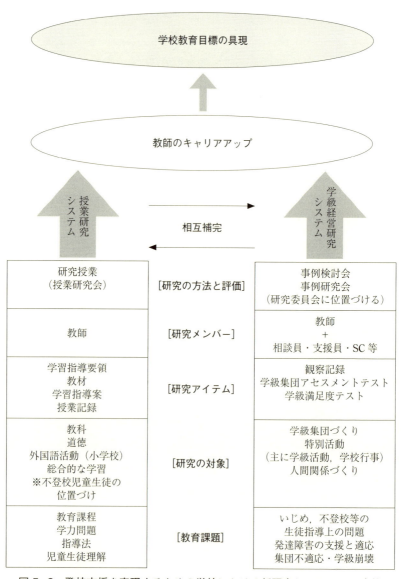

図5-3 登校支援を実現するための学校における新研究システムの2本柱

協力や折り合いをつけ，信頼感を体験することなどが教育課題となる。したがって研究の内容は，授業研究システムでは授業として行われる教育課程（教科，道徳等）であるが，学級経営研究システムでは学級活動や学校行事などを中心にした，よりよい集団体験としての特別活動，そして人間関係の築き方や集団づくりそのものが対象となる。また研究には実証性が大切であり，そのためにはメンバーが研究を共通理解して推進するためのアイテムが必要になる。学級経営には学習指導要領や学習指導案がないため，学級集団や子どもたちの観察記録や活動記録が必要になる。また各種の学級集団アセスメントテストは，集団の様子を客観的に理解するために有効である。さらに研究のメンバーは教師に加え，スクールカウンセラーや相談員などが加わることが理想である。そして実際の研究方法としては，授業研究システムではいわゆる研究授業と授業研究会が評価，検討の場になるが学級経営研究システムでは学級活動等の事例を評価，検討することになるので，事例検討会や事例研究会を行うことになる。事例検討会は今，直面している課題をメンバー同士で検討して，これから指導や支援のあり方を検討し合うことであり，事例研究会とは終結した事例を中心に，その詳細を綿密に検討することを通して，その本質を共有して互いに学び合うことである。よりよい学級経営によって学級集団が築かれることで落ち着いた学び合いが生まれ，学習が深まっていく。また，普段の授業の中でも子どもたちの登校を促進する支援が行われていることから，授業研究システムと学級経営研究システムは補完的な関係にあり，この2本柱が十分に機能することで教師の資質が向上し，学校教育目標に近づくことができるはずである。

　こうした研究システムを機能させるための流れを，PDCAサイクル（Plan-Do-Check-Act Cycle）モデルに当てはめたのが図5-4である。学級経営研究システムでは，まず学級の教育課題や問題を特定し，子どもや集団の状況を把握するための見立て（アセスメント）を行う。課題や問題の原因や背景，子どもたちが体験している内容などをできるだけ詳しく見

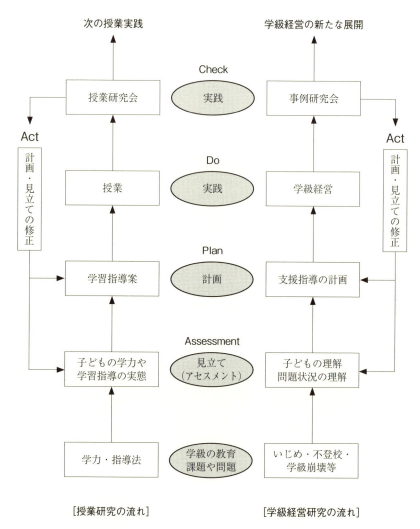

図 5-4　PDCA サイクルによる授業研究と学級経営研究の流れ

立てる必要がある。本研究では，不登校支援に関してはこの見立てができていないことが明らかになり，特に重視したい点である。見立てによって支援・指導計画（Plan：計画）を立て，学級経営の中で実践（Do：実践）する。その経過や結果を事例検討会（事例研究会）で検討し（Check：点検・評価），評価の結果うまくいっていれば，それを継続するか新たな活動を展開することになる。課題が残れば，計画または見立ての修正をやり直し（Act：処置・改善），新たな計画を立てることになる。授業研究と同様のこのような流れのシステムが各学校の中に確立されることで，学校としての組織的な登校支援が可能になるのである。

5.2.3　事例検討会を学級経営研究システムに位置づける意義

　不登校児童生徒への支援の効果を検討した結果，成功事例と失敗事例の間に実施率の差がないことから，教師は不登校の状態によって支援のあり方を変えるのではなく，よさそうに思われる支援を手当たり次第に行っているようである。また，教師の認知や信念（ビリーフ）が最も重要な中心概念となって不登校支援策が決定されていることから，「よさそうに思われる支援」とは，不登校児童生徒の状態を見極めた結果ではなく，不登校問題に対する偏った思い込み（イラショナル・ビリーフ）や，その児童生徒に対する教師の思い入れなどが作用している可能性がある。つまり，教師は思いつく様々な多くの支援を行ってその効果をみて，その事例に合った支援を試行錯誤しながら模索しているのである。これは，不登校の子どもの見立て（アセスメント）が適切にできておらず，見通しの定かでない支援を繰り返していることを意味している。子どもの心理面や社会面，学習面，進路希望や健康状態などを精査し，保護者やスクールカウンセラーなどの専門家とも協働して，効果的な支援の方針と計画を立てることが必要である。

本研究では教師や保護者，不登校経験者などに対するインタビュー調査を実施し（研究Ⅰ），体験の意味や教師による登校支援の選択，決定の要因などを探ることができた。また，学校全体で組織として登校支援に取り組んだ事例を検討し（研究Ⅲ），様々なアイテムの開発や登校支援委員会のコンサルテーション的な作用，さらには疎結合システムであった教師集団が被援助志向性を高め，互いに助けを求め合える関係に変化したことなどが，登校支援システムを有効に機能させることがわかった。このように本研究の内容からも明らかなように，事例から学ぶことは大変意義がある。
　学校で行われる「事例検討会」は，その事例の当事者や関わった人々が自らの行為を振り返るだけでなく，明日からの実践に検討会で得た新たな気づきを活かすことができる。不登校児童生徒の見立てが十分に行われていないために，どの事例においても同じような支援をしたり，きっかけの認識が児童生徒と異なったりすることなどがわかったが，確かな見立てを行うことが事例検討会の大きな役割の1つである。また具体的な支援方針を決め，支援者が役割を分担しながら支援，指導に当たること，さらには行った不登校支援の結果を評価するためにも事例検討会は必要なのである。このように「見立て」「方針」と「支援策」の決定，そして実行した後の「評価」という一連の流れが学校の支援体制の中にしっかりと確立することが重要である。しかし，前述したとおり，「評価」については全くといってよいほど行われておらず，1つの不登校支援体験が次に活かせないのが現状である。また，不登校支援策を選択，決定する4視点が，多くの教職員によって検討されるので，4視点の中でも特に重要な「教師の認知・信念」（ビリーフ）が1人の教師の考え方に偏らないという効果が期待できる。
　さらに登校支援に限らず，SCや相談員，支援員，ボランティアなど，学校を支える様々な人（人的援助資源）が学校に配置されるようになった。教職員が連携するだけでなく，こうした関係者も有効に連携するためにも，共通した見立てと支援方針を打ち立てる必要がある。したがって，不登校

第5章 総 括

の事例検討会をA小学校のように定期的に行うことができれば，実質的な登校支援になるのである。また，すでに終結した事例から学ぶ「事例研究会」は，幅広くたくさんの事例にふれることができ，これまでの自分の実践を振り返るとともに，これから出会うであろう事例に対して自信をもって対応することができるようになるなど，教師にとって非常に大切な意味をもつ。

実際には，事例の検討は必要に迫られて学年会の中で行われたり，校内委員会で行われたりすることはあるが，事例検討会そのものを行うほど学校には時間的な余裕はない。そこで，研究システムに位置づけられた学級経営研究のメンバーを，委員会システムに位置づけられている校内委員会のメンバーと同一にすることで，定期的に事例検討会を行い，当該の教職

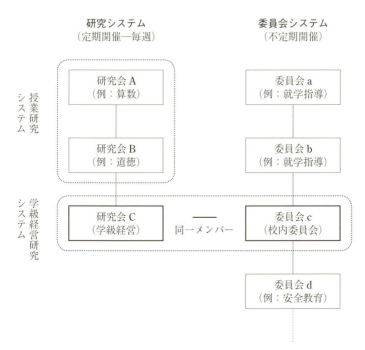

図5-5　事例検討会を機能させる研究システムと委員会システム

員とともに実質的な連携支援を展開することが可能になる（図5-5）。このようにその学校の実状に応じて，不登校事例や学級経営の事例検討会（事例研究会）を位置づけ，授業研究システムとともに，学級経営研究システムとして機能することが必要である。

5.2.4 授業を登校支援の視点でとらえる試み

研究2-1で行った登校支援の因子分析の結果から「学級・授業づくり」因子が抽出された。授業に関する具体的な項目をみると，「授業の中での話し合い」「授業の中での友だちとの関わりの工夫」「グループ学習やペア学習を取り入れる」など，友だちとの関わりを大切にしようとすることが，登校支援になっていると考えていることがわかった。また，研究3-1ではA小学校の実践で，教師が登校支援の研究発表として全クラスの授業を公開し，授業の中で子ども同士の関わりや，休んでいる子どもへの配慮などを工夫しようとする実践が報告された。これは成長促進的な支援としてだけではなく，問題対処的な不登校になっている子どもへの支援としても行われており，子ども同士の関係づくりや1人ひとりのクラスの中での存在感への配慮といってもよい。しかし，こうした実践が登校支援として有効だという認識はあっても，実際にどの学級でも普通に行われているかは疑問である。

いわゆる授業改善は，子どもにとって楽しくてわかりやすく，学習意欲を促進し，結果として学力向上に資するために取り組まれている。しかし，時間的にも内容的にも学校生活の大半を占める授業が，そうした目標を達成するためには，不登校の子どもを出さないような温かな人間関係や，信頼関係に満ちていて1人ひとりが適応できている学級集団にすることが必要である。したがって，これまでの授業改善の方向と基本的に違うことはない。

A小学校の不登校研究の発表の後，当該県では研究授業の指導で学校に

派遣される指導主事が，教科等の授業を参観して指導する際に，必ずそのクラスの不登校児童生徒の様子を聞きとることになった。そして不登校児童生徒が，研究対象になった授業の中でどのように位置づけられているかを検証するのである。また，不登校支援を視野に入れたA小学校の授業改善が，全県的に行われるようになったのである。なお，この県はA小学校の不登校児童が急増したときと時期を同じくして，小学校の不登校児童の在籍比率が全国で最高になったが，こうした取り組みによって現在は減少しつつある。

これまで不登校児童生徒への支援を扱った研究では，不登校の子どもの学習場所を確保するとか，特別時間割で学習を保証しようとするなどの研究は報告されているが，普段の授業の改善を，不登校の子どもの支援に結びつけようとする教師の意識改革が必要となる。

そうした意味では指導主事が授業を指導する際に，不登校児童の位置づけを検証する取り組みは，どの学校，どの教育委員会でもすぐにできる取り組みである。具体的な方法としては次の3点が考えられる。

①学習指導案の児童研究の項目に，不登校児童生徒の実態とそれを取り巻く学級集団の様子を記載する。
②学習指導案の展開案の中に，本時中に不登校児童生徒に関わる具体的な支援を記載する（グループ学習の際，不登校児童の机も一緒に並べる等）。
③指導主事等の授業研究会の指導者は，必ず不登校児童生徒の実態と本時における扱いを検証するように指導，助言する。

5.2.5 教師自身が教師集団を育成するシステムづくり

研究1-3では，登校支援の選択，決定の理由について，「教師の認知・信念」「学校環境」「事例の固有性」「教師の個性」の4つの視点から検討した。このうち「学校環境」については，物理的環境から制度的な環境，支援システムの環境など多くの環境が考えられたが，教師間の連携や協働

性なども学校環境の大きな要素となっていることがわかった。研究1-1の事例のように，学校内の支援システムや教師同士の協力関係が皆無に近い環境でも，教師と生徒の心理的な結びつきだけで登校が可能になった事例や，研究2-2で明らかになったように，担任1人だけで誰にも協力を求めなくても登校支援ができた事例なども少なくはない。したがって，教師同士が協力しなければ，不登校問題への対応は不可能であるということはないだろう。しかし，1人で問題を抱え込んで困難に陥っている教師も多い。A小学校の2年間にわたる実践（研究3-1）では，教師1人ひとりが助けてもらえる，助けを求めてもいいのだという職員室の雰囲気が変わったと報告されている。それによって連携支援が軌道に乗り，登校支援が功を奏して不登校児童の減少につながる一因となった。

　では，なぜ教師の被援助志向性が高まったのか。3つの理由が考えられる。1つには登校支援委員会が研究だけではなく，1つひとつの事例に対してコンサルテーションを行ったことがあげられる。同僚が困っている事例を，委員会が客観的に研究の対象としていただけなら，委員会そのものへの協力が得られずに，登校支援システムもできなかったに違いない。事例に介入して学級担任らと一緒に解決策を考え，時にはアドバイスして，支援に乗り出したことが信頼を得ることになり，チーム支援のモデルになったのである。2つめの理由は，対人関係ゲームの実践が研究授業や授業公開などで教師間に認知され，実践する教師が増えたことである。時には合同授業で行ったり，学年全体や全校体育などで行われたりもするようになった。さらには，学級PTAなどでも活用されたクラスもあり好評であった。そして対人関係ゲームの職員研修会が実は同僚の人間関係を親密にしたのである。教師研修会というかたちで参加しても，実は内容は参加者の交流を促進し，関わりや心の交流も深まっているはずである。実際に研修会終了後は普段の役割としての関係（ソーシャル・リレーション）の雰囲気が，個人的な人としてのつながり（パーソナル・リレーション）の雰囲気に変わるのである。3つめは登校支援システムの構築によって，各クラ

第5章 総 括

スの登校状況や集団の特性などが，誰の目にもさらされるようになったことである。小学校の学級担任制は担任教師が学級経営のいっさいの権限をもち，すべて行っているために，時には学級王国などといわれることもある。他の教師は口出しのできない世界ができ上がるのである。それは，他の教師が援助したくても手を出せないと同時に，援助してほしい学級担任がいても，周りの教師は援助をためらいがちな組織になっているということである。

このように，教師集団の特性が疎結合システムから少しでも脱却し，常に互いに支援し合えるよい方向に変わると，支援体制の機能が強化されるのである。学校は教職員の入れ替わりが激しい職場であり，毎年職員室の雰囲気は変化する。校長1人が変わることで，支援システムすら変わってしまうこともある。したがって，前年度にできていた学校の登校支援が，今年は機能しないということはよくあることである。教師が入れ替わっても，教師の協働性や構築された支援システムが変化しないような工夫が必要である。

したがって，学級経営や生徒指導上の問題に対して，スクールカウンセラー等の専門職も含めた教職員間に，相互コンサルテーションと事例検討会が可能になるような問題対応組織をつくる必要がある。そのモデルの1つが先に述べた研究システムであるが，要は実質的にチーム支援を行ってそのよさと価値を教職員が共有することによって，システムの必要性を実感することが大切なのである。さらに，被援助志向性の高まった疎結合システムにするためには，教職員のリレーションづくりが必要になる。一般企業等と異なり，毎年多くのメンバーが入れ替わる学校の教師集団では，人間関係が固定化しないという利点がある一方で，より信頼関係に満ち，凝集性の高い教師集団にはなりづらいという特性をもっている。たとえ人間関係や職務上の困難に陥っても，数年間我慢すれば転勤できるという実態があるので，ひたすら我慢して異動を待つということになりやすい。それでは進歩はなく，子どもも教師も成長できない。教師自身や子ども，学

級集団の成長のためには，人間関係の改善や様々な困難を克服しようとする努力が，教師集団には求められるのである。

そこで，学級集団づくりのために活用される対人関係ゲーム等の集団づくりのためのカウンセリング技法を，教職員の集団づくりにも取り入れることが有効なのである。

5.2.6　効果的な不登校支援と学級集団づくりのための「共通の世界」

不登校児童生徒に対する支援は，まず教師と子どもとの関係づくりから始まる。研究1-1では，教師はメールでの会話によって関係づくりを行い，ロボットづくりのことや犬に関する話題など，興味関心を共通にした世界をできるだけ多く築き上げ，クラス替えや部活動の変更などの具体的な支援によって再登校を可能にした。教師と生徒との間には，支援の基礎となる信頼関係ができていたのである。

一方，不登校の子どもを出さない学級集団づくりの方法として対人関係ゲームの効果が確認されたが，そのためには学級活動などの日々の教育活動や学級経営上の課題に対しての教師の日常的な指導の流れとの間に齟齬がないことが重要であった。つまり，ゲームを展開しても子どもにとってはとってつけたようなつまらない活動であったり，ただのリクリエーション活動であったりしてはならないのである。そうならないためには，学級活動や学級経営上の課題を教師と児童生徒たちが共通認識できていることが必要である。教師だけが問題だと感じているのではなく，問題の所在（Thomas, G., 1985）が教師にも子どもたちにも意識されていることが大切である。例えば，男女の仲がギクシャクしている状態に対して，教師も子どもたちもいやな思いをもち，何とかしたいと感じている「共通の世界」をもてるような指導が必要である。対人関係ゲームは楽しい「遊び」が基本なので，執拗に問題意識をもたせる必要はないが，荒れているよう

第 5 章　総　括

な学級で突然ゲームを実施してもそれを楽しむことはできないだろう。しかし，対人関係ゲームがうまく実施されれば，課題を克服するための意味のある体験として，対人関係のスキルなどを獲得できるのである。

したがって図 5-6 のように，不登校児童生徒への支援にしても対人関係ゲームによる集団づくりにしても，まずはそれを支える基礎が必要である。不登校支援の場合は子どもとのリレーションづくりであり，対人関係ゲームの場合は学級活動や教師の日常的な指導などである。そして支援の基礎と実際の支援をつなぐ「共通の世界」があることで，不登校支援も対人関係ゲームも，有効に働くのである。

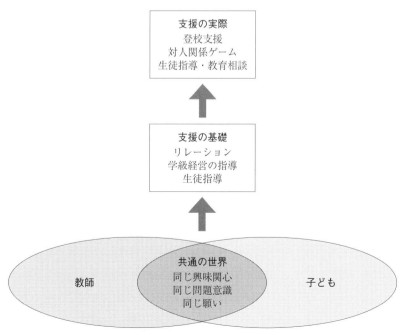

図 5-6　支援の基礎と実際の支援を結ぶ共通の世界

5.2.7 登校支援を促進する学校教育システムの可能性

　本書では，登校支援について各学校段階の教師を対象にインタビュー調査やアンケート調査を行ってきたが，登校支援のシステムづくりでは小学校の取り組み事例を分析することで結論を導き出してきた。したがって，その支援システムや方法が中学校や高等学校でも適応できるのかという検討が必要になる。

　各学校段階の教師を対象にしたアンケート調査では，登校支援を問題対処的支援，予防的支援，成長促進的支援に分類してその実態を検討したところ，小学校，中学校，高等学校と学校段階が上がるにしたがって「学級・授業づくり」「気になる子への配慮」「情報の共有」の各支援の平均値が低くなり，あまり行われなくなることなど，学校段階の違いが明らかになった。このことは，学校段階によってその異なるシステムをもっと有効に活用した不登校支援の可能性を示唆している。一方，学校段階の違いに差がなかったのは，不登校支援の成功事例と失敗事例の比較における各支援の実施率や，きっかけの認識が「学校」「家庭」「本人」の順に多く，全体的には「複合的状況」の割合が高かったことなどである。

　学級担任制の小学校ではほぼ終日，学級担任の教師が自分の学級の子どもたちに授業や給食指導，清掃指導などの活動を行い，専科教員の授業以外は学校生活全体をともにしている状態といえる。子どもにとって担任教師の存在は絶対的な関係性をもち，学級集団が学校生活の様々な面で大きな意味をもつ。中学校では教科担任制なので，道徳や総合的な学習以外の授業では各教科担任が授業を行い，学級担任が受け持ちの学級で行う活動は，受け持ちの教科の授業と短学活，給食指導，清掃指導などである。文化祭や体育祭，クラスマッチなどの行事では全員がまとまって活動することも多く，学級の凝集性はけっして低くはない。教科学習のシステム以外は小学校と同じようであるが，中学校の大きな特色は部活動である。中学

生にとって部活動は，朝夕の活動の他に大会等への出場などもあり，時間的に学校生活の大きな割合を占めている。また仲間とともに活動に取り組むことで，体力的，精神的な成長をもたらす意味もある。したがって，多くの中学生にとっては，学級集団と部活動の集団の両方に所属することになり，教師との関係でも授業や生活面で関係性をもつ学級担任と，部活動の指導で関係性をもつ部活顧問が，重要な存在となることが多い。高等学校では，教科担任制と部活動のシステムは中学校と似ているが，給食や清掃，短学活などを学級単位で行うことは少なく，行事などでは生徒が中心に行うことが多くなるので，学級担任が学級集団に関与することは少なくなる。また高等学校では，学級の他に進路ごとのコースや，全日制と定時制，あるいは単位制や通信制，多部制などの制度をとることもあり，学校の制度そのものが多様化しており，学級集団と教師の関係性，あるいは生徒と教師の関係性は小学校や中学校ほどには高くない。

　また，教師集団の特性としては，小学校では学年を中心とする教師のまとまりがあり，毎週の学年会などでは児童の様子を共通理解し合い，困難を抱えた児童については，まずは学年会が中心になって支援，指導の検討をする。また授業の進度や学校行事の打ち合わせなどをよく行い，学年内の教師の協働が普通に行われる。したがって，学年内の教師以外では委員会や研究部会などの役割としてのつながりしか関係性はなく，受け持ちの学級と学年内の仕事が小学校教師としての多くの割合を占める。中学校では，1年生は学校生活の適応，2年生は中間学年としての中だるみによる生徒指導や部活動の引き継ぎ，3年生は高校受験など学年ごとの教育課題が比較的明確で，そのためか学年の教師集団内でのつながりが強く，実質的な仕事も学年会が中心に動くことが多い。したがって，学年ごとの教師集団の特性が強く，学年団などという言い方もされる。その一方で，教科担任制と部活動，あるいは生徒指導上の理由などで，学年以外の教師同士のつながりもあり，協働しやすい特性をもっている。高等学校では，学年内のつながりと教科内での関係が強く，学校全体として共通の課題に向け

て取り組む姿勢は弱い。したがって，教師集団としては小学校や中学校よりも疎結合である。

　こうした全体的な学校教育システムや教師集団の特性などを学校段階で比較してみると，登校支援の要因として学級集団づくりや授業づくりが学校段階が上がるほど低くなることなどから，教師の学級集団に対する関与もそれにつれて少なくなり，学級経営が他の教育活動に与える影響も小さくなっていくと考えられる。したがって，中学校や，特に高等学校では学級経営に対して〇次的支援を期待することが困難になり，学級経営研究システムに対する教師の意識も学校段階が上がるほど期待することは難しくなると考えられる。

　では，子どもたちが学級集団に所属することは中学校や高等学校では意味のないことなのだろうか。撫尾ら（2011）は，中学生の不登校傾向と登校促進動機などの関係を検討し，中学生の登校促進動機として「将来展望・義務感」因子，「学校魅力」因子，「親の圧力」因子を見出している。特に「学校魅力」因子の項目には，「好きな友人がいるから」「友だちと会えるから」「好きな先生がいるから」などの友だち・先生要因が複数含まれている。また，笠井（1998）は中高生の登校促進要因と登校回避行動の関係を分析し，中学生も高校生も学校が楽しいと感じたり，学校生活に満足を得られたりすることの内容として，勉強面と友人関係の意味が大きいことを見出している。また制度的に考えると，高等学校では学校制度そのものが多様化しているとはいえ，単位制の高等学校以外はすべて学級の制度を設けていることから，友人との出会いや先生との関係などにおいて，学級集団の果たす意味は大きいと考えられる。したがって，中学校や高等学校でも学級が準拠集団として個人の成長や発達に与える影響をあらためて受けとめる必要があり，同時に学級経営研究システムによる教師の資質向上は必須であると考える。

　一方，実務的に考えて，学級経営を研究することの可能性については，工夫が必要である。中学校では教科担任制ではあるが，部活動や生徒指導，

教育相談などに教育的な意義を見出し，取り組みの比重も大きいことから，教師が不登校問題やその支援について認識を深めることで，学年の枠を超えた協働は可能である。また，信念を深めるためにも学級経営研究システムの柱である事例検討会が有効である。しかし，高等学校では教師の教科専門性が高く，生徒指導や教育相談でも教職員のつながりが弱く，教職員集団の特性がかなり疎結合であることから，学級経営を登校支援等の教育活動の基本と考えることは現実的ではない。疎結合の特性を生徒への支援にとって効果あるものにしようと考えるなら，生徒にとって相談できる教師がたくさんいるとか，数多くの居場所から自分が安心できる場所を選べるなど，援助資源としての人と場所の多様性が考えられる。それを可能にするには，高等学校の教師が教科指導にのみ意義を見出すのではなく，生徒の発達課題にも対応すべきであるという認識をもつことが前提となる。また，問題対応の支援を中心になってコーディネートする人材が必要である。

　さらに教師同士で助け合える被援助志向性の高い教師集団の形成や，問題の所在を教師と子どもたちが共有し，興味関心の世界を共通にすることなどは，小学校のみならず中学校でも高等学校でも必要であり，そのための研修が大切にされるべきである。

5.3 今後の課題

　教師が行っている不登校児童生徒への支援を，事例研究や質問紙調査，インタビュー調査などの方法で検討した結果，教師は不登校状態にある子どもたちの支援をしているだけではなく，すべての子どもたちを対象にした登校支援をしていることがわかった。それは教師にしかできない支援であり，教師が行うべき支援である。しかし，学級経営や授業が登校支援の基礎であり，あるいは登校支援そのものであるということは，教育実践の専門家である教師からすると当たり前のことと思われるかもしれない。したがって，その登校支援の内容である学級経営や授業の工夫，カウンセリング技法の活用，教師集団のあるべき姿などについて詳しく検討したことを，今後はさらにその支援の各論に対してより具体的に追求していかなければならない。また筆者自身が教師として関わった学校の事例であるので，当時の教職員に対して質問紙調査なりインタビュー調査なりを試みれば，さらに客観的な効果測定を行うことが可能であったと思われる。同様に教師に対して行ったインタビュー調査では，調査協力者の中には筆者の知り合いの教師も含まれていた。その影響は状況が理解しやすかったというプラスの面と，個人的感情を傷つけないようにという遠慮によるマイナスの部分があったのではないかと懸念される。

　本書では学級経営や授業を教師による登校支援という観点から分析し，主に学校心理学の理論を参考にしながら，不登校問題に対応するための可能性を見出してきた。そして，その可能性を具現するための方法として，既存の授業研究システムに加え学級経営研究システムを提案した。さらに，新システムによって教師の負担が大きくならないために，研究システムと委員会システムの組み合わせも提案した。それは不登校問題を解決するた

めに必要な事例検討会を機能させるためのアイデアである。小学校を想定したこれらの新システムが，中学校や高等学校など他校種でも活かされる可能性を検討したが，本書で述べた学校単位の事例研究は過去の実践をまとめたものであり，研究の再現性という点において必要十分な資料であったとは言い難い。よって，今後さらなる詳細な検討が必要である。

　さらに教育実践に活かされる登校支援研究を行うには，学級の児童生徒数の少人数化や教育課程の変更などの制度の問題，小中一貫校，中高一貫校，高校の単位制多部制などの学校の多様なシステムの問題，教師のバーンアウトややりがいの問題など，多方面からの検討が必要であると思われる。

あとがきにかえて——謝辞

　本書は学位論文「登校支援を促進する学校教育システムに関する研究」(2012) をまとめたものです。教師として長く公立小中学校や教育委員会で生徒指導に携わってきた私は，長野県教育委員会で指導主事として生徒指導係を担当し，その後最後に赴任した小学校では不登校支援の研究指定を受け，研究主任として悪戦苦闘しながらも様々な支援対策を実践してきました。現在は昭和女子大学で学校現場での実践を活かして生徒指導，問題行動，教育相談，学級経営などを教える立場になりました。こうして不登校問題に関しては学級担任として，学年主任として，そして生徒指導主事，研究主任，指導主事として多面的に関わってきました。したがって本論文は，新たに行った調査・研究を分析するだけでなく，学校での実践を学校心理学やカウンセリング心理学等の理論によって新たに意味づけるものとなっています。学校の先生方が日々苦労している不登校児童生徒への支援や学級経営等によるすべての子どもの登校支援が，有意義な意味をもつものとなり，学校へ登校できないで悩んでいる子どもたちの役に立つことを願っています。

　さて，本書を執筆するにあたり，多くの方々からご指導，ご協力をいただきました。主査を務めていただきました三浦香苗先生，鵜養啓子先生，副査の田上不二夫先生，今城周造先生，小川哲男先生には本当にお世話になりました。ご多忙の中にもかかわらず，懇切丁寧なご指導ご助言を賜り，本当に感謝申し上げます。長く教職についていた私に対して，論文の書き方からご指導いただいた三浦先生には，時に厳しく時にユーモアをもってお導きいただき，転職したばかりの私にとっては三浦ゼミが１つの心の拠りどころにもなりました。先生のご在職中に論文を完成させられなかったことが残念です。その後を引き継いで主査を務めていただいた鵜養先生は，論文の完成に向けて細かにご指導をいただきました。また学校現場に

あとがきにかえて

いた私にとっては，鵜養先生と交わしたスクールカウンセリングについての会話は，いつも楽しく自分の実践を勇気づけていただいたように思います。

田上先生にはこれまでも大学や田上塾等でご指導をいただいており，特に対人関係ゲームについては深い示唆をいただきました。私の教師としての実践はやはり学級集団づくり等の人間関係の育成に収斂されるのだとあらためて実感いたしました。今城先生にはアンケート調査等の結果の分析において，適切に細かな点についてもご指導いただくと同時に，いつもにこやかに励ましてくださり，とても心強かったです。小川先生には教育論文の書き方をご指導いただきました。初等教育学科の学科長という立場上，私の仕事と研究の両面において，ご指導ご配慮，そして温かな励ましをいただきました。教師と院生の両立ができたのは，小川先生のご配慮のおかげと感謝しております。

本書のアンケート調査やインタビュー調査にあたっては，岩手大学の山本奬先生が作成された，不登校状態に有効な教師による支援方法の分類を参考にさせていただきました。また，学校や教師の側から不登校支援を考えるにあたり，多くの示唆をいただきました。感謝申し上げます。

様々なデータの収集にあたっては，群馬社会福祉大学の森慶輔先生，千葉大学の笠井孝久先生はじめ，三重県，東京都，群馬県，千葉県等の多くの先生方にご協力をいただきました。また，インタビュー調査に応じていただいた小中学校の先生方や保護者の皆さん，不登校を経験した高校生等にも厚く感謝いたします。

調査データの入力や解析にあたっては昭和女子大学生活心理研究所助教の増淵裕子氏，および同研究所特別研究員の満野史子氏のお力をお借りし，分析をしながら何度も一緒に検討をしていただきました。さらに同僚でありゼミの先輩でもある石井正子氏には論文執筆の方法から研究の進め方，大学教員と院生の両立の極意などについて相談にのっていただき，いつも叱咤激励をいただきました。また百瀬良氏，浅賀万里江氏ともゼミで議論

を交わし，学ぶ楽しさをあらためて感じさせていただきました。

　教師として不登校問題の取り組みをまとめ，様々な角度から分析させていただいた長野市立裾花小学校の歴代校長である海野浩先生，村田登先生，渡邊和代先生はじめ諸先生方には，学校として取り組んだ教育実践を論文としてまとめることを快く了承してくださったことに厚く感謝申し上げます。

　本書は，私が教師として生徒指導や学級経営に携わった実践の集大成ともいえるものです。その実践には困難に出会った多くの子どもたちの人生の一端にふれさせていただいた結果が存在します。その子どもたちに感謝するとともに，その背景で子どもたちを支援してこられた保護者の皆さんにも感謝いたします。また，教師と大学院生という二足のわらじを履くことを快諾してくださった昭和女子大学，特に私が所属する初等教育学科の先生方に御礼申し上げます。

　また義務教育の教師を退職して大学教師として再出発した私が，さらに大学院生になることに不安を感じながらも，いつも応援してくれた妻と，笑顔で励ましてくれた娘，そして常に私たち家族を励ましてくれる母と義母に心から感謝いたします。

　なお本書は，平成26年度昭和女子大学博士論文出版助成（学長裁量研究費）の助成金をいただいて刊行されました。ありがとうございました。

2015年2月

引用・参考文献

浅野房雄（1990）「欠席の多い児童に関する調査」『カウンセリング研究』23(2), 158-169.

有村久春（2009）『教育の基本原理を学ぶ——教師の第一歩を確かにする実践的アプローチ』金子書房

Broadwin, I.T. (1932). A contribution to the study of truancy. *American Jounal of Othopsychatry*, 2, 253-259.

千葉県教育センター（1973）「登校拒否児童・生徒の治療的指導に関する研究」『研究紀要』124

Davidson, S. (1960). School phobia as manifestation of a family disturbance: Its structure and maganement. *Journal of Child Psychology and Psychiatry*, 1, 270-287.

原田直樹（2011）「不登校児童生徒の状況と対応に苦慮する点に関する調査研究——家庭支援に向けての考察」『福岡県立大学看護学研究紀要』8(1), 11-18.

Hersov, L.A. (1960). Persistent non-attendance at school. *Journal of Child Psychology and Psychiatry*, 1, 130-136.

菱山洋子・古川八郎（1982）「学校ぎらいの統計研究（2）——全国における出現率の推移と社会的要因の考察」『児童青年精神医学とその近接領域』23-4, 223-234.

本間友巳（2000）「中学生の登校を巡る意識の変化と欠席や欠席願望を抑制する要因の分析」『教育心理学研究』48, 32-41.

保坂 享（1995）「学校を欠席する子どもたち——長期欠席の中の登校拒否（不登校）とその潜在群」『教育心理学研究』43(1), 52-57.

保坂 享（1997a）「不登校の学校要因Ⅰ——不登校の出現率と学校の客観属性」『臨床心理学研究』34(3), 2-10.

保坂 享（1997b）「不登校の学校要因Ⅱ——不登校の多い学校と少ない学校の比較」『臨床心理学研究』35(1), 30-39.

保坂 享（1998a）「不登校の学校要因Ⅲ——地域差と学校差」『臨床心理学研究』36(1), 2-8.

保坂　亨（2000）『学校を欠席する子どもたち――長期欠席・不登校から学校教育を考える』東京大学出版会
保坂　亨（2002）「不登校をめぐる歴史・現状・課題」『教育心理学年報第41集』157-169.
保坂　亨（2009）『"学校を休む"児童生徒の欠席と教師の休職』学事出版
藤岡孝志（2005）『不登校臨床の心理学』誠信書房
古川八郎・菱山洋子（1980）「学校ぎらいの統計研究（1）不登校臨床の心理学　東京都における出現率の推移と社会的要因の考察」『児童青年精神医学とその近接領域』21-5，300-309.
渕上克義（1995）『学校が変わる心理学――学校改善のために』ナカニシヤ出版
一谷　彊・相田貞夫・塩見哲夫（1986）「中学生の集団不適応と教育相談の実践的研究――特に登校拒否の早期発見及び予防について」『京都教育大学教育実践研究年報』2，269-305.
一谷　彊・相田貞夫・水谷　昭（1989）「長期欠席生徒の問題理解と指導・援助――中学生の場合」『京都教育大学教育実践研究年報』5，323-345.
飯野哲朗（2003）『「なおす」生徒指導「育てる」生徒指導――カウンセリングによる生徒指導の再生』図書文化
稲村　博（1994）『不登校の研究』新曜社
井澤　孝（2010）「いじめの後遺症――不登校の研究泣きながら謝り，そして許せるまで」田上不二夫編著『実践グループカウンセリング――子どもが育ちあう学級集団づくり』174-177.
石隈利紀（1999）『学校心理学――教師・スクールカウンセラー・保護者のチームによる心理教育的援助サービス』誠信書房
石隈利紀・田村節子（2003）『石隈・田村式援助シートによる チーム援助入門 学校心理学・実践編』図書文化
伊藤美奈子（2009）『不登校――その心もようと支援の実際』金子書房
Johnson, A.M., Falstein, F.I., Szurek, S., & Svendse, M.（1941）. Schoolphobia. *American Journal of Orthopsychiatry*, 2，702-708.
Kahn, J.H.（1958）. School Refusal. The Medical Officer.
Klien, E.（1945）. The reluctance to go to school. *Psychoanalytic Study of the child*, 1，263-279.
笠井央理恵（1998）「中学生・高校生の登校回避感情に関する一考察――登校促進要因，登校回避行動との関連を中心に」『名古屋大学大学院発達臨床専

攻修士学位論文』
笠井孝久（2001）「不登校児童生徒が期待する援助行動」『千葉大学教育学部研究紀要』I，教育科学編，49，181-189．
河村茂雄（1998）『崩壊しない学級経営をめざして——教師・学級集団のタイプでみる学級経営』学事出版
河村茂雄（1999）『学級崩壊に学ぶ——崩壊のメカニズムを断つ教師の知識と技術』誠信書房
河村茂雄（2003）『育てるカウンセリングによる教室課題対応全書2　学級クライシス』図書文化
貴戸理恵（2004）『不登校は終わらない——「選択」の物語から〈当事者〉の語りへ』新曜社
岸田幸弘（1994）「異なる型の成績情報に対する教師の原因帰属」『信州大学大学院教育学研究科修士論文』
岸田幸弘（2002）「学校内チーム支援の体制づくり」『日本カウンセリング学会第35回大会発表論文集』150
岸田幸弘（2003）「マイナス情報からリソースを探す」『月刊学校教育相談』5月号，26-29．
岸田幸弘（2003）「リソースマップ」『月刊学校教育相談』5月号
岸田幸弘（2008）「中1ギャップの解消を目指した小学校での登校支援」『日本カウンセリング学会第41回大会発表論文集』220
岸田幸弘（2009）「不登校支援の在り方を探る——ある同一事例の当事者，母親，担任教師の認識のずれ」『昭和女子大学紀要「学苑」』824，31-51．
岸田幸弘（2010）「教師が行う不登校児童生徒への支援——小中学校教師へのインタビューから」『昭和女子大学紀要「学苑」』836，50-62．
岸田幸弘（2011）「教師が行なった不登校支援策の選択・決定の理由——小学校教師へのインタビューから」『昭和女子大学紀要「学苑」』848，42-60．
岸田幸弘（2012a）「不登校児童生徒への支援に関する教師の意識調査」『昭和女子大学紀要「学苑」』856，28-46．
岸田幸弘（2012b）「不登校のきっかけと教師による支援」『昭和女子大学紀要「学苑」』857，34-45．
岸田幸弘（2012c）「学校段階の違いによる教師の不登校支援——問題対処・予防・成長促進の視点から」『昭和女子大学大学院生活機構研究科紀要』21，69-81．

岸田幸弘（2012d）「すべての子どもの登校支援に取り組んだ学校の実践事例」『昭和女子大学紀要「学苑」』860，16-34.

岸田幸弘・高橋知音（1999）「SGEのエクササイズによって期待される効果――参加者は何を体験したか」『日本カウンセリング学会第32回大会発表論文集』76-76.

岸田幸弘・高橋知音（2000）「同一のSGEのエクササイズを通して得られる体験はいつも同じか？」『日本カウンセリング学会33回大会発表論文集』312-313.

國分康孝（1992）『構成的グループ・エンカウンター』誠信書房

国立教育政策研究所（2003）「中1不登校生徒調査（中間報告）[平成14年12月実施分]――不登校の未然防止に取り組むために」

国立教育政策研究所生徒指導研究センター（2004）「不登校の未然防止に取り組むために――中1不登校生徒調査からわかったこと」（パンフレット）

小林正幸・小野昌彦（2005）『教師のための不登校サポートマニュアル――不登校ゼロへの挑戦』明治図書出版

高坂美幸（2010）「キャリア教育プログラムの実践――事例6 チームで働く意識づくり」田上不二夫編著『実践グループカウンセリング――子どもが育ちあう学級集団づくり』90-95.

松澤裕子・高橋知音（2011）「児童主体のゲーム展開が学級に及ぼす効果（2）」『日本カウンセリング学会第44回大会発表論文集』

水野久治・石隈利紀（1999）「被援助志向性，被援助行動に関する研究の動向」『教育心理学研究』47，530-539.

光森英子（2003）「不登校の子どもへの支援に関する一考察」『やまぐち総合教育支援センター長期研究教師報告書　平成15年度報告書』71-79.

文部省（1983）「生徒の健全育成をめぐる諸問題――登校拒否問題を中心に　中学高等学校編」『生徒指導資料第18集・生徒指導研究資料12集』

文部省（1992）「学校不適応対策調査研究協力者会議報告　登校拒否（不登校）問題について――児童生徒の『心の居場所』づくりを目指して」

文部科学省（2001）「不登校に関する実態調査（平成五年度不登校生徒追跡調査報告書）について」

文部科学省（2003）「不登校問題に関する調査研究協力者会議報告――今後の不登校への対応の在り方について」

文部科学省（2010）「児童生徒の問題行動等生徒指導上の諸問題に関する調査」

文部科学省（2011）「平成22年度児童生徒の問題行動等生徒指導上の諸問題に関する調査」
内閣府（2002）『平成13年度国民生活白書——家族のくらしと構造改革』ぎょうせい
長野県教育委員会（2004）「LD・ADHD児等のための自律教育校内支援体制の手引き 第1集『みんなで支援 みんなが笑顔』」
西澤佳代・田上不二夫（2001）「対人関係ゲーム・プログラムによる不登校児の指導」『カウンセリング研究』34（2），192-202.
奥地圭子（2005）『不登校という生き方 教育の多様化と子どもの権利』日本放送出版協会
小野 修（1972）「登校拒否の基礎的研究」『児童青年精神医学とその近接領域』13（4），250-259.
小野 修（1995）「不登校の学校要因仮説」『人間性心理学研究』13（1），65-79.
小沢美代子（2003）『上手な登校刺激の与え方——先生や家庭の適切な登校刺激が不登校の回復を早めます！』ほんの森出版
小沢美代子（2008）「不登校の子どもへの適切な登校刺激」『教育と医学』56（4），353-359.
Reynols, D., Jones, D., Leger, S.S., & Murgatroyd, S.（1980）. School Factors and truancy. In Hersov, L.（ed.）*Out of School: Modern Perspectives in Truancy and School Refusal.* John Wiley & Sones, 85-110.
Rutter, M., Maughan, B., Mortimore, P., & Oustin, J.（1979）. *Fifteen Thousand Hours: Secondary school and their effects on children London*: Paul Chapman Publishing Ltd.
佐藤 学（2000a）「いじめ発生メカニズムと解決の事例研究」東京大学大学院教育学研究附属学校臨床総合教育研究センター『ネットワーク』第3号，57-61.
佐藤 学（2000b）『授業を変える学校が変わる——総合学習からカリキュラムの創造へ』小学館
佐藤 学・新潟県長岡市立南中学校（2000）『地域とともに"学校文化"を立ち上げる』明治図書出版
沢宮容子・田上不二夫（2003）「選択性緘黙児に対する援助としてフェイディング法に対人関係ゲームを加えることの意義」『カウンセリング研究』36

380-388.
志水宏吉・徳田耕造（1991）『よみがえれ公立中学校——尼崎市立「南」中学校のエスノグラフィー』有信堂
杉本希映・庄司一子（2007）「中学生における『居場所』の有無と不登校傾向との関連の検討」『日本教育心理学会第49回総会発表論文集』286.
関　文恭（1993）「荒れた中学校における学校改善の実証的研究」『実験社会心理学研究』33（2），122-130.
田上不二夫（1999）『実践スクールカウンセリング——学級担任ができる不登校児童・生徒への援助』金子書房
田上不二夫（2003）『対人関係ゲームによる仲間づくり——学級担任にできるカウンセリング』金子書房
田上不二夫・今田里佳・岸田優代編（2007）『特別支援教育コーディネーターのための対人関係ゲーム活用マニュアル』東洋館出版
田上不二夫（2010）『実践グループカウンセリング——子どもが育ちあう学級集団づくり』金子書房
鑪　幹八郎（1989）「登校拒否と不登校」『児童青年精神医学とその近接領域』30，260-264.
田村節子・石隈利紀（2006）「中学校教師の被援助志向性に関する研究——状態・特性被援助志向性尺度の作成および信頼性と妥当性の検討」『教育心理学研究』54（1），75-89.
滝　充（2005）「不登校を減らす——未然防止に必要な考え方と具体的な取り組み」『教育時報』岡山県教育委員会
滝　充（2005）「今後の不登校対応はどうあるべきか」『信濃教育』第1424号，1-10.
滝　充（2010）「不登校を減らす——事実を直視した対応の必要性」『信濃教育』第1484号，10-18.
東京大学医学部心療内科TEG研究会編（2006）『新版TEG II　解説とエゴグラム・パターン』金子書房
Thomas, G.（1985).Teacher Effectiveness. Training Crown Publishing Group（奥澤良雄・市川千秋・近藤千恵共訳『T.E.T. 教師学——果的な教師＝生徒関係の確立』小学館）
内田圭子（2010）「宿泊学習プログラムの実践——高校のオリエンテーション合宿」田上不二夫編著『実践グループカウンセリング——子どもが育ちあう

学級集団づくり』76-79.
撫尾知信・加藤雅世子（2011）「中学生における不登校傾向と登校促進動機・欠席促進動機及び不登校評価との関連」『佐賀大学教育実践研究』28，1-20.
渡辺亜矢子（1992）「東京都公立中学校における『学校ぎらい』出現率の学校差および地域差」『生徒指導研究』9，143-162.
山本 奬（2007）「不登校状態に有効な教師による支援方法」『教育心理学研究』55(1)，60-71.
山口豊一（2005）『学校心理学が変える新しい生徒指導──一人ひとりの援助ニーズに応じたサポートをめざして』学事出版
八並光俊・新井 肇（2001）「教師バーンアウトの規定要因と軽減方法に関する研究」『カウンセリング研究』34(3)，249-260.

資　料

資料１　不登校児童生徒への支援に関する調査
資料２　対人関係ゲームによる集団づくりの実践事例

資料1

不登校児童生徒への支援に関する調査

　当てはまる記号に○をつけ，自由記述欄には率直なお考えを記述してください。

記入年月日：平成　　年　　月　　日

Ⅰ．回答者ご自身についての質問

1. 現在の勤務校　　a. 幼稚園　　b. 小学校　　c. 中学校
　　　　　　　　　d. 高等学校　　e. 特別支援学校　　f. その他

2. 性別　　a. 男　　b. 女

3. 年齢　____歳

4. 教職勤続年数（非常勤等も含む）　____年

5. 現在の役職・校務分掌（次の分掌の中で当てはまるものすべてに○）

> a. 校（園）長　　b. 教頭（副校（園）長）　　c. 教務主任
> d. 主幹教諭　　e. 指導教諭　　f. 学年主任　　g. 学級担任
> h. 生徒指導係（主事）　　i. 教育相談係
> j. 特別支援教育コーディネーター　　k. 不登校支援（指導）係
> l. 就学指導係　　m. スクールカウンセラー担当（連絡係）
> n. 特別支援学級担任　　o. 養護教諭　　p. 進路指導係
> q. 少人数 ,TT, 相談員　　r. その他

6. 教職に就いてから不登校児童生徒の支援に直接的，間接的に関わった人数

> (1) 担任として　　a. 0人　　b. 1人　　c. 2人　　d. 3人
> 　　　　　　　　　e. 4人　　f. 5人以上
> (2) 担任以外の立場で　　a. 0人　　b. 1人　　c. 2人　　d. 3人
> 　　　　　　　　　　　　e. 4人　　f. 5人以上

7. 不登校支援（関連する周辺領域を含む）に関する研修を受けた回数（校内研修会を含む）

> a. 全くない　　b. 3回以下　　c. 4～6回ぐらい　　d. 7～10回ぐらい
> e. それ以上　　f. 日常的 , 定期的に研究会等に参加している

これまでに経験した不登校児童生徒への支援で，よく支援できたと思う事例とうまくいかなかったと思う事例を1つずつ思い起こしてください。

Ⅱ. よく支援できたと思う事例についての質問

1. 事例の概要

(1) 支援した児童生徒	幼稚園　　小学校　　中学校　　高等学校	
	年生（～　　年生まで）	男・女
(2) あなたはどのような立場で支援に関わりましたか（学級担任，養護教諭，部活顧問 等）		
(3) 不登校になった原因やきっかけと欠席の様子		
(4) 支援後の児童生徒の様子		

2. この事例での具体的な取り組みとして，以下のような支援について「効果があった」から「効果がなかった」までの中で当てはまる番号に○を付けてください。なお，行わなかった取り組みについては，□の中にチェック☑をしてください。

	効果があった	少し効果があった	あまり効果がなかった	効果がなかった	行わなかった
1. 電話連絡や家庭訪問を行った。	4	3	2	1	☐
2. 交換日記や連絡帳などを通して，連絡を密にした。	4	3	2	1	☐
3. 友人を通してプリントを渡すなどした。	4	3	2	1	☐
4. 話し合いをしたり傾聴したりすることで，不安や焦りを抱える父母や家族を支えた。	4	3	2	1	☐
5. 相談担当や生徒指導担当の教師に援助を求めた。	4	3	2	1	☐
6. 養護教諭に援助を求めた。	4	3	2	1	☐
7. スクールカウンセラーや相談員などに援助を求めた。	4	3	2	1	☐
8. 相談室などで過ごせるようにした。	4	3	2	1	☐
9. 保健室などで過ごせるようにした。	4	3	2	1	☐
10. 居場所を確保するために個別の学習室を設けた。	4	3	2	1	☐
11. 学校行事や係活動などを活かして活躍の場をつくった。	4	3	2	1	☐
12. 家での趣味や運動などを勧めた。	4	3	2	1	☐
13. 将来の夢や進路について助言した。	4	3	2	1	☐
14. 傾聴することで，児童生徒を支えた。	4	3	2	1	☐
15. 不安や焦りを聞くことで，児童生徒を支えた。	4	3	2	1	☐
16. 児童生徒と友人との関係（学級内の環境）を調整した。	4	3	2	1	☐

	効果があった	少し効果があった	あまり効果がなかった	効果がなかった	行わなかった
17. 児童生徒と教師との関係を調整した。	4	3	2	1	□
18. 児童生徒と家族との関係を調整した。	4	3	2	1	□
19. 児童生徒の送り迎えを行った	4	3	2	1	□
20. 他の児童生徒がいない時間に，登校してみることを勧めた。	4	3	2	1	□
21. 目標を細分化し，段階的に学校に慣らすようにした。	4	3	2	1	□
22. 学習について個別の指導を行った。	4	3	2	1	□
23. 学習の遅れを取り戻すための指導を行った。	4	3	2	1	□
24. 社会のルールや規則などについて指導した。	4	3	2	1	□
25. 規則正しい生活をするように指導した。	4	3	2	1	□
26. 教育センターや適応指導教室と連携を図った。	4	3	2	1	□
27. 児童相談所と連携を図った。	4	3	2	1	□
28. 病院や診療所と連携を図った。	4	3	2	1	□
29. 普段から児童生徒の不安や心配事の話を聞いたり，相談にのったりしていた。	4	3	2	1	□
30. 欠席の回数やその休み方などに注意を払っていた。	4	3	2	1	□
31. クラス集団のルールや役割を徹底したり，関係づくりや感情の交流を促進したりしていた。	4	3	2	1	□
32. 授業の中でのグループ作り，認められる場面づくり，発言のしやすさなどの工夫を行っていた。	4	3	2	1	□

3. その他,行った支援とその効果（自由記述）

Ⅲ. うまく支援<u>できなかった</u>と思う事例についての質問

1. 事例の概要

(1) 支援した児童生徒	幼稚園　　小学校　　中学校　　高等学校	
	年生（～　　年生まで）	男・女
(2) あなたはどのような立場で支援に関わりましたか（学級担任,養護教諭,部活顧問 等）		
(3) 不登校になった原因やきっかけと欠席の様子		
(4) 支援後の児童生徒の様子		

2. この事例での具体的な取り組みとして，以下のような支援について「効果があった」から「効果がなかった」までの中で当てはまる番号に○を付けてください。なお，行わなかった取り組みについては，□の中にチェック☑をしてください。

	効果があった	少し効果があった	あまり効果がなかった	効果がなかった	行わなかった
1. 電話連絡や家庭訪問を行った。	4	3	2	1	☐
2. 交換日記や連絡帳などを通して，連絡を密にした。	4	3	2	1	☐
3. 友人を通してプリントを渡すなどした。	4	3	2	1	☐
4. 話し合いをしたり傾聴したりすることで，不安や焦りを抱える父母や家族を支えた。	4	3	2	1	☐
5. 相談担当や生徒指導担当の教師に援助を求めた。	4	3	2	1	☐
6. 養護教諭に援助を求めた。	4	3	2	1	☐
7. スクールカウンセラーや相談員などに援助を求めた。	4	3	2	1	☐
8. 相談室などで過ごせるようにした。	4	3	2	1	☐
9. 保健室などで過ごせるようにした。	4	3	2	1	☐
10. 個別の学習室を設けた。	4	3	2	1	☐
11. 学校行事や係活動などを活かして活躍の場をつくった。	4	3	2	1	☐
12. 家での趣味や運動などを勧めた。	4	3	2	1	☐
13. 将来の夢や進路について助言した。	4	3	2	1	☐
14. 傾聴することで，児童生徒を支えた。	4	3	2	1	☐
15. 不安や焦りを聞くことで，児童生徒を支えた。	4	3	2	1	☐
16. 児童生徒と友人との関係（学級内の環境）を調整した。	4	3	2	1	☐

	効果があった	少し効果があった	あまり効果がなかった	効果がなかった	行わなかった
17. 児童生徒と教師との関係を調整した。	4	3	2	1	☐
18. 児童生徒と家族との関係を調整した。	4	3	2	1	☐
19. 児童生徒の送り迎えを行った	4	3	2	1	☐
20. 他の児童生徒がいない時間に，登校してみることを勧めた。	4	3	2	1	☐
21. 目標を細分化し，段階的に学校に慣らすようにした。	4	3	2	1	☐
22. 学習について個別の指導を行った。	4	3	2	1	☐
23. 学習の遅れを取り戻すための指導を行った。	4	3	2	1	☐
24. 社会のルールや規則などについて指導した。	4	3	2	1	☐
25. 規則正しい生活をするように指導した。	4	3	2	1	☐
26. 教育センターや適応指導教室と連携を図った。	4	3	2	1	☐
27. 児童相談所と連携を図った。	4	3	2	1	☐
28. 病院や診療所と連携を図った。	4	3	2	1	☐
29. 普段から児童生徒の不安や心配事の話を聞いたり，相談にのったりしていた。	4	3	2	1	☐
30. 欠席の回数やその休み方などに注意を払っていた。	4	3	2	1	☐
31. クラス集団のルールや役割を徹底したり，関係づくりや感情の交流を促進したりしていた。	4	3	2	1	☐
32. 授業の中でのグループ作り，認められる場面づくり，発言のしやすさなどの工夫を行っていた。	4	3	2	1	☐

3. その他,行った支援とその効果(自由記述)

IV. 次のような不登校の支援について,これまでのご自分の経験や普段からのお考えに最も近いと思われる番号に〇をつけてください(学級担任を想定していますが,他の方も可能な範囲でお答えください)。

	よくある	時々ある	どちらかといえばある	どちらかといえばない	あまりない	全くない
1. 欠席や遅刻早退などがなくても,次のような子どもの様子から不登校が心配になって注意深く様子をみることがある。						
①子どもの学校生活の様子から	6	5	4	3	2	1
②子どもの家庭生活の様子から	6	5	4	3	2	1
2. 気がかりな子どもには積極的に声をかける。	6	5	4	3	2	1
3. 欠席した子どもにはプリントや連絡帳などが必ず届くように,近所の子どもに依頼するなど配慮する。	6	5	4	3	2	1
4. 保護者から欠席連絡があっても,必ず学校から連絡をして様子を聞く。	6	5	4	3	2	1
5. 連続して数日欠席した場合は,家庭訪問をして様子を聞く。	6	5	4	3	2	1

資 料

	よくある	時々ある	どちらかといえばある	どちらかといえばない	あまりない	全くない
6. 欠席や遅刻早退が続いたりその回数が多くなったりしたときに，次のようなことをする。						
①学年会で話題にしたり，他の教師に相談したりする	6	5	4	3	2	1
②職員会で報告し全職員に事情を理解してもらう	6	5	4	3	2	1
7. 保護者から登校しぶりの情報が得られたときは，すぐに学年会や他の教師，相談員等に相談する。	6	5	4	3	2	1
8. 保護者から「最近，学校へ行きたがらない」と聞かされたときは，すぐに保護者と面談し，よく話を聞くようにする。	6	5	4	3	2	1
9. 不登校気味の子どもの情報を得るために，話を聞く。						
①その子どものクラスや部活動の仲間から話を聞く	6	5	4	3	2	1
②養護教諭や部活顧問，その他関係者から話を聞く	6	5	4	3	2	1
10. 不登校気味の子どもの様子を，学級の子どもたちにも必要に応じて説明する。	6	5	4	3	2	1
11. 生活班や給食当番，清掃分担場所などを決めるときに，不登校気味の子どもがなじめるように友人関係などを配慮する。	6	5	4	3	2	1
12. 不登校気味の子どもの興味や関心，得意なことなどを考慮して学級の中で活躍できる場を設定する。	6	5	4	3	2	1

	よくある	時々ある	どちらかといえばある	どちらかといえばない	あまりない	全くない
13. 不登校気味の子どもと先生との関係を密にするために，次のことをする。						
①交換日記や手紙，メールのやりとりなどをする	6	5	4	3	2	1
②その子どもの興味や関心のある分野について勉強する	6	5	4	3	2	1
14. 学校へ行きたがらない（行けない）原因が，友人や教師との関係にあるとわかったときは，すぐに関係調整のための支援をする。	6	5	4	3	2	1
15. 学校へ行きたがらない（行けない）原因が勉強の遅れ（学習困難）であるとわかったときは，個別に学習支援をする。	6	5	4	3	2	1
16. 学校へ行きたがらない（行けない）原因が家庭にあるとわかったときは，家庭とよく話し合う。	6	5	4	3	2	1
17. 学校へ行きたがらない（行けない）原因が家庭にあるとわかったときは，スクールカウンセラーや関係機関に相談する。	6	5	4	3	2	1
18. 普段から子どもたちの不安や問題を把握するために，アンケートや相談（面接）を行う。	6	5	4	3	2	1
19. 子どもたちと本音で話をしたり，相談を受けやすくしたりするために，共感的な態度に心がける。	6	5	4	3	2	1
20. 子どもを不登校にしないために，学級内のけんかやトラブルがあったときにはきちんと解決する。	6	5	4	3	2	1

	よくある	時々ある	どちらかといえばある	どちらかといえばない	あまりない	全くない
21. 学級開きのときにはみんながなじめるように，楽しい学級活動を取り入れる。	6	5	4	3	2	1
22. 学級開きのときには，いじめや差別は許さないという話をする。	6	5	4	3	2	1
23. 転入生があったときには，早くなじめるように人間関係に気を配る。	6	5	4	3	2	1
24. 仲のよい学級集団にするために，構成的グループ・エンカウンターや対人関係ゲームなどを取り入れる。	6	5	4	3	2	1
25. 学級活動は子どもたちが創意工夫できるものを考える。	6	5	4	3	2	1
26. 遠足などの昼食時に，一人だけて食べる子どもがいないように配慮する。	6	5	4	3	2	1
27. 子どもがはじめて眼鏡をかけてきたり，髪を切ってきたりしたときに，からかいやいじめの対象にならないように配慮する。	6	5	4	3	2	1
28. 不登校の子どもを出さないように，次のような配慮をする。						
①席替えのときに配慮する	6	5	4	3	2	1
②係や当番を決めるときに配慮する	6	5	4	3	2	1
29. 休み時間や放課後には，子どもたちと遊んだり話をしたりして学級の様子を把握する。	6	5	4	3	2	1
30. 朝の健康観察では，1人ひとり点呼して心身の状態を把握する	6	5	4	3	2	1

	よくある	時々ある	どちらかといえばある	どちらかといえばない	あまりない	全くない
31. 授業ではどんな意見も言いやすいように，発言のさせ方を工夫する。	6	5	4	3	2	1
32. 授業の中ではいろいろな友だちと関わるように，グループ学習やペア学習などを進める。	6	5	4	3	2	1
33. 子どもたちの気持ちを交流させるために，授業の中で話し合い学習や表現学習を取り入れる。	6	5	4	3	2	1
34. 不登校の子どもを減らすために，次のことをする。						
①学校全体（職員会等）で情報交換をする	6	5	4	3	2	1
②事例検討会や研修会に参加する	6	5	4	3	2	1
35. 普段から不登校等の学級内の出来事を，次の人に相談する。						
①校長や副校長（教頭）などの管理職に相談する	6	5	4	3	2	1
②養護教諭に相談する	6	5	4	3	2	1
③教育相談担当者や生徒指導係などに相談する	6	5	4	3	2	1
④特別支援教育コーディネーターに相談する	6	5	4	3	2	1
⑤スクールカウンセラーや相談員等に相談する	6	5	4	3	2	1

ご協力ありがとうございました

資料2

対人関係ゲームによる集団づくりの実践事例

対人関係ゲームによる集団づくりの実践事例　No.1

No.1	タイトル	
	対人関係ゲーム・プログラムによる不登校児の指導	
対象	困難な状況	支援の方向	支援の実際と対人関係ゲーム・プログラム
小学校5年　女（Aさん）　　中心的支援者　　特別支援学級担任　原学級担任	クラス替え後の学級になじめず、ソシオでは選択，被選択とも全くなく孤立。情障学級に通い，少しずつ原学級の活動に参加。クラスメイトもAさんにどう関わったらよいか戸惑いがある。	いじめられているわけではないので，Aさんと学級の友だちとの交流を促進し，よい関係づくりをめざす。	1. 凍り鬼（ジャンケン列車）関係・協力 2. 探偵ゲーム（新聞紙に乗る）協力・関係 3. 人間ブリッジ（腕組み立ち座り）協力 ※この時点で教室復帰したためゲームは中断。6年になって臨海教室に向けて以下のプログラムを実施。 4. 目隠しウオーク（人間いす）心通わす 5. わたしはワタシ（鑑になる） 6. フォーカス（風船バレー）

※ 対象列は4行に分かれて記載（小学校5年 女（Aさん）／中心的支援者／特別支援学級担任／原学級担任）

報告者	発表
特別支援学級担任	カウンセリング研究，34，192-202 対人関係ゲームによる仲間づくり（2003）
プログラムの特徴	結果とポイント
（不安解消） ・5年生1月～2月 ・1週間に1セッション ・運動量多くゲーム性の高いゲームからスキンシップ，他者発見・他者理解へ ・自由度の高いゲームから低いゲームへ ・他者理解と自己理解をウオーミングアップとメインのゲームで組み合わせる ・リーダーは原学級担任	［結果］ ・Aさんは学級に復帰でき，小グループ化していた女子が全員まとまった。孤立児，周辺児も減少し，学級集団全体の人間関係が促進した。 ［ポイント］ ・Aさん本人がクラスに心を向け始めたときに対人関係ゲームを実施たことが効果的だった。 ・運動量，ゲーム性と自由度が高いゲームから始めたこと。 ・ゲームで何をすればよいかルールを明示したことが効果的だった。 ・ゲームの中で関わり合う体験をしたこと。 ・高学年進級時，宿泊学習を控えた時期というタイミングがよかった。 ・担任が思春期の児童の不安を理解していて，担任自身も児童と積極的に関わった。報告者（特別支援学級担任）と原学級担任の協力関係がよい。

対人関係ゲームによる集団づくりの実践事例 No.2

No.2	タイトル		
	クラスになじめなかったBさんと6年2組		
対象	困難な状況	支援の方向	支援の実際と対人関係ゲーム・プログラム
小学校6年女(Bさん) 中心的支援者 学級担任	6年間クラス替えなく，高学年で学級崩壊状態。6年時のみの担任。本人は3年からの転入で，クラスになじめず不登校傾向。友だちをいじめたり，体育に参加しない，授業中は勝手な勉強，感情の爆発など，対人関係づくりが苦手。	クラスみんなで楽しむ活動経験が少なく，関係が希薄なため，子ども同士の交流を促進して，温かな人間関係のある集団づくりをめざす。	[4〜5月前半] 1. 名前の由来（学級開き） 2. 2人でコラージュ（学年2クラス合同） 3. 新聞紙の使い道 4. 凍り鬼（協力） 5. ジャンケンボーリング・目隠しウオーク（学年2クラス合同） 6. サイコロ駅伝 7. ジャンケン列車 8. 震源地は誰だ・フルーツバスケット 9. 探偵ゲーム 10. 警察とドロボー [5月] 修学旅行，親子レクレーションなどの行事 [6月] 11. くまがり

報告者	発　表
学級担任	対人関係ゲームによる仲間づくり（2003）
プログラムの特徴	結果とポイント
（仲間づくり） ・行事等と関連づける，授業や学級活動の時間を活用するなど，臨機応変（試行錯誤的）なプログラム。 ・学級集団の状態に対応しながら展開する。 ・「くまがり」の楽しめるクラスが目標。	[結果] ・「くまがり」が楽しめ，子どもたちが自主的にゲームや学級活動を展開するようになり，学級は劇的に変化した。 [ポイント] ・いじめられっ子や学級になじめないBさんを対象にしながらも，学級集団の育成を第一の目標としている。 ・最高学年で卒業が迫っている。 ・担任と子どもたちの相性がよかった。 ・短く，運動量多く，ワクワクドキドキ，簡単なルールで楽しいゲームを繰り返したこと。 ・学級だよりで保護者に実践と担任の思いを伝えたこと。 ・姉妹学級や隣のクラスとの合同授業（ゲーム）などで，企画力や運営力を身につけたこと。

対人関係ゲームによる集団づくりの実践事例　No.3

No.3	タイトル		
	登校しぶりのある女子児童の就学援助		
対象	困難な状況	支援の方向	支援の実際と対人関係ゲーム・プログラム
小学校 1年 女 （Cさん） 中心的支援者 学級担任	登園しぶりが続き，小学校でも母親とともに登校。できないことへの不安と緊張が高い。しかし，数人の仲のよい友だちからの誘いで一緒に遊ぶこともできる。	環境への不安や緊張を緩和し，個々の子どもと学級集団との間に居心地のよい人間関係をつくる。	[1学期] 1. ジャンケン　2. ジャンケンボーリング　3. ジャンケンボーリングとカモーン　4. 木とリス　5. ジャンケンボーリング　6. 進化ジャンケン　7. いいとこ探し　8. サイコロトーキング [2学期] 9. ジャンケン　10. ジャンケン・木とリス・新聞紙に乗ろう　11. 進化ジャンケン・ハンカチ落とし　12. 木とリス・一緒に遊ぼう　13. スクイグル　14. クッキーデート　15. 新聞紙に乗ろう　16. 足し算トーク　17. ウイッチゴースト　18. カモーン・凍り鬼　19. 凍り鬼・一緒に遊ぼう　20. 木とリス　21. スクイグル　22. 人間いす　23. 進化ジャンケン [3学期] 24. 何でもバスケット　25. クッキーデート・だるまさんが転んだ　26. だるまさんが転んだ・人間いす　27. クッシーデート　28. いいとこ探し　29. 高鬼

資　料

報告者	発　表
学級担任	実践グループカウンセリング（2010）
プログラムの特徴	結果とポイント
（不安解消→仲間づくり） ・自ら関わることが苦手なので，交流するゲーム（特に相手から関わってくるゲーム）を日常的に行う。 ・学級活動や体育の授業などを利用してゲームを日常化している。 ・交流するゲームを中心に何度も展開し，本人の様子によって協力するゲームと心を通わすゲームをところどころに入れている。 ・子どもたちのお気に入りのゲームを繰り返し実施している。	［結果］ ・1年かけて登校しぶりが解消し，遅刻もなくなった。ゲームをすることが学級文化になり，学級経営の柱となった。 ［ポイント］ ・登園しぶりの実態を入学前から把握し，児童や家庭のアセスメントから長期的な支援計画を立てたことがよかった。 ・Cさんだけではなく，学級全体の人間関係づくりを目的とし，日常的な活動として対人関係ゲームを活用しているので，ゲームへの取り組みが学級文化になっていると思われる。 ・トークンエコノミーを併用して，人間関係づくりと遅刻の克服の両方をめざしている。

対人関係ゲームによる集団づくりの実践事例　No.4

No.4	タイトル			
	評価懸念の強い中学女子生徒			
対象	困難な状況	支援の方向	支援の実際と対人関係ゲーム・プログラム	
中学校2年 女（Dさん） 中心的支援者 養護教諭 学級担任 スクールカウンセラー	部活動で対立グループに所属している2人と学級替えで同級生になり，表面的には普通につきあっているが，陰での悪口が気になり，体調不良に陥る。保健室登校から欠席が目立ち始める。	保健室を居場所にして養護教諭と関係を保ちながら，友人2人とのつなぎ援助をする。その発展で，バスケット部全体の人間関係を改善する。	[つなぎ援助] ・Dさんと2人の友人との本音の話し合いで，誤解やわだかまりの解消。 1. 保健室にて3人で足し算トーク・古今東西ボール回し（関係づけ） ※ゲーム開始3日目で教室復帰 [2学年全体が対人関係ゲームを導入] ・つなぎ援助が話題になって，学年として各クラスで対人関係ゲームを実施。 [バスケット部の集団づくり] ・バスケット部顧問が，部活動の人間関係改善のために，全員での本音の語り合いを実施し，その後対人関係ゲームを導入。 2. 足し算トーク・古今東西ボール回し・新聞紙タワー 3. 割り箸スタンド ※部活動の合間に対人関係ゲームを実施した。	

資 料

報告者	発　表
スクールカウンセラー	実践グループカウンセリング（2010）
プログラムの特徴	結果とポイント
（仲間づくり→達成集団） ・生徒の状態に応じてその場その場でゲームを展開している。 ・人間関係改善のための本音の語り合い場面とその後の交流促進のための対人関係ゲームがセットになっている。	［結果］ ・3人は仲よくなり，バスケット部内の人間関係全体も親和的になった。 ・保健室での対人関係ゲームの実践が学年や部活動にまで拡大した。 ［ポイント］ ・生徒同士（集団）の関係への介入をためらわず，本音で語り合う場を設定したことが，対人関係ゲームの実施を可能にしたと思われる。 ・友人関係の問題で，しっかりとした見立て（現実と折り合おうとする力が育っていない）を行ったことが，支援を方向づけた。 ・臨機応変な対人関係ゲームの活用が功を奏した。3人（個人・保健室）で，学級（学級集団・教室）で，部活動（学年を超えた集団・体育館）での実施。

対人関係ゲームによる集団づくりの実践事例　No.5

No.5	タイトル			
	中学で楽しいことが見つからなかった男子			
対象	困難な状況	支援の方向	支援の実際と対人関係ゲーム・プログラム	
中学校3年　男（E君） 中心的支援者 教育相談担当の英語の教師 学級担任 スクールカウンセラー	父親から私立中学進学を強制され，ひたすら勉強して入学したが，やる気が出ない。楽しいこともなく，不登校になる。	敷かれたレールに乗り，人と楽しむ経験が少ないので，教師とのつながりから授業につなげ，クラスの仲間とつながることで人と楽しむ経験を積む（社会生活への動機づけ）。	［先生とつながり授業に参加　5月～］ ・週1日のみの相談室登校から，週2日の適応指導教室を追加。 ・担任，学年教師，教育相談担当教師らが積極的に声かけ。 ・自己プランニング表活用で将来の目標を決める。 ・9月から，親しみを感じた教育相談担当教師の英語の授業に参加し，12月にはほぼ毎日登校。 ・しかし人との関わりは弱く変化なし。 ［対人関係ゲーム　2～3月］ ・「クラスがまとまらない」という担任の悩みと，友だちと関われない本人のために対人関係ゲームを実施。 1. 凍り鬼（ひたすらジャンケン・あいこジャンケン・木とリス） 2. 手つなぎ鬼（探偵ゲーム・カモーン） 3. セッション2と同じ（繰り返し） 4. 新聞紙タワー（人間知恵の輪） ［友だちと楽しむ］ ・サッカークラスマッチで活躍し，クラスになじむ。	

資 料

報告者	発　表
スクールカウンセラー	実践グループカウンセリング（2010）
プログラムの特徴	結果とポイント
（仲間づくり→達成集団） ・先生とつながり，授業に参加できるようにし，その上で本人を含めたクラスの人間関係を創るためのプログラムを実施した。つまり，対人関係ゲームを支援全体のどこに，どのように位置づけるのか，目的が明確である。 ・関係づけから，身体接触，協力，折り合いと，生徒の実態をよく見極め，楽しめるプログラムになっている。	［結果］ ・学校（教室）復帰を果たし，高校進学後，無遅刻・無欠席を続けている。 ［ポイント］ ・目標だった「中学入学」を果たし，無気力から不登校になった生徒のキャリア支援になっている。つまり，本人のやる気の問題，あるいは単純に学級の人間関係の問題ととらえるのではなく，本人の生き方の問題としてアプローチしている。 ・先生とつながり，学習支援を可能にし，クラスの仲間とつながるという，対人関係ゲームの基本的な理念に即している。

対人関係ゲームによる集団づくりの実践事例　No.6

No.6	タイトル		
	発達障害児のいる学級と「くまがり」		
対象	困難な状況	支援の方向	支援の実際と対人関係ゲーム・プログラム
小学校1年生 男（F君） 男（G君） 女（Hさん）	発達障害児3人を抱えて学級集団の育成に困難を感じている。	発達障害児のユニークさを個性ととらえ,対人関係ゲームでそれを活かす。「くまがり」が楽しめる学級集団づくりをめざす。	ルールの簡単なジャンケン系のゲームを繰り返し行いながら,以下のように「くまがり」を段階的に導入。 1. 三すくみ鬼ごっこ 2. 三すくみ鬼ごっこのチーム対抗戦 　①つかまり方のルール 　②パッカンのルール 3. 宝の取り方のルール 4. 正式な「くまがり」で行う。
中心的支援者			
担任			

資　料

報告者	発　表
学級担任	実践グループカウンセリング（2010）
プログラムの特徴	結果とポイント
（仲間づくり） ・数多くの対人関係ゲームを繰り返し行い，交流を関わりを増やしながら，「くまがり」のルールをスモールステップで導入した。 ・2年間という息の長い実践で，対人関係ゲームが経営の柱になっている。	［結果］ ・発達障害の3年にはそのユニークさが認められて集団になじみ，学級集団が3人とのつきあい方を学ぶとともに，受け入れられる集団に育った。 ［ポイント］ ・F君の勝手な行動をゲームに勝つための作戦であると先生が決めつけ，仲間が「F君作戦」をまねることで仲間に受け入れられた。 ・ゲームからの逸脱を繰り返していたG君が，仲間から助けられたことで，仲間との関わりを楽しむようになった。 ・つかまったときにゆっくりと歩き，わざと敵の動きを妨害した，Hさんしか思いつかない作戦で仲間に受け入れられた。

対人関係ゲームによる集団づくりの実践事例　No.7

No.7	タイトル		
	特別支援学級と通常学級の連携		
対象	困難な状況	支援の方向	支援の実際と対人関係ゲーム・プログラム
小学校2年生女（Iさん）　中心的支援者　特別支援学級担任　原学級担任	アスペルガー症候群でこだわりや周囲の状況に対応できず，一斉授業で不適切な行動（勝手に発言など）をしたり，思うようにならないとパニックになったりするIさんが，1年の途中から特別支援学級に入級した。このままでは原学級になじむことができない。	特別支援学級で学んだ日常生活スキルや対人関係スキルを通常学級でも使え，学級の仲間もIさんを敬遠するのではなく，どのようにつきあったらよいかがわかり，受け入れられる集団に育てたい。	・発達段階を考慮し，ゲーム性の高い単純なゲームを繰り返し，段階的に関わり行動を入れる。 ・特別支援学級で学ぶSSTがゲームの中で活用できるものにする。 ・運動量，身体接触，言語のやりとり等の程度を考慮する。 ・Iさんへの配慮事項を設定しておく。 1. ひたすらジャンケン 2. ジャンケンボーリング 3. 木とリス 4. 凍り鬼 5. カモーン 6. 探偵ゲーム 7. いいとこ探し

報告者	発表
特別支援学級担任	実践グループカウンセリング（2010）
プログラムの特徴	結果とポイント
（仲間づくり） ・ゲームの配列の考慮とともに，特別支援学級でのSSTを対人関係ゲームと組み合わせている。	ゲーム導入のための用意周到な準備ができている。個別の指導計画から認知特性を理解し（視覚優位），本人と学級の子どもたちとの関係の観察から表情や雰囲気の理解が困難であると判断。また，本人を理解し積極的にIさんに働きかけている児童数人を確認。具体的には， ・ゲームの説明では絵カードとホワイトボードを活用 ・ゲーム中にはホワイトボードとモデルを示す ・担任と特別支援学級担任のTTが必要 ・関われる仲間とグルーピング ・それでもトラブルが起きるだろうから，それをチャンスととらえ，学級みんなの問題としてとらえられるように指導する。 ・特別支援学級でゲームに必要なスキル訓練とリハーサル実施。 ・特別支援学級担任のIさんへの接し方のモデル提示（「ねえ，ねえIさん」） ・ゲーム自体は定番のものであるが，Iさんや学級集団の様子をよく理解してトラブルを予想し，ゲームに取り組むために用意周到な下準備が行われている。

対人関係ゲームによる集団づくりの実践事例　No.8

No.8	タイトル		
	授業ルールに従えない男子生徒		
対象	困難な状況	支援の方向	支援の実際と対人関係ゲーム・プログラム
小学校4年生男（J君） 中心的支援者 学級担任 スクールカウンセラー	アスペルガー症候群のJ君，授業中の勝手な行動，パニック。保護者からの苦情と期待。前担任との実力差の戸惑い，責めずに褒める努力がいっそう傍若無人にしている。学級全体が騒然となる。	SCと担任，本人で定期的な話し合いによる約束をして，授業ルールを身につけさせる。そのうえで級友との関係づくりを進める。	毎朝，朝の会で短時間にできるゲームの実施。学級活動や道徳でも実施。 1. ひたすらジャンケン 2. 一斉ジャンケン（先生対子ども） 3. いすとりゲーム 4. フルーツバスケット 5. 凍り鬼 6. ニンチ・ストーミング 7. 先生のひみつ当てゲーム

報告者	発表
スクールカウンセラー	実践グループカウンセリング（2010）
プログラムの特徴	結果とポイント
（仲間づくり） ・プログラムを順に行うだけではなく，毎朝朝の会に短時間で繰り返し行い，休み時間にも好きなゲームを行っている。 ・授業中に一斉ジャンケンを取り入れ，授業にアクセントをつけている。	[結果] ・子ども同士の関係と子どもと先生の関係の改善をめざしてうまくいった。あわせて，保護者からも感謝され，教師としての自信につながっている。 [ポイント] ・SCと担任，本人で話し合い，約束事を決める。授業改善して見通しのある授業，本人がわかる板書，目当てや目的のわかる導入などで正常な授業が行えるようになり，そのうえで対人関係ゲームを導入しているので効果的であった。 ・「一斉ジャンケン」「先生のひみつ当てゲーム」など，子どもたちと先生との関係づけるゲームを効果的に実施している（ゲームから先生の肩もみへ）。 ・本人の変容をつかみ，豊かな発想でヒントを考えるJ君がゲームで認められ，受け入れられた。

対人関係ゲームによる集団づくりの実践事例　No.9

No.9	タイトル		
	授業が成立しない学級		
対象	困難な状況	支援の方向	支援の実際と対人関係ゲーム・プログラム
小学校4年生K君と荒れた子どもたち 中心的支援者 学級担任	低学年で高圧的に押さえられていた学級が，規制緩和のように崩れ始め，ルールが無視され出し，いじめが起き出した。	学級のルールづくりと人間関係の改善をめざす。	体育・学級活動・道徳の時間を活用。 月に4〜5回実施。 1. ジャンケン系のゲーム（後出しジャンケン・ひたすらジャンケン・あいこジャンケン） 2. ジャンケンボーリング 3. 凍り鬼 4. 手つなぎ鬼 5. クッキーデート 6. 私の木

報告者	発　表
学級担任	実践グループカウンセリング（2010）
プログラムの特徴	結果とポイント
（仲間づくり） ・はじめはジャンケン系のゲームを繰り返して交流を促す。 ・楽しさが感じられ，みんなが関われたら協力するゲームを取り入れる。 ・次第に心を通わすゲームへ移行する。	［結果］ ・授業が成立し，K君も多くの友だちと仲よくなった。 ［ポイント］ ・関わろうとしない子どもでも興味関心をもって取り組めるゲームを段階的に入れる。 ・他の先生や保護者の協力を得ること。 ・問題を起こす子どもに問題があるのではなく，学級を構成する子どもたちのつながり方に問題があるという発想。

対人関係ゲームによる集団づくりの実践事例　No10

No.10	タイトル			
	いじめの後遺症――泣きながら謝り，そして許せるまで			
対象	困難な状況	支援の方向	支援の実際と対人関係ゲーム・プログラム	
小学校6年生女子グループとLさん 中心的支援者 学級担任	女子グループによるLさんへのいじめが発覚し，生徒指導の対応をして一応問題は解決した。しかしその後，学級内の緊張やわだかまりが残っていた。	対人関係ゲームによって学級全体の緊張をほぐし，集団の機能が高まったら，構成的グループエンカウンターによって，いじめを振り返る。	試行錯誤していろいろゲームをやって，楽しめるものを探す。 1. 4マス・ドッチ 2. 誰のキーワード 3. くまがり 4. 人間知恵の輪 「6年間を伝え合おうプロジェクト」（SGE）の一環で，「あのとき，ごめんね」の授業。	

報告者	発表
学級担任	実践グループカウンセリング（2010）
プログラムの特徴	結果とポイント
（仲間づくり） ・いじめの生徒指導対応（問題解決） →対人関係ゲームでよい人間関係の回復（緊張，わだかまりの低減） →構成的グループエンカウンターで，本音の謝罪というダイナミクな展開を，卒業を控えた1年間で展開している。	［結果］ ・いじめ問題からクラスが立ち直り，人間関係が親密になった。 ［ポイント］ ・対人関係ゲームと構成的グループエンカウンターの特性をふまえ，日常的な教育活動（生徒指導，授業，学級経営等）に活用している。 ・生徒指導的な解決にとどまらず，仲間づくりのゲームにより集団の質を高め，さらに本音による謝罪によって，いじめたことのわだかまり（未完の行為）を解消した。 ・卒業を控えた1年間にこのような人間関係を回復させて，信頼関係に満ちた学級経営を行うのは学級担任の感性と力量によっている。

著者紹介

岸田 幸弘（きしだ・ゆきひろ）

1958年,長野県生まれ。1983年,信州大学教育学部教育心理学科卒業。1994年,信州大学大学院教育学研究科修了。2012年,昭和女子大学大学院生活機構研究科単位取得後退学。博士（学術）。長野県内の小中学校教諭,長野県教育委員会教学指導課指導主事を経て,2008年より,昭和女子大学人間社会学部初等教育学科准教授。認定カウンセラー。認定スーパーヴァイザー。学校心理士。上級教育カウンセラー。長野県教育カウンセラー協会代表。

主な著書に,『育てるカウンセリングによる教室課題対応全書第5巻　いじめ』（編著,図書文化社）,『続　構成的グループ・エンカウンター』（共著,誠信書房）,『実践グループカウンセリング──子どもが育ちあう学級集団づくり』（共著,金子書房）。

子どもの登校を支援する学校教育システム
──不登校をのりこえる子どもと教師の関係づくり

2015 年 3 月 10 日　初版第 1 刷発行

著　者　　岸田 幸弘
発行者　　石井 昭男
発行所　　福村出版株式会社
〒113-0034　東京都文京区湯島 2-14-11
電話　03-5812-9702　FAX　03-5812-9705
http://www.fukumura.co.jp

印刷　　株式会社文化カラー印刷
製本　　本間製本株式会社

© Yukihiro Kishida　2015
Printed in Japan
ISBN978-4-571-10170-0
乱丁本・落丁本はお取替え致します。
定価はカバーに表示してあります。

福村出版◆好評図書

佐々木正治・山崎清男・北神正行 編著
新 教育経営・制度論
◎2,300円　ISBN978-4-571-10146-5　C3037
複雑化する学校環境に即したリスクマネジメント等を詳述。開かれた学校をめざす最新経営コンセプトを提示。

佐々木雄二・笠井 仁 編著
図で理解する 生徒指導・教育相談
◎2,100円　ISBN978-4-571-24040-9　C3011
児童生徒の様々な心の問題の理解とその対応を，実践経験豊富な臨床心理学者が多面的視点から解説。

楠本恭久・藤田主一 編著
新 生徒指導論12講
◎2,300円　ISBN978-4-571-10150-2　C3037
教職を目指す人のための生徒指導の基本テキスト。教育基本法・学習指導要領の改訂に沿った生徒指導論改訂版。

川野辺 敏・白鳥絢也 著
教 師 論
●共生社会へ向けての教師像
◎2,200円　ISBN978-4-571-10166-3　C3037
教師をめざす人に向けて，その仕事や資質，変化する社会状況に対応できる教師像，教育のあり方について述べる。

石井正子 著
障害のある子どもの　インクルージョンと保育システム
◎4,000円　ISBN978-4-571-12120-3　C3037
「障害のある子ども」のいる保育の場面で求められる専門性とは何か。「かかわり」という視点からの問題提起。

橋本創一・熊谷 亮・大伴 潔・林 安紀子・菅野 敦 編著
特別支援教育・教育相談・障害者支援のために
ASIST学校適応スキルプロフィール
●適応スキル・支援ニーズのアセスメントと支援目標の立案
◎5,000円　ISBN978-4-571-12123-4　C3037
学校・職場などでの適応状況を可視化するオリジナルの調査法。専門知識は不要ですぐに使える。CD-ROM付。

小野善郎・保坂 亨 編著
移行支援としての高校教育
●思春期の発達支援からみた高校教育改革への提言
◎3,500円　ISBN978-4-571-10161-8　C3037
思春期・青年期から成人への移行期を発達精神病理学的に理解し，移行支援としての高校教育を考察する。

◎価格は本体価格です。